淏元周易文化系列丛书

淏元周易预测学

【中国】 淏 元 著

亚洲文化出版社
Asian Culture Press

First hardback edition January 2022

Edited by Haoyuan Zhouyi Culture
Cover art by Haoyuan
Layout by Luwei Ma
photographs by Zili Liu

Printed in the United States of America

Asian Culture Press
1942 Broadway
Suite 314C
Boulder, CO 80302
United States

目　录

V

自　序

先祖伏羲仰观天象，俯察地理，远取诸物，近取诸身，画阴阳之道，配天、地、人三才，蕴藏于天地、山泽、水火、风雷之中，创立先天八卦，形成最早的卦象符号体系。周文王姬昌敬天爱人，以伏羲为尊，将先天八卦演变成后天八卦，推演出六十四卦和三百八十四爻，并加入卦辞、爻辞，称为周易。周易是以阴阳二元论与五行生克为基础，结合干支历法，进行描述、论证、应用事物运行发展规律的自然科学，能对事物未来发展状态做出准确的预测，从而达到趋吉避凶的最终目的。

笔者 1998 年开始研习周易至今，依据多年大量的预测实践经验编著而成《淏元周易预测学》。淏元周易预测学体系重点以周易最原始的占卜功用为主，从阴阳五行、天干地支、河图洛书、干支历法、八卦物象、周易辞解、起卦断卦、预测实例等方面，由基础到深入，系统介绍了周易预测的正确方法，让读者真正领略周易预测的神奇之处。同时书中还首次公开了"淏元一卦断终身"与"淏元趋吉避凶法"等本门独有的高级预测技法与化解方法，供朋友们实践应用检验！朋友们如能潜心研习，掌握书中预测技巧，在日常实践中能真正做到趋吉避凶，笔者也将能为中国传统周易预测的传承发展，尽到了自己的绵薄之力，而大慰平生。

时间仓促，书中错误在所难免，恳请广大读者朋友不吝赐教。

淏元周易文化创始人：淏元（马鲁伟）

辛丑年秋于淏元周易文化

1

作者：淏元（马鲁伟）先生

周易的起源

周易起源于中国，是一个独立学派，不属于任何宗教，是道儒两家的指导思想。在起源时间上，先有周易，后有道儒两家及其他宗教！相传上古时期伏羲氏创造先天八卦，后经周文王姬昌的悉心研究，将其规范化、条理化，演绎成六十四卦与三百八十四爻，有了卦辞、爻辞，称为"周易"。中国古代的医学、文化、墓葬、风水礼仪、道家、儒家、建筑、美术、饮食、起居、天文学、地理学、气象学等等数不胜数，都包含着周易最基本的阴阳五行等哲学思想。

周易是阐述宇宙自然变化规律的系统科学，主要作用是用于占卜预测，趋吉避凶，解放天性，完善自我。周易是中国华夏五千年智慧与文化的结晶，被誉为群经之首，大道之源，在中国古代是帝王之学，是政治家、军事家、文学家、商家的必读经典。

中国传统预测学源于周易，是周易的延伸，是用华夏民族特有的阴阳五行、九宫八卦、天干地支、星象、数理等符号探究自然规律的科学，涵盖了天文、历法、地理、中医、数学、物理、气象学、化学等自然学科，是用易理、地理、命理、相学等预测未来吉凶的方法。

如今也有运用周易来谈人生哲学与管理学的，都只是读懂了周易字面的基础理论知识，而不懂得运用周易的实际功能进行占卜预测，从而偏离了周易预测的科学本质。周易自问世以来，其本质就是用于预测事物发展规律，进行趋吉避凶的自然科学，这是自古不争的事实。

阴阳五行

　　阴阳五行涵盖自然界万事万物，其核心是气的运行。阴代表月亮，阳代表太阳，阴阳象征气的性质。五行金、木、水、火、土，其中金代表金星，木代表木星，水代表水星，火代表火星，土代表土星，五行的作用关系象征五大行星的天体运行规律，是气的运行方式。这种气是物质的，携带着能量，是携带信息的载体。周易预测是运用阴阳五行，阐释事物发展变化的科学方法。

阴　阳

　　阴阳学说是中国传统易学的理论基础。世界是物质性的整体，阴阳是对宇宙物质的功能、属性、关系的归纳和分类。阴阳，有名无形，表示宇宙物质的一体两仪，既可以表示事物或现象的相对属性，又可以用来分析同一事物内部对立双方的属性，体现了一分为二的宇宙物质发展论、结构论、功能论观点。

　　自然界任何事物或现象都包含着阴和阳的相互对立、相互统一两个方面。阴阳对立与统一的运动规律，是自然界一切事物发生、发展、变化及消亡的固有规律。阴阳之间的对立制约、依存相成，始终都处于不断的运动变化之中，世界本身就是阴阳二气对立统一运动的结果。周易预测就是运用阴阳之间的关系说明宇宙事物发展变化的规律。

阴阳作用规律的六个方面

阴阳交感：是指阴阳二气在永恒的运动中相互感应而相交，

相互发生作用，是宇宙万物赖以生存和变化的根源，是宇宙生命产生的基本条件。阴阳交感使对立的两种事物或力量相交于一体，便产生了自然界，产生了万物，产生了人类，并使自然界处于永恒的运动变化之中。

阴阳相反：又称为阴阳对立，是指阴阳二气的相互矛盾、相互对立、相互排斥、相互对抗、相互制约。昼明夜暗、春暖秋凉、夏热冬寒、水火不相容……，都是指阴阳的相反对立。

阴阳相成：又称为阴阳互根，是指相互对立的阴阳双方，又相互依存、相互化生、相互为用、相互吸引地共同处于一个统一体中，阳生于阴，阴生于阳，任何一方都不能脱离对方而单独存在，都以对方的存在为自身存在的前提和条件。阴阳相成既是事物发展变化的条件，又是阴阳转化的内在根据。对立是统一的前提，统一是对立的结果。没有阴阳的对立，就没有事物和现象的相成，就没有阴阳相成。

阴阳消长：阴阳对立的双方阳消则阴长，阴消则阳长，是量的递减的运动变化，属于事物变化的量变过程。寒暑往来，四时更替，二十四节气变化……，都是指阴阳消长的过程。由夏至秋至冬，气候由热转凉变寒，是一个阳消阴长的过程；由冬至春至夏，气候由寒转暖变热，是一个阴消阳长的过程。

阴阳转化：阴阳对立的双方，阳极则阴，阴极则阳，在一定条件下可以相互转化，阴可以转化为阳，阳也可以转化为阴，属于事物变化的质变过程。

阴阳消长和阴阳转化是事物发展变化过程中密不可分的两个阶段。任何事物内部都包含量和质两个方面，阴阳消长属于事物的量变过程，是事物数量增减的运动变化，属于事物在本质范围内的变化，其表现形式为缓慢的、渐进的；阴阳转化属于事物的质变过程，是事物由一种属性向另一种属性的变化，属于事物根本性质的变化，其表现形式为迅速的，突然的。阴阳消长是阴阳转化的前提，阴阳转化是阴阳消长的必然结果。

阴阳平衡：又称为阴平阳秘，即阴气平顺，阳气固守，阴阳动态平衡。是指阴阳双方在相互对立、相互制约中，通过消长转化互相调节，保持协调，不增不减，而维持相对和谐的平衡状态。天地阴阳二气升降有序，运行和谐，则阴阳的交感相错处于平衡状态，宇宙万物才能得以正常的发展和变化。

阳极生阴

阳中有阴

独阳不长　阳　阴阳平衡　阴　孤阴不生

阴中有阳

阴极生阳

日月为易，阴阳交替。阴为月亮，阳为太阳。阴阳产生于宇宙中太阳与月亮的运行，太阳与月亮孕育了自然万物。自然界万事万物，阳中有阴，阴中有阳，阴阳共生，阴不能脱离阳而独存，阳也不能没有阴而独立。

阴阳符号：　　阳　一　　　阴　- -

阳：相对运动的、外向的、上升的、温热的、明亮的、无形的、兴奋的、外延的、主动的、刚性的、猛烈的……

阴：相对静止的、内守的、下降的、寒冷的、晦暗的、有形的、抑制的，内收的、被动的、柔性的、和缓的……

天地、日月、昼夜、直流电的正负极、交流电的零线与火线、磁石的北极（N）与南极（S）、寒暑、春夏与秋冬、雷电与雨雪、水火、男女、大小、上下、左右、前后、正反、内外、动静、律吕、奇偶、开合、生死、快慢、吉凶、往来、刚柔、尊卑、贵贱、君子与小人、安危、治乱……都是一阴一阳，相生相克，相互依存，和谐共生，对立而又统一的共同存在着。

五　行

五行：　金　　木　　水　　火　　土

五行生数：　水一　　火二　　木三　　金四　　土五

五行成数：　水六　　火七　　木八　　金九　　土十

五行相生：　水生木　木生火　火生土　土生金　金生水

五行相克：　木克土　土克水　水克火　火克金　金克木

五行反克

金能克木，木旺金缺；木能克土，土重木折；土能克水，水多土荡；水能克火，火旺水干；火能克金，金多火熄。

生多为克

金赖土生，土多金埋；土赖火生，火多土焦；火赖木生，木多火塞；木赖水生，水多木漂；水赖金生，金多水浊。

泄多为克

金能生水，水多金沉；水能生木，木盛水缩；木能生火，火多木焚；火能生土，土多火晦；土能生金，金多土虚。

五行亢盛

木亢则折，金亢则缺，水亢则荡，火亢则灭，土亢则散。

事物盛极为亢旺太过，发展状态就会转化向反面，"物极必反"就是这个道理。

五行旺相休囚死

五行对应天体运行，随着一年四季寒热燥湿、昼夜长短的循环交替，而发生旺衰起伏的周期变化，分为旺、相、休、囚、死五种状态。

旺：旺盛状态　　**相**：次旺状态　　**休**：休养生息状态

囚：衰弱入囚状态　　**死**：受克死绝状态

五行四时状态

季节＼五行	木	火	土	金	水
春季（木）	旺	相	死	囚	休
夏季（火）	休	旺	相	死	囚
秋季（金）	死	囚	休	旺	相
冬季（水）	相	死	囚	休	旺
四季末（辰未戌丑土）	囚	休	旺	相	死

歌诀

木旺立春六十天，火始立夏小暑前。

土旺四立前十八，金始立秋至寒露。

水旺立冬六十日，谨记旺相休囚死。

天干地支

　　天干地支，简称为干支，干象树干，属阳；地象树枝，属阴。是距今约五千年前中国古代轩辕时期的大挠氏所发明，用来纪年。后来随着易学的不断发展完善，天干地支被赋予了更多的代表事物与含义。天干地支，是支撑易学在实践应用方面的重要手段和途径之一，很多事物的发展规律都是通过干支的生克变化来推断测算，至今仍然广泛应用于历法、计算、象数、命理、风水等生活中各个方面。

天　干

十天干

甲　乙　丙　丁　戊　己　庚　辛　壬　癸

阴阳

甲　　丙　　戊　　庚　　壬　　为阳

乙　　丁　　己　　辛　　癸　　为阴

五行

甲乙属木　　丙丁属火　　戊己属土　　庚辛属金　　壬癸属水

方位

甲乙位东方　　　　丙丁位南方　　　　戊己位中央

庚辛位西方　　　　壬癸位北方

天干相生

甲乙木生丙丁火　　丙丁火生戊己土　　戊己土生庚辛金

庚辛金生壬癸水　　壬癸水生甲乙木

天干相克

甲乙木克戊己土　　丙丁火克庚辛金　　戊己土克壬癸水

庚辛金克甲乙木　　壬癸水克丙丁火

天干化合

甲己合化土　　　乙庚合化金　　　丙辛合化水

丁壬合化木　　　戊癸合化火

地　支

十二地支

子　丑　寅　卯　辰　巳　午　未　申　酉　戌　亥

阴阳

子　　寅　　辰　　午　　申　　戌　　为阳

丑　　卯　　巳　　未　　酉　　亥　　为阴

五行

亥子属水　　　　丑辰属湿土　　　寅卯属木

巳午属火　　　　未戌属燥土　　　申酉属金

方位

子位北方	丑寅位东北方	卯位东方	辰巳位东南方
午位南方	未申位西南方	酉位西方	戌亥位西北方

四季

寅卯辰春季	巳午未夏季	申酉戌秋季	亥子丑冬季

月建

正月建寅	二月建卯	三月建辰	四月建巳
五月建午	六月建未	七月建申	八月建酉
九月建戌	十月建亥	十一月建子	十二月建丑

时辰

子时：23：00—00：59	丑时：01：00—02：59
寅时：03：00—04：59	卯时：05：00—06：59
辰时：07：00—08：59	巳时：09：00—10：59
午时：11：00—12：59	未时：13：00—14：59
申时：15：00—16：59	酉时：17：00—18：59
戌时：19：00—20：59	亥时：21：00—22：59

生肖

子鼠	丑牛	寅虎	卯兔	辰龙	巳蛇
午马	未羊	申猴	酉鸡	戌狗	亥猪

身体

子为耳　　　丑为胞肚　　　寅为手　　　卯为指

辰为肩、胸　　　巳为面、咽齿　　　午为眼　　　未为脊梁

申为经络　　　酉为精血　　　戌为命门、腿足　　　亥为头

脏腑

子为膀胱、子宫　　　丑为脾　　　寅为胆　　　卯为肝

辰为胃　　　巳为心　　　午为小肠　　　未为脾

申为大肠　　　酉为肺　　　戌为胃　　　亥为肾

地支相生

寅卯木生巳午火　　　巳午火生辰戌丑未土

丑辰土生申酉金　　　申酉金生亥子水　　　亥子水生寅卯木

地支相克

寅卯木克辰戌丑未土　　　巳午火克申酉金

未戌土克亥子水　　　申酉金克寅卯木　　　亥子水克巳午火

丑辰湿土晦巳午火　　　未戌燥土脆申酉金

地支三合局

申子辰合水局　　　寅午戌合火局

亥卯未合木局　　　巳酉丑为金局

周易六爻预测中，三合局以合绊论。

地支三会局

寅卯辰会木局　　　巳午未会火局

申酉戌会金局　　　亥子丑会水局

周易六爻预测中，三会局以会绊论。

地支六合

子丑合化湿土　　寅亥合化木　　　卯戌合化火

午未合化燥土　　巳申合化水　　　辰酉合化金

周易六爻预测中：子丑　卯戌　巳申　以合绊论

　　　　　　　　午未　辰酉　寅亥　以生化论

地支相冲

子午相冲　　　丑未相冲　　　寅申相冲

卯酉相冲　　　辰戌相冲　　　巳亥相冲

周易六爻预测中，相冲双方都受损，得年月日时生旺损伤小，对方损伤大。

地支相害

子未相害　　　丑午相害　　　寅巳相害

卯辰相害　　　申亥相害　　　酉戌相害

地支相刑

丑戌互刑　　　寅巳互刑

干支历法

  天地定位，干支以定时空，时空以定世界。干象天，支象地，万物之气始于天，万物之形生于地，万物的兴亡盛衰离不开天与地。十天干与十二地支的组合，形成了六十甲子，六十甲子用以阐述天、地、人。十天干和十二地支依次相配，组成六十个基本单位，两者按固定的顺序相互配合，来表示年、月、日、时的序号，六十年一循环周期，组成了干支纪元法，用于历法纪元。

六十花甲子

甲子	乙丑	丙寅	丁卯	戊辰	己巳	庚午	辛未	壬申	癸酉
甲戌	乙亥	丙子	丁丑	戊寅	己卯	庚辰	辛巳	壬午	癸未
甲申	乙酉	丙戌	丁亥	戊子	己丑	庚寅	辛卯	壬辰	癸巳
甲午	乙未	丙申	丁酉	戊戌	己亥	庚子	辛丑	壬寅	癸卯
甲辰	乙巳	丙午	丁未	戊申	己酉	庚戌	辛亥	壬子	癸丑
甲寅	乙卯	丙辰	丁巳	戊午	己未	庚申	辛酉	壬戌	癸亥

  用六十花甲子分别记录日常生活中的年、月、日、时，一共四组天干地支，对应我们的出生时间，称为"四柱"，共八个字，也就是我们通常所说的"生辰八字"。

二十四节气

　　二十四节气最初是依据北斗七星斗柄旋转指向制定，北斗七星循环旋转，斗柄顺时针旋转一圈为一个周期，代表一年。现行的"二十四节气"是依据太阳在回归黄道（地球绕太阳旋转的轨道）上的位置制定的，也就是把太阳周年运动轨迹划分为二十四等份，每 15°为一等份，每一等份为一个节气，始于立春，终于大寒。

　　二十四节气里，"节"指的是一年中的一个节段，是一段时间的表示；而"气"则指的是气候，是天气变化的概述。二十四节气在每个月内分为"节气"和"中气"。

十二节气

　　立春、惊蛰、清明、立夏、芒种、小暑、立秋、白露、寒露、立冬、大雪、小寒，简称为"节"。

十二中气

　　雨水、春分、谷雨、小满、夏至、大暑、处暑、秋分、霜降、小雪、冬至、大寒，简称为"气"。

　　"节气"和"中气"交替出现，各历时十五天或十六天，分布于一年十二个月，后来人们已经把"节气"和"中气"统称为"节气"，也就是二十四节气。

正月立春、雨水

　　立春：斗指报德之维（东北维），音比南吕，太阳到达黄经

315°开始。每年公历 2 月 3 日至 2 月 5 日交节。立春是干支历寅月的起始。

雨水： 斗指寅，音比夷则，太阳到达黄经 330°开始。每年公历 2 月 18 日至 2 月 20 日交节。

二月惊蛰、春分

惊蛰： 斗指甲，音比林钟，太阳到达黄经 345°开始。每年公历 3 月 5 日或 3 月 6 日交节。惊蛰是干支历卯月的起始。

春分： 斗指卯，音比蕤宾，太阳到达黄经 0°开始。公历 3 月 20 日或 3 月 21 日交节。

三月清明、谷雨

清明： 斗指乙，音比仲吕，太阳到达黄经 15°开始。每年公历 4 月 4 日或 4 月 5 日交节。清明是干支历辰月的起始。

谷雨： 斗指辰，音比姑洗，太阳到达黄经 30°开始。每年公历 4 月 19 日至 4 月 21 日交节。

四月立夏、小满

立夏： 斗指常羊之维（东南维），音比夹钟，太阳到达黄经 45°开始。每年公历 5 月 5 日或 5 月 6 日交节。立夏是干支历巳月的起始。

小满： 斗指巳，音比太蔟，太阳到达黄经 60°开始。每年公历 5 月 20 日至 5 月 22 日交节。

五月芒种、夏至

芒种：斗指丙，音比大吕，太阳到达黄经 75°开始。每年公历 6 月 5 日或 6 月 6 日交节。芒种是干支历午月的起始。

夏至：斗指午，音比黄钟，太阳到达黄经 90°开始。每年公历 6 月 21 日或 6 月 22 日交节。

六月小暑、大暑

小暑：斗指丁，音比大吕，太阳到达黄经 105°开始。每年公历 7 月 6 日至 7 月 8 日交节。小暑是干支历未月的起始。

大暑：斗指未，音比太蔟，太阳到达黄经 120°开始。每年公历 7 月 22 日或 7 月 23 日交节。

七月立秋、处暑

立秋：斗指背阳之维（西南维），音比夹钟，太阳到达黄经 135°开始。每年公历 8 月 7 日或 8 月 8 日交节。立秋是干支历申月的起始。

处暑：斗指申，音比姑洗，太阳到达黄经 150°开始。每年公历 8 月 22 日至 8 月 24 日交节。

八月白露、秋分

白露：斗指庚，音比仲吕，太阳到达黄经 165°开始。每年公历 9 月 7 日或 9 月 8 日交节。白露是干支历酉月的起始。

秋分：斗指酉，音比蕤宾，太阳到达黄经 180°开始。每年公历 9 月 22 日至 9 月 24 日交节。

九月寒露、霜降

寒露：斗指辛，音比林钟，太阳到达黄经195°开始。每年公历10月8日或10月9日交节。寒露是干支历戌月的起始。

霜降：斗指戌，音比夷则，太阳到达黄经210°开始。每年公历10月23日或10月24日交节。

十月立冬、小雪

立冬：斗指蹄通之维（西北维），音比南吕，太阳到达黄经225°开始。每年公历11月7日或11月8日交节。立冬是干支历亥月的起始。

小雪：斗指亥，音比无射，太阳到达黄经240°开始。每年公历11月22日或11月23日交节。

十一月大雪、冬至

大雪：斗指壬，音比应钟，太阳到达黄经255°开始。每年公历12月6日至12月8日交节。大雪是干支历子月的起始。

冬至：斗指子，音比黄钟，太阳到达黄经270°开始。每年公历12月21日或12月22日交节。

十二月小寒、大寒

小寒：斗指癸，音比应钟，太阳到达黄经285°开始。每年公历1月5日或1月6日交节。小寒是干支历丑月的起始。

大寒：斗指丑，音比无射，太阳到达黄经300°开始。每年公历1月20日或1月21日交节。

干支纪年

　　干支纪年是中国特有的纪年历法，是自上古至今就一直沿用的纪元历法，其运行顺序是固定不变、循环不息的，每年都以立春为分界线，立春开始进入下一年，具体年份的干支从中国的万年历查得。例如：公历 2014 年 2 月 4 日（农历 2014 年正月初五）早晨 06 时 03 分开始立春，06：03 分以前年干支为癸巳，同一天的 06 时 03 分后年干支则为甲午。

干支纪月

　　干支纪月是以二十四节气中的立春、惊蛰、清明、立夏、芒种、小暑、立秋、白露、寒露、立冬、大雪、小寒十二节令为分界线的。

　　月干支中的天干不同，而地支是固定不变的，正月立春建寅，二月惊蛰建卯，三月清明建辰，四月立夏建巳，五月芒种建午，六月小暑建未，七月立秋建申，八月白露建酉，九月寒露建戌，十月立冬建亥，十一月大雪建子，十二月小寒建丑。

　　月干求法口诀：

　　甲己之年丙作首，乙庚之岁戊为头。

　　丙辛之岁寻庚上，丁壬壬位顺行流。

　　若言戊癸何方发，甲寅之上好追求。

　　例如：甲、己年，从寅上起丙寅，正月为丙寅，二月丁卯，三月戊辰……依此类推。

为了便于查阅，列表如下：

年天干	甲、己	乙、庚	丙、辛	丁、壬	戊、癸
正月	丙寅	戊寅	庚寅	壬寅	甲寅
二月	丁卯	己卯	辛卯	癸卯	乙卯
三月	戊辰	庚辰	壬辰	甲辰	丙辰
四月	己巳	辛巳	癸巳	乙巳	丁巳
五月	庚午	壬午	甲午	丙午	戊午
六月	辛未	癸未	乙未	丁未	己未
七月	壬申	甲申	丙申	戊申	庚申
八月	癸酉	乙酉	丁酉	己酉	辛酉
九月	甲戌	丙戌	戊戌	庚戌	壬戌
十月	乙亥	丁亥	己亥	辛亥	癸亥
十一月	丙子	戊子	庚子	壬子	甲子
十二月	丁丑	己丑	辛丑	癸丑	乙丑

　　人们日常习惯把每月初一看作一个月的开始，周易预测中纪月是以"月令"为分界线的，从立春起就为正月寅月，惊蛰开始为二月卯月，清明开始为三月辰月，依此类推。

　　例如：公历 2021 年 2 月 4 日（农历 12 月 23 日），因为公历 2021 年 2 月 3 日（农历 12 月 22 日）22：58 已经立春，所以这一天记法为：

　　辛丑　庚寅　癸未

　　公历 2021 年 2 月 3 日（农历 12 月 22 日）22：58 前记法为：

　　庚子　己丑　壬午

干支纪日

日干支最简单的方法是从中国《万年历》中查得，需要说明的是：一天是指从昨晚 23 时开始至今晚 22 时 59 分结束为今日，即子时为日的分界线。

例如：农历 2021 年正月初一 23 时 16 分年月日干支为：

辛丑　　庚寅　　壬辰

干支纪时

时干支中的地支也是固定不变的：

23：00——00：59 为子时　　01：00——02：59 为丑时

03：00——04：59 为寅时　　05：00——06：59 为卯时

07：00——08：59 为辰时　　09：00——10：59 为巳时

11：00——12：59 为午时　　13：00——14：59 为未时

15：00——16：59 为申时　　17：00——18：59 为酉时

19：00——20：59 为戌时　　21：00——22：59 为亥时

时干求法口诀：

甲己还加甲，乙庚丙作初。

丙辛从戊起，丁壬庚子居。

戊癸何处发，壬子为真途。

例如：甲、己日，从子上起甲子，子时为甲子，丑时为乙丑，寅时为丙寅……以此类推，至所生时止。

为了便于查阅，列表如下：

日天干	甲、己	乙、庚	丙、辛	丁、壬	戊、癸
子 时	甲子	丙子	戊子	庚子	壬子
丑 时	乙丑	丁丑	己丑	辛丑	癸丑
寅 时	丙寅	戊寅	庚寅	壬寅	甲寅
卯 时	丁卯	己卯	辛卯	癸卯	乙卯
辰 时	戊辰	庚辰	壬辰	甲辰	丙辰
巳 时	己巳	辛巳	癸巳	乙巳	丁巳
午 时	庚午	壬午	甲午	丙午	戊午
未 时	辛未	癸未	乙未	丁未	己未
申 时	壬申	甲申	丙申	戊申	庚申
酉 时	癸酉	乙酉	丁酉	己酉	辛酉
戌 时	甲戌	丙戌	戊戌	庚戌	壬戌
亥 时	乙亥	丁亥	己亥	辛亥	癸亥

干支纪年纪月纪日纪时的相关历法知识，在周易预测中，是用来判断卦象应验吉凶的重要标准，正确排出年月日时的干支，从中就可以判断事物变化发展的吉凶成败。

河图洛书

河 图

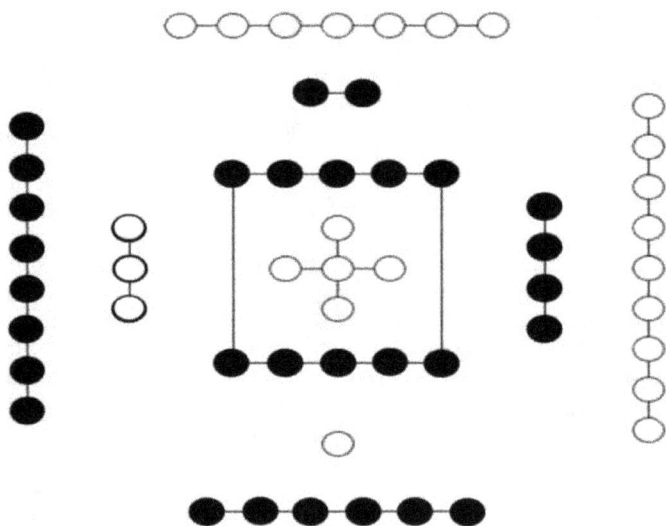

天地合五方，阴阳合五行。

河图以十数合五方、五行、阴阳、天地之象。

白圈为阳，为天，为奇数；黑点为阴，为地，为偶数。

天一生水，地六相成。地二生火，天七相成。天三生木，地八相成。地四生金，天九相成。天五生土，地十相成。

一六共宗居北方合化水　　　二七同道居南方合化火

三八为朋居东方合化木　　　四九为友居西方合化金

五十同途居中央合化土

洛　书

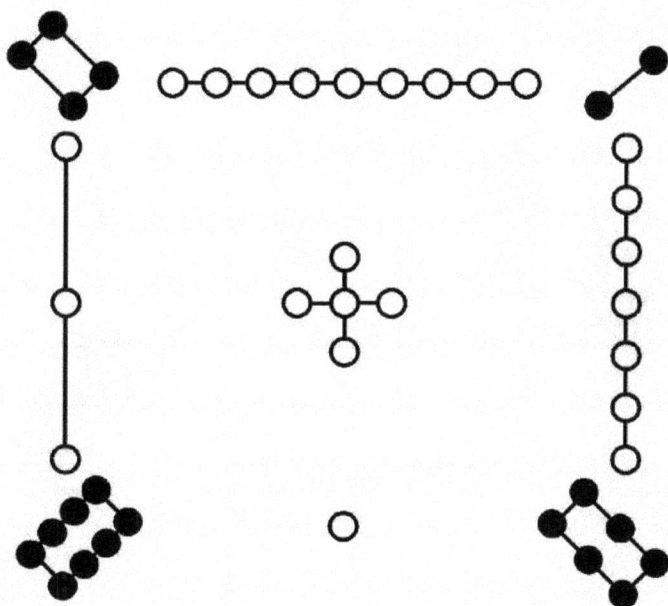

戴九履一　　左三右七　　二四为肩　　六八为足　　五居中宫

一合九为十　　　二合八为十　　　三合七为十

四合六为十　　　　　五居中央纵横都为十五数

坎一居北方为水　　坤二居西南方为土　　震三居东方为木

巽四居东南方为木　　五居中央为土　　乾六居西北方为金

兑七居西方为金　　艮八居东北方为土　　离九居南方为火

先后天八卦

先天八卦生成图

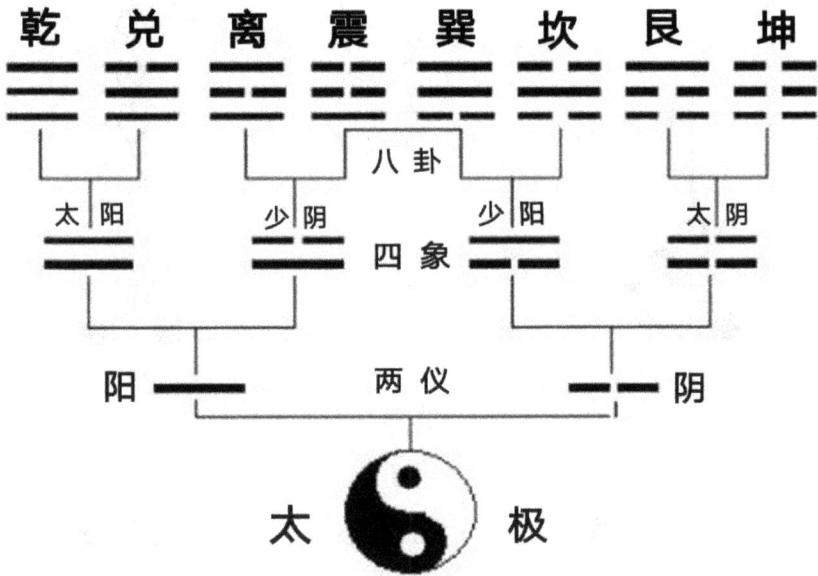

太极生两仪： 阳 阴

两仪生四象： 太阳 少阴 少阳 太阴

四象生八卦： 乾 兑 离 震 巽 坎 艮 坤

伏羲先天八卦图

天地定位　山泽通气　雷风相薄　水火不相射　八卦相错

先天卦位

乾居南方　　坤居北方　　艮居西北方　　兑居东南方

震居东北方　巽居西南方　坎居西方　　　离居东方

先天八卦序数

乾一　兑二　离三　震四　巽五　坎六　艮七　坤八

文王后天八卦图

后天卦位

震居东方　　巽居东南方　　离居南方　　坤居西南方

兑居西方　　乾居西北方　　坎居北方　　艮居东北方

后天八卦序数

坎一　　　坤二　　　震三　　　巽四　　　五为中宫

乾六　　　兑七　　　艮八　　　离九

八卦与节气

震为春分　　巽为立夏　　离为夏至　　坤为立秋

兑为秋分　　乾为立冬　　坎为冬至　　艮为立春

八卦与六十四卦

八卦符号

乾 ☰　　　兑 ☱　　　离 ☲　　　震 ☳

巽 ☴　　　坎 ☵　　　艮 ☶　　　坤 ☷

八卦口诀

乾三连　　　　坤六断　　　　　震仰盂

艮覆碗　　　　离中虚　　　　　坎中满

兑上缺　　　　巽下断

八卦阴阳

乾　　震　　坎　　艮　　为阳

坤　　巽　　离　　兑　　为阴

八卦五行

乾兑属金　　　离属火　　　　震巽属木

坎属水　　　　艮坤属土

八卦物象

乾　为天，为圆，为君，为父，为王，为先王，为明君，为人，为大人，为圣人，为贤人，为君子，为武人，为老夫，为行人，为宗，为高宗，为族，为甲，为行，为性，为精，为言，为信，为善，为扬善，为积善，为良，为仁，为爱，为愆，为生，为祥，为庆，为嘉，为福，为介福，为禄，为先，为始，为前，为知，为易，为物，为立，为直，为敬，为畏，为威，为严，为坚刚，为道，为德，为盛德，为大，为盈，为茂，为肥，为好，为施，为利，为清，为治，为大谋，为高，为扬，为老，为旧，为古，为郊，为野，为门，为道门，为百，为岁，为首，为顶，为朱，为衣，为圭，为著，为瓜，为玉，为金，为寒，为冰，为大赤，为龙，为神，为久，为画，为大斤，为大车，为马，为良马，为老马，为瘠马，为驳马，为虎，为木果，为大明，为远。

坤　为地，为母，为柔和，为布，为吝啬，为均，为牛，为子母牛，为黄牛，为牝，为牝牛，为虎，为兕，为大舆，为文，为师，为众，为柄，其于地也为黑，为腹，为迷，为方，为黄，为帛，为浆，为臣，为臣妾，为顺臣，为民，为万民，为姓，为小人，为邑人，为小，为冥，为晦，为夕，为暮夜，为暑，为乙，为年，为十年，为土，为积土，为隍，为阶，为水，为田，为邑，为国，为邦，为大邦，为万国，为异邦，为鬼，为鬼方，为疆，为无疆，为思，为恶，为理，为体，为礼，为义，为事，为业，为大业，为形，为身，为躬，为我，为自，为至，为安，为康，为富，为财，为积，为聚，为萃，为重，为厚，为致，为用，为包，为寡，为徐，为营，为下，为容，为裕，为虚，为书，为迄，

30

为近，为俗，为度，为类，为闭，为藏，为密，为默，为耻，为欲，为过，为丑，为积恶，为弑，为乱，为怨，为害，为遏恶，为终，为永终，为敝，为姽，为刑人，为尸，为拇，为基，为杀，为丧，为丧期，为死，为疾病，为户，为义门，为阖户，为闭关，为盍，为裳，为绂，为车，为輹，为器，为缶，为囊，为庶政。

震　为雷，为帝，为王，为主，为诸侯，为长子，为子，为小子，为人，为士，为兄，为夫，为元夫，为龙，为玄黄，为蕃，为大涂，为輹，为趾，为出，为行，为征，为作，为遂，为惊走，为警备，为定，为夜，为交，为惩，为反，为后，为后世，为从，为狩，为左，为生，为育，为尝，为缓，为宽仁，为百，为言，为讲议，为问，为语，为告，为响，为声，为音，为鸣，为乐，为笑，为大笑，为喜笑，为笑言，为动，为行人，为逐，为兴，为奔，为奔走，为应，为道，为陵，为祭，为罍，为百谷，为苍筤竹，为萑苇，为苋陆，为禾稼，其于稼也为反生，其究为健，为蕃鲜，为草莽，为鼓，为筐，为马，其于马也为善鸣，为鹿，为麋鹿，为鹄，为决躁，为足，为立，为作足，为的颡，为讼，为鹤，为发，为舟，为虚，为出，为竹，为武。

巽　为木，为风，为顺，为长女，为命，为教命，为命令，为教令，为诰，为号，为号咷，为哀，为叹息，为处女，为妇，为妻，为少妻，其于人也为寡发，为股，为广颡，为多白眼，为入，为来，为处，为入伏，为随，为旅客，为利，为近利市三倍，为齐，为同，为交，为进，为退，为进退，为舞，为谷，为长本，为苞，为栋，为杨，为果木，为茅，为白茅，为兰，为草木，为草莽，为杞，为葛藟，为薪，为墉，为林，为绳，为帛，为腰带，为繻，为鸡，为豕，为蛇，为鱼，为鲋，为绳直，为工，为牀，为白，为长，为高，为不果，为臭，其究为躁卦，为鹳，为鸿雁，为陨落。

坎 为水，为沟渎，为隐伏，为圣，为夫，为中男，为云，为玄云，为川，为大川，为河，为豕，为心，为志，为思，为虑，为忧，为谋，为惕，为疑，为艰，为塞，为恤，为悔，为遂，为忘，为劳，为濡，为涕洟，为矫媆，为弓轮，其于人也为加忧，为耳，为耳痛，为心病，为血卦，为脊，为腰、为臀，为膏，为赤，为马，其于马也为美脊，为亟心，为下首，为薄蹄，为曳，其于舆也为多眚，为通，为月，为盗，为木，其于木也为坚多心，为丛木，为丛棘，为蒺藜，为桎梏，为棘匕，为穿木，为校，为生目，为疾，为疾病，为疾疠，为疑疾，为险，为陷，为灾，为破，为罪，为悖，为欲，为淫，为寇盗，为暴，为毒，为渎，为孚，为平，为法，为罚，为狱，为则，为经，为习，为入，为内，为聚，为阴夜，为岁，为三岁，为尸，为酒，为弧，为弓弹，为车，为失，为虚，为美，为役，为纳，为鬼，为穿，为食，为肉，为破，为暮，为宫，为律，为可，为栋，为狐。

离 为火，为日，为明，为光，为电，为暑，为中女，为女子，为妇，为孕，为恶人，为甲胄，为戈兵，其于人也为大腹，为目，为肤，为乾卦，为牝牛，为雉，为飞，为鸟，为飞鸟，为鹳，为隼，为鸿，为鹤，为巢，为鳖，为蟹，为蠃，为蚌，为龟，其于木也为科上槁，为见，为爵，为甲，为黄，为我，为折首，为刀，为斧，为资斧，为矢，为飞矢，为黄矢，为网，为罟，为瓮，为巷，为星。

艮　为山，为止，为径路，为小石，为小，为石，为门阙，为道，为穴居，为狱，为城，为宫室，为阍，为阍寺，为庐，为牖，为居，为位，为牀，为床，为门庭，为户庭，为宗庙，为社稷，为邦，为门，为金，为夫，为弟，为小子，为少男，为君子，为贤人，为邑人，为童，为童蒙，为僮仆，为官，为臣，为友，为果蓏，为躬，为手，为指，为鼻，为肱，为背，为腓，为皮，为肤，为狗，为牛，为鼠，为黔喙之属，为豹，为狼，为虎，为狐，为小狐，为尾，为猿，为鸟，为雁，为小木，其于木也为坚多节，为果，为硕，为硕果，为时，为丰，为斗，为星，为沬，为霆，为慎，为节，为俭，为恭，为待，为制，为执，为多，为厚，为取，为舍，为求，为笃实，为顺，为角，为簪，为天，为火，为观，为视。

兑　为泽，为雨，为云，为少女，为妹，为妻，为妾，为老妇，为妙，为巫，为朋，为友，为口，为口舌，为言，为牙，为讼，为说，为悦，为歌，为讲习，为折，为毁折，为金刃，为丧，为附决，其于地也为刚卤，为辅颊，为小，为少，为右，为下，为月，为羊，为燕，为刑，为刑人，为密，为通，为见，为少知，为契，为常。

八卦类象

乾卦 ☰

元亨利贞，正大忠厚，具圆转周旋之体，有亢悔刚健之性。

「本象」：上、中、下三爻皆阳爻，全阳、坚刚、强实之象

「天时」：天、冰、霰、中爻变晴、上下变雹

「地理」：西北方、京都、形胜之地、高亢之所

「人物」：君、父、大人、老男、长者、官贵、名人、公门人、男主人

「人事」：刚健勇武、果决、多动少静、明正大方、官事

「身体」：首、肺、骨

「时序」：秋、九十月之交、戌亥年月日时、金年月日时

「静物」：金玉、宝珠、圆物、刚物、冠、镜、冰箱、磁石、五金铜铁、钟表

「动物」：马、天鹅、狮子、象

「屋舍」：公厕、楼台、高堂、大厦、驿宿、西北向居所

「家宅」：夏占有祸、冬占冷落、春占吉利、秋占宅兴隆

「饮食」：马肉、珍味、多骨、肝肺、干肉、圆果、诸物之首、辛辣之物

「婚姻」：贵官之眷、声名之家、宗室、秋占宜成，冬夏占不利

「生产」：易生、秋占生贵子、夏占有损

「求名」：有名、宜刑官、武职、掌权、驿官、宜西北之任

「求利」：有财、金玉之利、公门中得财、秋占大利、夏占损财、冬占无财

「交易」：宜金、玉、珍宝、珠、贵货、易成、夏占不利

「谋望」：有成、利公门、宜动中求财、夏占不成、冬多谋少遂

「出行」：利于出行、宜入京师、利西北之行、夏占不利

「谒见」：利见大人、有德行之人、宜见贵官、可见

「疾病」：头面之疾、肺疾、筋骨疾、上焦疾、夏占不安

「官讼」：健讼、有贵人助、秋占得胜、夏占失理

「坟墓」：宜向西北、宜乾山气脉、宜天穴、宜高亢、秋占出贵、夏占大凶

「姓字」：商音金旁氏、王赵王字旁、行位一四九

「数目」：一、四、九

「方道」：西北

「五味」：辛辣

「五色」：大赤色、玄色

坤卦 ䷁

含弘光大，镇静慈柔，合离则相生，震巽为克制，艮乃冲而相合，坎为财旺。

「本象」：上、中、下三爻皆阴爻，全阴、柔软、虚弱之象

「天时」：阴云、雾气、土气、履霜坚冰

「地理」：田野、乡里、郊原、平地、西南方

「人物」：老母、农夫、乡人、众人、老妇、大腹人、女主人

「人事」：吝啬、柔顺、懦弱、众多

「身体」：腹、脾、肉、胃

「时序」：辰戌丑未月、未申年月日时、八五十月日

「静物」：方物、柔顺物、布帛、丝绵、五谷、舆、锅、瓦器

「动物」：牛、百兽、牝马

「屋舍」：西南方、村居、田舍、矮屋、土阶、仓库

「家宅」：安稳、多阴气、春占宅舍不安

「饮食」：土中、芋笋、腹脏之物，牛肉、甘味、野味、五谷

「婚姻」：利于婚姻，宜税产、乡村之家、寡妇之家，春占不利

「生产」：易产、春占难产、有损或不利于母、坐宜西南方

「求名」：有名、宜西南方、或教官、农官守土之职、春占虚名

「求利」：有利、宜土中之利、贱货重物之利、静中得财、春占无财、多中取利

「交易」：利于交易、宜田土交易、宜五谷、利便宜货、重物、布帛、静中有财、春占不利

「谋望」：利求谋、乡邻求谋、静中求谋、春占少遂、谋于妇人

「出行」：可行、宜西南行、宜往乡里行、宜陆行、春占不宜行

「谒见」：可见、利见乡人、宜见亲朋或阴人、春不宜见

「疾病」：腹疾、脾胃之疾、饮食停滞、谷食不化

「官讼」：理顺、得众情、讼当解散

「坟墓」：宜向西南之穴、平阳之地、近田野宜低葬、春不可葬

「姓字」：宫音、带土、王姓人、阝旁文字，牛申车旁、行位八五十

「数目」：八、五、十

「方道」：西南

「五味」：甘

「五色」：黄黑

震卦 ☳

运动震惊之体，轩昂作为之性，合兑为克制，合巽乃比和，坤艮为财禄，合坎则生，合离乃泄气。

「本象」：两阴爻在上、一阳爻在下，向上、向外、萌动之象

「天时」：雷

「地理」：东方、树木、闹市、大途、竹林、草木茂盛场所

「人物」：长男、乐工

「人事」：起动、怒、虚惊、鼓噪、多动少静

「身体」：足、肝、发、声音

「时序」：春二月、卯年月日时、四三八月日

「静物」：木竹、苇、竹木乐器、核、纸、花草繁鲜之物

「动物」：龙、蛇、百虫、鱼、马、马鸣

「屋舍」：东向之居、山林之处、楼阁、大路大道

「家宅」：宅中不时有虚惊、春冬吉、秋占不利

「饮食」：蹄肉、山林野味、鲜肉、果酸味、菜蔬、鲤鱼、核果

「婚姻」：有成、声名之家、利长男之婚，秋占不利

「生产」：虚惊、胎动不安、头胎必生男、秋占不吉有损

「求名」：有名、宜东方之任、主薄、施号发令之职、掌刑狱之官、有茶木税官之任、或闹市司货之职

「求利」：山林竹木之财、动处求财、或山林、竹木茶货之利

「交易」：利于成交、秋占难成、动可成、利山林、木竹、茶货

「谋望」：可望、可求、宜动中谋、秋占不遂

「出行」：宜行、利于东方、利山林之人、秋占不宜行、恐虚惊

「谒见」：可见、宜见山林中人、利见有声名之人

「疾病」：足疾、肝经之疾、惊恐不安、怒而生疾

「官讼」：健讼、有虚惊、取证反复

「坟墓」：利于东向、山林中穴、秋占不利

「姓字」：角音、走之足字、带竹头木旁姓氏、行位四三八

「数目」：四、三、八

「方道」：正东

「五味」：酸

「五色」：青、绿、碧

巽卦 ☴

性实体轻，进退动摇不定。

「本象」：一阴爻潜入二阳爻之下，深入向下、向内、渗透之象

「天时」：风

「地理」：东南方之地、草木茂秀之所、花果菜园

「人物」：长女、秀士、寡妇之人、山林道人、僧人

「人事」：柔和、不定、鼓舞、买卖得到利润极多、进退不果

「身体」：肱（胳膊由肘到肩部位）、股（大腿，胯至膝盖的部
分）、额头

「时序」：春夏之交、辰巳年月日时、五三八月日

「静物」：床几凳台、木香、绳、直物、长物、竹木、工巧之
器、鸡毛、帆、扇

「动物」：鸡、百禽、山林中的禽虫

「屋舍」：东南向之居、寺观楼台、山林之居

「家宅」：家宅平安、门户宅基不稳、春占吉、秋占不安

「饮食」：鸡肉、山林之味、蔬果、酸味

「婚姻」：可成、宜长女之婚、多斯文，秋占不利

「生产」：易生、头胎产女、秋占损胎、宜向东南坐

「求名」：有名、宜文职、佐贰副职、有弹劾之力、宜为监察、法纪之任、宜茶果竹木税货之职、宜东南之任

「求利」：有利三倍、宜山林之利、竹茶木货之利、秋占不吉

「交易」：可成、进退不一、利山林交易、山林木茶之利

「谋望」：可谋旺、有财、可成、秋占多谋少遂

「出行」：可行、有出入之利、宜向东南行、秋占不利

「谒见」：可见、利见山林之人、利见文人秀士、利见副职之人

「疾病」：股肱之疾、胆疾、风疾、中风、寒邪、气疾、额疾

「官讼」：宜和、恐遭刑责

「坟墓」：宜向东南、山林之穴、藏风之所、多树木、秋占不利

「姓字」：角音、草木旁姓氏、行位五三八

「数目」：五、三、八

「方道」：东南

「五味」：酸

「五色」：青绿碧、洁白

坎卦 ☵

隐伏娇柔之象，流而不返之势。

「本象」：两阴爻在外、一阳爻其中，向心凝聚、外柔内刚、内动外静之象

「天时」：月、雨、雪、露、霜

「地理」：北方、江湖、溪涧、泉井、卑湿之地、沟渎、池沼、有水之处

「人物」：中男、江湖之人、舟人、盗贼、匪

「人事」：险陷卑下、外示以柔、内序以利、漂泊不成、随波逐流、多淫欲

「身体」：耳、血、肾

「时序」：冬十一月、子年月日时、一六月日

「静物」：水、带子带核之物、弓轮矫柔之物、酒器、水具、工栋、丛棘、藜、桎梏、盐、酒

「动物」：猪、鱼、水中之物、狐、水族

「屋舍」：向北之居、近水、水阁、江楼、茶酒肆、宅中湿地之处、牢狱、地下室

「家宅」：不安、暗昧、潮湿、防盗

「饮食」：猪肉、酒、冷味、海味、羹汤、咸味、宿食、鱼、带血、淹藏、有带核之物、水中之物、多骨之物

「婚姻」：利中男之婚、宜北方之婚、辰戌丑未月不可婚

「生产」：难产有险、宜次胎、次胎男、中男，辰戌丑未月有损、宜北向

「求名」：艰难、恐有灾险、宜北方之任、宜鱼盐河泊之职

「求利」：财失、宜水边财、防盗、恐有失陷、宜鱼盐酒货之利

「交易」：不利成交、恐防失陷、宜水边交易、宜鱼盐酒货之交易、或点水人之交易

「谋望」：不宜谋旺、不能成就、秋冬占可谋望

「出行」：不宜远行、宜涉舟、宜北方之行、防盗匪、恐遇险阻陷溺之事

「谒见」：难见、宜见江湖之人、或有水旁姓氏之人

「疾病」：耳痛、心疾、感寒、肾疾、水泻、痼冷、血病

「官讼」：不利、阴险淹滞、有失、因讼失陷

「坟墓」：宜北向之穴。近水傍之墓，不利葬。水穴，得时为穴，不得时为尸骨

「姓字」：羽音、点水旁之姓氏、行位一六

「数目」：一、六

「方道」：北方

「五味」：咸

「五色」：黑

离卦 ☲

明白光大，兵家事故，虚诈难信，寄物欺人。

「本象」：上下爻为阳爻、阴爻在其中、向外离散、外刚内柔、外动内静之象

「天时」：日、电、虹、霓、霞、晴明

「地理」：南方、干亢之地、窑、灶、炉冶之所、刚燥厥地、其地面阳

「人物」：中女、文人、大腹、目疾人、甲胄之士

「人事」：文化之所、聪明才学、相见虚心、文书事

「身体」：目、心、上焦

「时序」：夏五月、午年月日时、三二七月日

「静物」：火、书、文、甲冑、干戈、槁衣、干燥物、赤色物

「动物」：雉、龟、鳖、蚌、蟹、螺，有壳动物

「屋舍」：南舍之居、阳明之宅、明窗、虚室、庙宇

「家宅」：安稳、平善、冬占不安、克体主火灾

「饮食」：雉肉、煎炒、烧炙之物、干脯之体、熟肉、苦味之物

「婚姻」：不成，利中女之婚、夏占可成，冬占不利

「生产」：易生、产中女、冬占有损、坐宜向南

「求名」：有名、宜南方之职、文官之任、宜炉冶亢场之职

「求利」：有财、宜南方求、有文书之财、冬占有失

「交易」：可成、宜有文书之交易

「谋望」：可以谋望、宜文书之事

「出行」：可行、宜向南方就文书之行、冬占不宜行、不宜行舟

「谒见」：可见南方人、冬占不顺、秋见文书考案才士

「疾病」：目疾、心疾、上焦、热病、夏占易中暑

「官讼」：易散、文书动、词讼明辨

「坟墓」：南向墓、阳穴、无树林之所、夏占出文人、冬占不利

「姓字」：徵音、四点旁、宋、刘、立人旁姓氏、行位三二七

「数目」：三、二、七

「方道」：南

「五味」：苦

「五色」：赤、紫、红

艮卦 ䷳

稳重阻隔之象，静止如山，时止则止，时行则行，动静不失其时，其道光明。

「本象」：一阳爻在上、二阴爻在下，表实内虚、上实下虚、覆藏静止之象

「天时」：云、雾、山岚、沙尘

「地理」：山径路、近山城、丘陵、坟墓、东北方、门阙、土、幽径、山石

「人物」：少男、闲人、山中人、童子、太监、阉人

「人事」：阻隔、守静、进退不决、反背、止住、不见

「身体」：手指、骨、鼻、背

「时序」：冬春之月、十二月、丑寅年月日时、七五十月日、土年月日时

「静物」：土石、稼穑、瓜果、黄物、土中之物、闾寺、木生之物、藤生瓜果

「动物」：虎、狗、鼠、百兽、啄禽、狐、猪嘴

「屋舍」：东北方之居、山居近石、近路之宅、幽隐之处

「家宅」：安逸隐静、诸事有阻、家人不睦、春占不安

「饮食」：土中物味、诸兽之肉、墓畔竹笋、野味、山菜

「婚姻」：阻隔难成、成亦迟，利少男之婚、宜乡里婚配，春占不利

「生产」：难生、有险阻之厄、宜向东北、春占有损

「求名」：阻隔无名、宜东北方之任、宜土官山城之职

「求利」：求财阻隔、宜求山林田土之财、春占损耗

「交易」：难成、有山林田土之交易、春占有失

「谋望」：阻隔难成、进退不决

「出行」：不宜远行、有阻、宜近陆行

「谒见」：不可见、有阻、宜见山林之人

「疾病」：手指之疾、脾胃之疾

「官讼」：贵人阻滞、官讼未解、牵连不决

「坟墓」：东北之穴、山中之穴、近路旁有石、春占不利

「姓字」：宫音、带山、土字旁姓氏、行位七五十

「数目」：七、五、十

「方道」：东北方

「五味」：甘

「五色」：黄

兑卦 ☱

喜悦和柔之象，口实是非之事，毁折附决。

「本象」：二阳爻在下、一阴爻在上，上虚下实、上小下大、上缺、向上之象

「天时」：雨泽、新月、星

「地理」：泽、水际、缺池、废井、山崩破裂之地、其地为刚卤

「人物」：少女、妾、歌妓、伶人、译人、巫师、奴仆婢

「人事」：喜悦、口舌、谗毁、谤说、饮食

「身体」：舌、口、喉、肺、痰、涎

「时序」：秋八月、酉年月日时、金年月日时、二四九月日

「静物」：金刃、金类、乐器、上锐、废物、缺器之物、口缺之物、毁折之物

「动物」：羊、泽中之物

「屋舍」：西向之居、近泽之居、败墙壁宅、户有损

「家宅」：不安、防口舌、秋占喜悦、夏占家宅有祸

「饮食」：羊肉、泽中之物、宿味、辛辣之物、酒浆、鹅、鸭

「婚姻」：不成，秋占可成有喜、成婚吉、利少女婚，夏占不利

「生产」：不利、恐有损胎、或生女、夏占不利、宜坐向西

「求名」：难成、因名有损、利西方之任、宜刑官、伶官、译官

「求利」：无利、有损财利、主口舌、秋占有财喜、夏占破财

「交易」：难有利、有竞争防口舌、秋占有交易财喜、夏占不利

「谋望」：难成、谋中有损、秋占有喜、夏占不遂

「出行」：不宜远行、防口舌或损失、宜西行、秋占有利宜行

「谒见」：利行西方、见有咒诅

「疾病」：口舌、咽喉之疾、痰核之疾、气逆喘疾、饮食不飧

「官讼」：争讼不已、曲直未决、因讼有损防刑、秋占得理胜讼

「坟墓」：宜西向、防穴有水、近泽之墓、或葬废穴、夏占不宜

「姓字」：商音、带口或带金字旁姓氏、行位二四九

「数目」：二、四、九

「方道」：西方

「五味」：辛辣

「五色」：白

溟元周易六十四卦详解

上 经

乾为天

第一卦：乾卦（乾为天）

乾：元亨利贞。

象曰：天行健。君子以自强不息。

白话文解释

乾卦：元始，亨通，义和，守正。

《象辞》说：上下皆乾，乾为天，天体运行刚健不息。君子应当努力向上，永不懈怠。

溟元解卦

下乾上乾相叠。乾为天，万物之气始于天，性刚行健，至大至阳，能以阳气始生万物，得元始亨通，万物和谐有利，贞正有终；卦体六爻纯阳，有正直、坚刚、强实、高大、元始、亨通、义和、贞正、福禄、祥庆、仁爱、道德、君父、宗祖、威严、金玉、龙马等象，称为"乾"。元，万物之始；亨，万物之长；利，万物之遂；贞，万物之成。春元夏亨秋利冬贞，东元南亨西利北贞，震元离亨兑利坎贞，循环往复，无穷无尽。天体运行刚健不息，君子观此卦象，应当坚守元、亨、利、贞四德，不断探求真理，不断充实自己，不断奋斗进取，永远都不停息。乾又为消息卦，代表四月。

大象： 性刚行健，至大至阳，天体运行刚健不息。

运势： 万事如意，名利双收，身体强健，把握时机可获成功，忌气傲过刚。

天时： 晴明。

事业： 有贵人提拔，大吉。

求财： 得利。

婚姻： 相貌美丽，和合大吉。

胎孕： 初生女，次生男，或双胎。

交易： 不利买而利卖，可成。

出行： 不宜独行，宜结伴出行，吉。

疾病： 头痛、肺病，宜往西北方求医。

词讼： 有理，和解有利。

初九爻辞

初九：潜龙勿用。

象曰：潜龙勿用，阳在下也。

白话文解释

初九：龙没入水中，不能作为。

《象辞》说：龙没入水中，不能作为，是因为初九阳刚潜伏在下，不能发挥功用。

澳元解卦

居位第一爻，称为初，阳居初爻，称为初九。潜指没入水中，在水下活动；乾为龙，龙为能潜能飞，变化多端，至刚至阳之物。

初爻、二爻为地道，初九为乾卦开始，虽然阳居阳位，居位得正，但是身居下位，阳气潜藏，喻指龙没入水中，只能在水下活动，时机未到，不能作为，所以说"潜龙勿用"。喻指处在最低层次，潜藏期的君子知识未全，品德尚欠，不能冲动燥急，应当潜心学习，等待时机，不要急于表现，属于潜伏阶段。功名时机未到；求财不利；婚姻女占吉，男占不利；孕产生男；家宅东有水闭塞，宜修；疾病未愈；征战按兵不动。

九二爻辞

九二：见龙在田，利见大人。

象曰：见龙在田，德施普也。

白话文解释

九二：龙出现在田野，利于出现伟大的人物。

《象辞》说：龙出现在田野，道德恩施惠泽天下。

漠元解卦

初爻、二爻为地道，初九潜龙为地下水中，九二在初九之上，居于地上，民以食为天，田地是地上利于耕作的有用之地，阳气上升出现于地上田野，始生万物，喻指龙出现在田野，所以说"见龙在田"。乾卦九二阳刚居中，动变为离，卦为同人，上乾下离，乾为天，离为文明，天下文明，利于出现伟大的人物，所以说"利见大人"。龙出现在田野，喻指在基层看到了君子的品德面貌，给予适当帮助，有利于出现伟大的人物，属于显现阶段。功名可成；求财利田产、官方财；婚姻夫家贵；孕产生男；词讼不利；疾病可愈；征战可胜。

九三爻辞

九三：君子终日乾乾，夕惕若厉，无咎。

象曰：终日乾乾，反复道也。

白话文解释

九三：君子每天都要自强不息，晚上也不放松警惕危险的到来，没有灾祸。

《象辞》说：每天都要自强不息，反复实践天体运行规律。

溪元解卦

九三阳居阳位，居位得正，所以称为"君子"。居位不得中，所以不能称为"大人"。居于上下卦之间，无应无比，属于忧危多惧之地，君子应当每天都要自强不息，晚上也不能放松警惕危险的到来，才能没有灾祸，所以说"终日乾乾，夕惕若厉，无咎"。喻指君子应当每天都要保持"元亨利贞"四德，到了晚上也不能放松警惕，如果能这样，即使在危险的情况下，也不会有过失与灾难，属于成长阶段。功名未显；求财需日夜防备，脱险获利；婚姻不宜攀高；孕产生男，产时有惊无险；家宅不安；行人将归；疾病凶危；征战虽临险境，但无灾祸。

九四爻辞

九四：或跃在渊，无咎。

象曰：或跃在渊，进无咎也。

白话文解释

九四：龙或者跃上天空，或者潜藏在深渊，没有灾祸。

《象辞》说：龙或者跃上天空，或者潜藏在深渊，前进没有灾祸。

漠元解卦

或，疑问代词；或跃，将进而未进；在渊，将进而复退。九四阳居阴位，失位不正，居于九三和九五之间，同阳不能亲比，阳刚相敌，上下进退两难，不敢果敢上进尊位，喻指龙或者跃上天空，或者潜藏在深渊，审察形式而进，没有灾祸，所以说"或跃在渊，无咎"。喻指君子或在上位，或在下位，进或退都不是保持不变，只要不脱离群众基础，增德修业，把握时机，就不会有过失和灾难，属于壮健阶段。功名有成；求财有失有得；婚姻可成；孕产生男；家宅不安，宜修造；征战慎防埋伏，无害。

九五爻辞

九五：飞龙在天，利见大人。
象曰：飞龙在天，大人造也。

白话文解释

九五：龙飞跃天上，利于出现伟大人物。
《象辞》说：龙飞跃天上，德高的大人物会有所作为。

漠元解卦

九五尊位，居中得正，大有作为，正当风云际会，春风得意之时，喻指龙飞跃天上，利于出现伟大人物，所以说"飞龙在天，利见大人"。喻指君子得势荣显，大有所成，事物已经发展到达鼎盛时期，属于鼎盛阶段。功名显达；求财多发田产财、官方财；婚姻和合；孕产得贵子；家宅富贵；疾病不吉；征战利首领亲征，必大获全胜。

上九爻辞

上九：亢龙有悔。

象曰：亢龙有悔，盈不可久也。

白话文解释

上九：龙飞的过高，招致悔恨。

《象辞》说：龙飞的过高，招致悔恨，盈满是不会长久保持的。

漠元解卦

上九阳居阴位，不中不正，无应无比。处于乾卦终极，天阳上亢，上升至极限顶点，物极必反而走向反面，喻指龙飞的过高，招致悔恨，所以说"亢龙有悔"。上九为极位，君子应该知道居安思危，急流勇退，属于盛极而衰阶段。功名宜急流勇退；求财见好就收；婚姻不利；孕产防不育；家宅盛极而衰；失物难寻；征战不利。

用九爻辞

用九：见群龙无首，吉。

象曰：用九，天德不可为首也。

白话文解释

用九：出现群龙（乾卦群阳）变化不息，不以自己为开始，吉利。

《象辞》说：运用阳刚，天体运行循环往复，不能以自己为开始。

䷁ 坤为地

第二卦：坤卦（坤为地）

坤：元亨，利牝马之贞。君子有攸往，先迷后得主。利西南得朋，东北丧朋。安贞吉。

象曰：地势坤。君子以厚德载物。

白话文解释

坤卦：大亨通，利于像母马一样守正。君子有所前往，抢先会迷失方向，随后会遇到明主。利于往西南能得到朋友，往东北会丧失朋友。安于现状守正吉利。

《象辞》说：上下皆坤，坤为地，大地的形势厚实和顺。君子应当厚增美德，负载万物。

漠元解卦

下坤上坤相叠。坤为地，乾始坤生，万物之气始于天，万物之形生于地，气始形具，刚柔有体，天地阴阳交感，万物得以繁衍；卦体六爻纯阴，有阴柔、静顺、包容、孕育、厚重、积聚、广大、方正、安康、万民、国邦、无疆、慈母、顺臣、母牛等象，称为"坤"。大地厚德载物，顺承于天，与天相合而久长无极，辽远无疆，万物大得亨通畅达，所以说"元亨"。坤阴乾阳，阴顺从于阳，依天顺时，孕育万物；坤为牝，乾为马，牝马即母马，性情柔和温顺，利于像母马一样柔顺守正，所以说"利牝马之贞"。

乾后为坤，乾为君子，乾阳遇坤阴，阴阳交合，化生万物，君子有所前往，阳不能从阴，坤先乾后，臣先君后，逆天而行则迷；坤以乾为得主，乾先坤后，君先臣后，以阴从阳，阳倡阴和，顺天而行则得主，所以说"君子有攸往，先迷后得主"。后天八卦坤居西南邻比于兑、离、巽三阴，同类为朋，喻指往西南方能得到朋友，所以说"利西南得朋"。对宫艮居东北邻比于震、坎、乾三阳，阴阳异类，喻指往东北会丧失朋友，所以说"东北丧朋"。安于坤顺，静以承天，安于现状守正吉利，所以说"安贞吉"。坤又为消息卦，代表十月。大地的形势厚实和顺，君子观此卦象，应当厚增美德，负载万物。

大象： 大地柔顺包容，厚德载物，顺承于天，大得亨通。

运势： 保持和顺平静，利于与人合作。宜以静制动，忌妄动急进。

天时： 阴晦。

事业： 合作可成。

求财： 满载而归，宜缓不宜急，不宜与军卒同求，否则有损。

婚姻： 男得佳妻，女有阻宜缓，终成。

胎孕： 生女。

交易： 宜进，成有利。

出行： 独行有阻不顺，同行可动。

疾病： 腹内疼痛，四肢沉重，宜往东南方求医。

词讼： 因田土争讼，宜和，有始无终。

初六爻辞

初六：履霜，坚冰至。

象曰：履霜坚冰，阴始凝也。驯致其道，至坚冰也。

白话文解释

初六：踩到霜晶，坚硬的冰冻来到。

《象辞》说：踩到霜晶，坚硬的冰冻来到，地阴开始凝聚。顺其发展下去，坚硬的冰冻必将来到。

溟元解卦

阴居初爻，称为初六。初六居坤，地阴初露，阴气初起，开始凝聚，顺其变化发展下去，必然会日积渐盛，喻指踩到霜晶的时候，预示坚硬冰冻的寒冬就要来到了，所以说"履霜，坚冰至"。功名宜待时机；求财得利；婚姻不成；孕产生女；家宅阴气重，不吉；病在阴邪，初可治，久则难医；行人未至；征战两败俱伤。

六二爻辞

六二：直方大，不习，无不利。

象曰：六二之动，直以方也，不习，无不利，地道光也。

白话文解释

六二：公正、安静、广大，自然而成，没有不利。

《象辞》说：六二的行动，公正而且安静，自然而成，没有不利，大地的柔顺之道是光明伟大的。

溟元解卦

直，公正；方，安静；大，广大；这里描绘的是大地的品德与形象。乾为君道，以九五为主；坤为臣道，以六二为主，六二阴居阴位，居中得正，公正无私，安静居守，孕育广大，具备大地所有品德，所以说"直方大"。不习，指不修习，不行动，喻指自然而成。六二居中得正，厚德载物，自然而成，不需要有所行动，就没有不利，所以说"不习，无不利"。功名易成；求财多田产获利；婚姻和合；孕产生女；家宅宜居；疾病不死，不药有喜；征战得地得势。

六三爻辞

六三：含章，可贞。或从王事，无成有终。

象曰：含章，可贞，以时发也；或从王事，知光大也。

白话文解释

六三：蕴藏美盛鲜明的文采，可以守正。或者效力于国家，没有成就但是却有好的结局。

《象辞》说：蕴藏美盛鲜明的文采，可以守正，是为了待时而发；或者效力于国家，使智慧和谋略显赫盛大。

漠元解卦

含，蕴藏；章通彰，指美盛鲜明的文采。六三动变谦卦，谦谦君子，蕴藏美盛鲜明的文采，所以说"含章"。六三不中不正，处下卦之极，不得时位，需韬光养晦，待命而行。有文采不显露，宜静而守正，所以说"可贞"。六三含蓄才能，不露锋芒，其所行唯王命是从，事成之后也不居功，所有功劳都归于君上，将功劳都视为自己的本职所在，一切成就都不过是自己顺从王命行事而得到的，所以说"或从王事，无成有终"。功名不成；求财不利；婚姻难成；孕产生女；家宅可居；疾病凶危；征战获胜。

六四爻辞

六四：括囊，无咎无誉。

象曰：括囊无咎，慎不害也。

55

白话文解释

六四：扎紧袋子，没有灾祸也没有赞誉。

《象辞》说：扎紧袋子没有灾祸，谨言慎行不会有灾害。

淏元解卦

括，为结；囊，为袋子；括囊，把袋子扎紧，使内不能出，外不能入。坤为囊，六四无应无比为括囊。六四与初六同阴不能相应，同六五和六三不能亲比，虽然阴居阴位，居位得正，但上下闭塞，不会有所作为，这时应当适时收敛，谨言慎行，默默隐忍，喻指扎紧了袋子，没有灾祸也没有赞誉，所以说"括囊，无咎无誉"。功名不宜，求反致祸；求财得利；婚姻可成；孕产生女，或孪生姐妹；家宅无害；疾病可愈；失物可寻；征战不利。

六五爻辞

六五：黄裳，元吉。

象曰：黄裳，元吉，文在中也。

白话文解释

六五：黄色裙裤，大吉。

《象辞》说：黄色裙裤，大吉，因为六五居中通达文理。

淏元解卦

黄为中之土色，象征中道；古代服装上衣下裳，裳指下衣，裙裤，象征谦下；元为大。六五柔居尊位，通达文理，能够以柔顺之德，谦恭于下，喻指美丽尊贵的黄色裙裤隐藏在上衣下面，可得大吉，所以说"黄裳，元吉"。功名显达；求财宜服饰丝品获利；婚姻不成；孕产生女；家宅平安；行人至；疾病可愈；征战大获全胜。

上六爻辞

上六：龙战于野，其血玄黄。

象曰：龙战于野，其道穷也。

白话文解释

上六：龙在原野上交战，血流遍野天玄地黄。

《象辞》说：龙在原野上交战，说明上六阴极已经穷途末路。

澡元解卦

玄黄指天地的颜色，玄为天色，地为黄色，喻指天地混沌之气。上六居全卦之终，为阴气极盛之时，上六阴动成阳，动变为剥卦，有一阳与五阴在外卦相战之象，乾阳为龙，外卦为野，喻指龙在原野上交战，所以说"龙战于野"。阴阳相伤，血流遍野天玄地黄，所以说"其血玄黄"。功名不成；求财血本无归；婚姻不成；孕产生男；家宅大凶；行人不至；出行不利；疾病阴虚难愈；征战两败俱伤。

用六爻辞

用六：利永贞。

象曰：用六，永贞，以大终也。

白话文解释

用六：利于永远坚守正道。

《象辞》说：运用阴柔，永远坚守正道，能够广大而终。

䷂ 水雷屯

第三卦：屯卦（水雷屯）

屯：元亨，利贞。勿用有攸往，利建侯。

象曰：云雷，屯。君子以经纶。

白话文解释

屯卦：大亨通，利于守正。不要用于有所前往，利于建国封侯。

《象辞》说：上卦坎为云，下卦震为雷，云行于上，雷动于下，是屯卦的卦象。君子应当筹划治理国家大事。

澳元解卦

下震上坎相叠。坎为水，为险；震为木，为动。震雷能鼓动发越，坎水能滋养润生，动在险内，春雷萌动，草木始生，前遇险难，称为"屯"。屯有难意，止意，聚意。天地阴阳，划分四时，万物初生，正待成长，屯由震春以至坎冬，春元夏亨秋利冬贞，一年气备，万物能正其根本，固其形质，大得亨通而利于守正，所以说"元亨，利贞"。动遇险，不要用于有所前往，所以说"勿用有攸往"。互坤为国，震为诸侯，天地初创，有利于建国封侯，所有说"利建侯"。坎为云，震为雷，君子观此卦象应当以云的恩泽，雷的威严来筹划治理国家大事。

大象： 动在险内，万物始生，充满艰难险阻。

运势： 身处困境，排除万难，先苦后甘。

天时： 多雷雨。

事业： 努力可成，苦尽甘来。

求财： 宜远不宜近，可发丝绵之财，多波折，不能与人同求。

婚姻： 再婚再嫁，宜先同居后娶。

胎孕： 生男，产妇有惊无险。

交易： 有阻。

出行： 迟疑不决，宜缓，往西北方吉。

疾病： 头目昏闷，饮食不进，宜往东北方求医。

词讼： 小事宜和解，忌反复，无大害。

初九爻辞

初九：磐桓，利居贞，利建侯。

象曰：虽磐桓，志行正也。以贵下贱，大得民也。

白话文解释

初九：徘徊难进，利于安居守正，有利于建国封侯。

《象辞》说：虽然徘徊难进，但是前进的心志保持端正。尊贵而俯顺于卑贱，初九可以大得民心。

淏元解卦

磐，巨石；桓，木。震为木，六四互艮为石。初九居震，上应六四，艮石在上，下压震木，阻碍生长，徘徊难进，所以说"磐桓"。初九阳居阳位，居位得正，利于安居守正，所以说"利居贞"。初九居震为诸侯，六二至六四互坤为国，初九与六四相应，得六二亲比，喻指有利于建国封侯，所以说"利建侯"。功名欲进不进；求财亏损；婚姻富贵下嫁；孕产生男；家宅为贵宅；行人有阻；失物难寻；征战有利。

六二爻辞

六二：屯如邅如，乘马班如，匪寇婚媾，女子贞不字，十年乃字。

象曰：六二之难，乘刚也。十年乃字，反常也。

白话文解释

六二：进退两难，乘坐在马车上原地回旋，不是寇盗，而是寻求婚配的，女子守正但不能孕育，十年后才孕育。

《象辞》说：六二的进退两难，是因为所乘初九阳刚之上。十年后才孕育，这是反常现象。

漠元解卦

屯如，艰难的样子；邅为进进退退；乘马象征向前进；班如是指原地回旋的样子。坎为马，为车。六二与九五阴阳相应，前遇六三与六四阻滞，后又被初九亲比牵制，进退两难，喻指乘坐在马车上原地回旋，所以说"屯如邅如，乘马班如"。九五居坎为寇盗，六二与九五正应，喻指不是寇盗，而是寻求婚配的，所以说"匪寇婚媾"。字，指妇人孕育。六二阴居阴位，上应九五，遇六三与六四阻滞，不能与九五交合孕育，喻指六二居位得正但不能孕育，所以说"女子贞不字"。互坤为十年，六二居中得正，与九五相应虽然暂时遭遇阻滞，但是九五终究会来主动相应六二，喻指十年后必定能阴阳相应而孕育繁衍，所以说"十年乃字"。求财利半；婚姻男求女应；孕产生男；家宅先凶后吉；疾病调养可愈；征战得援兵获吉。

六三爻辞

六三：即鹿无虞，惟入于林中。君子几，不如舍，往吝。

象曰：即鹿无虞，以从禽也；君子舍之，往吝，穷也。

白话文解释

六三：追逐野鹿没有虞官引导，而单独进入林中。君子接近，不如舍弃，前往会遭遇恨惜。

《象辞》说：追捕野鹿没有虞官引导，是因为贪图追捕禽兽；君子舍弃，前往会遭遇恨惜，陷入困境。

溪元解卦

即，就，喻追逐；即鹿为追逐野鹿；虞，职官名，掌管山泽禽兽；几，接近的意思。震为麋鹿，为逐，象即鹿；艮为官，艮反震为无虞。六三互坤为众，震为木，众木为林；互艮为君子，为舍。六三阴居阳位，不中不正，无应无比，不得援助，喻指追逐野鹿没有虞官引导，而单独进入林中，所以说"即鹿无虞，惟入于林中"。六三与上六不应为敌，接近不如舍弃，前往会遭遇恨惜，所以说"君子几，不如舍，往吝"。功名难成；求财不利；婚姻不成；孕产生男；家宅不吉，宜迁；疾病凶危；征战凶险。

六四爻辞

六四：乘马班如，求婚媾，往吉，无不利。

象曰：求而往，明也。

白话文解释

六四：驾着马车原地回旋，寻求婚配，前往吉利，没有不利。

《象辞》说：前往追求，是明智的选择。

澳元解卦

六四与初九为正应，遇六二与六三阻滞，不能相应，而驾着马车原地回旋，所以说"乘马班如"。六四上与九五阴阳亲比，寻求婚配，前往吉利，没有不利，所以说"求婚媾，往吉，无不利"。功名不宜躁进；求财得利；婚姻大吉；孕产生女；家宅平安；疾病可愈；征战熟悉环境，会大获全胜。

九五爻辞

九五：屯其膏，小贞吉，大贞凶。
象曰：屯其膏，施未光也。

白话文解释

九五：只能自己屯积恩泽而无法帮助别人，小事守正吉利，大事守正凶险。
《象辞》说：只能自己屯积恩泽而无法帮助别人，即使想有所作为，前景也不会光明。

澳元解卦

膏为肥肉，这里喻指恩泽，恩惠。九五居尊，虽然下履众阴，但是六四与初九相应，六二亲比初九，坤众三分之二被初九所得，喻指只能自己屯积恩泽而无法帮助别人，所以说"屯其膏"。六二为小，九五与六二相应，六二阴得阳而获吉，喻指小事守正吉利，所以说"小贞吉"。九五中正居尊为大，九五威权被初九所夺，喻指大事即使守正也有凶险，所以说"大贞凶"。功名不显；求财得利宜小不宜大；婚姻不成；孕产生贵子；家宅不安；出行吉；疾病血症或抑郁，病宜急治；征战凶险。

上六爻辞

上六：乘马班如，泣血涟如。

象曰：泣血涟如，何可长也？

白话文解释

上六：驾着马车原地回旋，血泪涟涟。

《象辞》说：血泪涟涟，上六这样怎么能长久呢？

滇元解卦

泣血，眼睛哭出血；涟如，泪流不止。坎为马，为车；坎为血，为涕洟，为水，象"泣血涟如"。上六居坎处屯卦之极，欲相应于六三，六三同阴不能与其相应，因此驾着马车原地回旋，血泪涟涟，所以说"乘马班如，泣血涟如"。功名波折；求财不利；婚姻不成；孕产生女难养；家宅忧虑不安；疾病凶危，多呕血之症；征战大凶，兵败国亡。

山水蒙

第四卦：蒙卦（山水蒙）

蒙：亨。匪我求童蒙，童蒙求我。初筮告，再三渎，渎则不告。利贞。

象曰：山下出泉，蒙。君子以果行育德。

白话文解释

蒙卦：亨通。不是我强求去开启幼稚蒙昧，而是幼稚蒙昧的人主动求我为他拨开迷蒙，开启智慧。初次占筮会告诉他，两次三次的问，是对占卜师的亵渎，有亵渎的态度就不会得到真诚的答复。利于守正。

《象辞》说：上卦艮为山，下卦坎为泉，山下有泉，泉水喷涌而出，是蒙卦的卦象。君子应当以果敢坚毅的行动来培养自身的品德。

漠元解卦

下坎上艮相叠。艮为山，为止；坎为水，为险。山下有水，水气蒸腾为雾，雾蒙不见山，山下有险，坎上遇止，遇险而止，蒙昧不明，称为"蒙"。蒙是幼稚蒙昧的意思，有教育启蒙的含义。艮为少男，所以又有童蒙之义。万物初生，在幼稚蒙昧的阶段，启蒙教育为首要任务。启蒙教育需要以先觉者为师，开启智慧，而得亨通，所以说"亨"。师德高明不会往求童蒙，老师没有往教之礼，学生应该主动求学于老师，所以说"匪我求童蒙，童蒙求我"。学生求学于老师，与占卜一个道理，初次来真诚请教，便会真诚相告，如果同一个问题再三来问就有亵渎的意思了，就拒绝相告，所以说"初筮告，再三渎，渎则不告"。老师教育之道正，求学者学习态度就自然正，所以说"利贞"。艮为山，坎为泉，山下出泉，山有养育万物之德，泉水有奔流之性，山生物无穷无尽，泉水流动不畏险阻，君子观此卦象，应当以果敢坚毅的行动来培养自身的品德。

大象：艮止坎险，遇险而止，蒙昧不明，宜教育启蒙之象。

运势：开始蒙昧不知方向，多听取贤师良友意见，则可亨通。

天时：有雨不晴。

事业：宜进不宜退，若得贤师良友帮助可成就。

求财：失而复得。

婚姻：防人破坏，多反复有阻。

胎孕：孕产生男。生女不利，待产时防产妇有灾。

交易：迟可成。

出行：不宜出行，做事难成，多虚少实，动则有阻，破财是非。

疾病：咽喉疼痛，眼目昏闷，宜往西北方求医。

词讼：牵连，不能结案。

初六爻辞

初六：发蒙，利用刑人，用说桎梏。以往，吝。

象曰：利用刑人，以正法也。

白话文解释

初六：启发蒙昧，利用于受刑之人，用于解除拘系。急于前往，会有恨惜。

《象辞》说：利用于受刑之人，是为了加强人们对法治的敬畏。

漠元解卦

发蒙，启发蒙昧；刑是惩罚的意思；说为脱；桎梏是刑具，这里喻指拘系。初六上与九二亲比，能启发蒙昧，所以说"发蒙"。坎为罚，为狱，初六居坎，阴居阳位，失位不正，上与六四不应为敌，喻指身陷暗狱，为受刑之人，所以说"利用刑人"。这时唯有启发蒙昧，端正品质，才能解除拘系，所以说"用说桎梏"。如果不亲比九二，而急于上应六四则遇敌，喻指不专心启发蒙昧，而急于追求上进，以此而往，会有恨惜，所以说"以往，吝"。功名不成；求财不利；孕产生女，难产；婚姻求难成；官讼失理；失物难寻。

九二爻辞

九二：包蒙，吉。纳妇吉。子克家。
象曰：子克家，刚柔接也。

白话文解释

九二：包容蒙昧的人，吉利。娶妻吉利。儿子能治理好家。
《象辞》说：儿子能治理好家，是因为九二与六五刚柔相接。

漠元解卦

包，包容；包蒙指包容蒙昧的人；纳妇为娶妻；子克家是指儿子能治理好家。九二阳居阴位，居位得中，得初六与六三亲比，能宽严适中，可以成为君子的启蒙老师，喻指能包容蒙昧的人而获得吉利，所以说"包蒙，吉"。九二阳爻与六五阴爻相应，阳刚爱阴柔，喻指娶妻吉利，所以说"纳妇吉"。九二互震为子，六五居艮为户庭，为家。九二与六五阴阳相应，九二居下位能任上事，能统帅众阴，使家道兴旺，喻指儿子能治理好家，所以说"子克家"。功名有成；求财得利；婚姻和合；孕产生贵子；家宅风水宝地；疾病难安；失物难寻；征战大吉。

六三爻辞

六三：勿用取女，见金夫，不有躬，无攸利。
象曰：勿用取女，行不顺也。

白话文解释

六三：不宜娶这种女子，见到刚强的男子，不顾体统，没有利益。
《象辞》说：不宜娶这种女子，是因为六三行为不顺从规矩。

溪元解卦

金，取阳爻刚坚之义；金夫，刚强的男子，这里指九二；不有躬，指迷失自己，不顾体统的意思。六三正应的丈夫为上九，六三阴居阳位，不中不正，又居坎险之极，遇六四与六五阻滞，不能与上九相应，而不顾体统与刚强的九二失身交合，迷失了自己，不宜娶这种女子，没有利益，所以说"勿用取女，见金夫，不有躬，无攸利"。功名不显；求财不利；婚姻不成；孕产生男；家宅不安；失物可寻；行人未至；疾病可治；征战不利。

六四爻辞

六四：困蒙，吝。
象曰：困蒙之吝，独远实也。

白话文解释

六四：困于蒙昧，恨惜。

《象辞》说：困于蒙昧带来的恨惜，是因为疏远了有真才实学的老师。

溟元解卦

六四阴居艮下山脚，牢不可移，顽固不化，困于六五与六三上下二阴，与初六不能相应，喻指得不到阳刚贤明之士的引导，困于蒙昧，而有所恨惜，所以说"困蒙，吝"。占得此卦，要注意多接近有学问有素养的人。功名不成；求财不利；婚姻不吉；孕产生女；家宅风水落囚，宜改善；征战有凶。

六五爻辞

六五：童蒙，吉。

象曰：童蒙之吉，顺以巽也。

白话文解释

六五：蒙昧的孩童，吉利。

《象辞》说：蒙昧孩童之所以吉利，是因为六五柔顺而谦逊。

溟元解卦

六五阴居阳位，居尊得中，柔顺谦虚，得九二前来相应，艮为少男，六五居艮，有柔中之德，是幼主临朝之象。二为臣位，九二贤臣，具有刚中之德，能辅佐六五。六五年幼，就把政事托付于九二，犹如周成王得到周公的辅佐。六五居尊能舍己从人，任人唯贤，听从贤者的辅导，必然吉利，所以说"童蒙，吉"。功名显达；求财得利；婚姻迟；孕产生男；家宅富贵；词讼不利；病难治；失物不见；征战有利。

上九爻辞

上九：击蒙，不利为寇，利御寇。

象曰：利用御寇，上下顺也。

白话文解释

上九：攻击蒙昧的人，不利于自身成为寇盗，有利于防御其成为寇盗。

《象辞》说：有利于防御其成为寇盗，因为上九居上能使下者意志顺从。

漠元解卦

击，攻击，这里引申为体罚。上九阳居阴位，失位不正，喻指不能包容蒙昧的学生，习惯用体罚的方式进行教育，所以说"击蒙"。但是不能体罚太过，太过则老师变成了寇盗，所以说"不利为寇"。艮为手，有击之象；坎为寇盗，艮止于上，有御寇之象。学生顽固不化，一味宽恕不予以惩罚，恐怕误入歧途而成为寇盗。老师治蒙虽严，但是可以防御学生成为寇盗，所以说"利御寇"。求财不利；婚姻不成；孕产生男；家宅不安；疾病难愈；征战不利。

水天需

第五卦：需卦（水天需）

需：有孚，光亨，贞吉。利涉大川。

象曰：云上于天，需。君子以饮食宴乐。

白话文解释

需卦：有诚信，光明亨通，守正吉利。利于涉川历险。

《象辞》说：上卦坎为云，下卦乾为天，云浮聚于天上，待时降雨，是需卦的卦象。君子可以饮食安乐。

漠元解卦

下乾上坎相叠。坎为水，乾为天，水气蒸发为云，云升于天，天将要下雨，待时而落；乾为刚健，坎为险陷，以刚逢险，宜稳健妥善，不可冒失行动，需观时待变，称为"需"。需有等待的含义。万物初始蒙稚，待养而成，无信不立，因此必须有信，所以说"有孚"。乾卦刚健，前虽遇坎险但不被陷滞，只要静待时机，蓄养精力，就不会遭遇穷困，能得光明亨通，守正获吉，所以说"光亨，贞吉"。坎为大川，乾为利，乾健待时向坎险前进，所以说"利涉大川"。天须云降雨以养万物，人需饮食宴乐以养身，君子待机之时，可以饮食安乐，蓄养精力。

大象：云浮聚于天上而未雨，待时而落；蓄势待发，饮食宴乐之象。

运势： 凡事不宜操之过急，宜蓄养精力，待时而发，最终吉利。

天时： 昏蒙。

事业： 眼下费财费力，不成，需静待时机。

求财： 得利，宜往西北方求。

婚姻： 不吉。

胎孕： 生男。

交易： 不可成。

出行： 有贵人和合，得财禄喜庆。

疾病： 因酒得病，言语颠狂，初病可保，久病必死。

词讼： 因女人的事情，牵连。

初九爻辞

初九：需于郊，利用恒，无咎。

象曰：需于郊，不犯难行也；利用恒，无咎，未失常也。

白话文解释

初九：在郊外等候，利于恒久等待，没有灾祸。

《象辞》说：在郊外等候，是说不能冒险前进；利于恒久等待，没有灾祸，这是因为待机而动没有违反正常的原则。

渼元解卦

郊，郊外。前面有坎水之险，以乾卦三爻对外卦坎险，由远及近分别为郊、沙、泥。乾为郊，内卦初九居乾，离外卦坎险最远，遇九二与九三阻滞，不能与六四相应，不敢进而冒险，以待机而动，喻指在郊外等候，所以说"需于郊"。恒为久，不变动的意思。初九阳居阳位，居位得正，能居安思危，利于恒久等待，没有灾祸，所以说"利用恒，无咎"。功名初显；求财恒久获利，不宜投机；婚姻不成；孕产生男；家宅偏僻；行人至；失物难寻；疾病难愈；征战不利。

九二爻辞

九二：需于沙，小有言，终吉。

象曰：需于沙，衍在中也；虽小有言，以吉终也。

白话文解释

九二：在沙地上等待，有小的怨言，最终吉利。

《象辞》说：在沙地上等待，是说九二宽绰居中；虽然有小的怨言，但是最终结果吉利。

澳元解卦

九二沙为近水之地，在九三泥与初九郊之间，逐渐接近坎险，喻指在沙地上等待，所以说"需于沙"。九二与九五不能相应，会有小的怨言，所以说"小有言"。九二阳刚居中，离坎险尚隔九三，只要坚守中道，静待不躁，虽然会有小的怨言，但是最终是吉利的，所以说"终吉"。功名待成；求财得利；婚姻可成；孕产生男；词讼宜和；疾病难安；失物可寻；征战不利。

九三爻辞

九三：需于泥，致寇至。

象曰：需于泥，灾在外也。自我致寇，敬慎不败也。

白话文解释

九三：在泥泞中等待，招致寇盗。

72

《象辞》说：在泥泞中等待，灾难就在外卦。自己招致寇盗，如果谨慎行事，就能不受损伤。

澳元解卦

泥，水边湿土，泥泞之地。坎为寇盗。九三阳居阳位，刚亢躁进，位于乾卦终极，上临坎险，祸在眼前，身临险境，喻指在泥泞中等待，招致寇盗，所以说"需于泥，致寇至"。功名不成；求财不利；婚姻有阻；孕产生男；词讼宜和；疾病可愈；征战凶。

六四爻辞

六四：需于血，出自穴。
象曰：需于血，顺以听也。

白话文解释

六四：在杀伤之地的血泊中等待，后从险陷之所逃脱出来。
《象辞》说：在杀伤之地的血泊中等待，是说六四顺应时势听命于九五。

澳元解卦

血，为杀伤险境；穴为险陷的境地。坎为血，为穴，六四居于坎险之初，喻指在杀伤之地的血泊中等待，所以说"需于血"。六四阴居阴位，居位得正，以阴从阳亲比于九五，能顺应时势听命于九五，得九五所救而脱险，喻指从凶险的险陷之所逃脱出来，所以说"出自穴"。功名艰苦奋斗，终得成就；求财得利；婚姻有阻终成；孕产生男；家宅不安，宜弃宅逃生；词讼失理；疾病可愈；征战不利。

九五爻辞

九五：需于酒食，贞吉。

象曰：酒食贞吉，以中正也。

白话文解释

九五：在酒食宴乐中等待，守正吉利。

《象辞》说：酒食宴乐中守正吉利，是因为九五居中得正。

漠元解卦

九五居中得正，得上六与六四上下比辅，在需要等待的时候，能够通过饮食宴乐蓄养精力，象征其人有中正的品德，自能择善而居，处于优容的境地，坚守正道而获得吉利，所以说"需于酒食，贞吉"。功名有成；求财得利；婚姻大吉；孕产生男；词讼失理；疾病食疗可愈；征战大利。

上六爻辞

上六：入于穴，有不速之客三人来，敬之终吉。

象曰：不速之客，敬之终吉。虽不当位，未大失也。

白话文解释

上六：陷入险境，来了三位不召自来的客人，恭敬对待，最终吉利。

《象辞》说：不召自来的客人，恭敬对待，最终吉利。上六阴柔凌居九五阳刚之上，虽然不当位，但是不会有大的损失。

溟元解卦

上六阴柔处于坎险之极，喻指陷入险境，所以说"入于穴"。上六处需卦之终，需待已尽，乾卦三阳必然偕同进于上位，不需要自己刻意召唤，喻指来了三位不召自来的客人，所以说"有不速之客三人来"。上六柔顺不拒绝，能以敬意相待，三阳虽然刚断，但是没有妒忌争夺之心，最终吉利，所以说"敬之终吉"。功名难成；求财先阻后得；婚姻不合；孕产生男；家宅不安；失物难寻；疾病凶险；征战不利。

天水讼

第六卦：讼卦（天水讼）

讼：有孚，窒惕，中吉，终凶。利见大人，不利涉大川。

象曰：天与水违行，讼。君子以作事谋始。

白话文解释

讼卦：有诚信，闭塞不通要引起警惕戒惧，居中行事会吉利，如果争讼不止，终有凶险。利于拜见大人物，不利于涉川历险。

《象辞》说：上卦乾为天，下卦坎为水，天阳上行，水性润下，双方背道而驰，是讼卦的卦象。君子应当在谋事之初必须思虑周全。

漠元解卦

下坎上乾相叠。乾为天，坎为水，天阳上升，坎水润下，天水违行，气不相交，其行相背必相争辩，称为"讼"。讼，从言，为争论，争辩是非曲直要动用官司。坎为悖，乾为言；乾为公，坎为平；悖言与公平，需要争讼。争讼必然有可信的证词，所以说"有孚"。有可信证词，会被对方所反驳闭塞，就要引起警惕戒惧，所以说"窒惕"。正义得到伸展而停止，可以获吉，若争讼不止，得不到和解，最终会有凶险，所以说"中吉，终凶"。争讼有原告与被告，有可信证词者直，没有可信证词者必然也想辩曲为直，听讼者如果不能明察秋毫，或者曲者受贿于听讼者，势必会以曲为直，而直者受屈难伸，为是非不分，黑暗不明，这时利于拜见大人物来主持公道，九五大人刚健中正，刚而能察，健而能决，中正不偏，大公无私，能是非立判，曲直无枉，所以说"利见大人"。直者冤屈得到伸展，曲者必然就会陷入不利的境地，不能为隐藏事实而冒险，因此戒以"不利涉大川"。天阳上行，水性润下，双方背道而驰，君子观此卦象，应当在谋事之初必须思虑周全。

大象： 天阳上升，坎水润下，天水违行，气不相交，相背相争，争讼不和。

运势： 诸事不顺，心神不宁，多与人起争执，凡事宜思虑周全，谨慎处理。

天时： 雨转晴。

事业： 有阻迟成，利于律师、调解、辩论等口才为主事业；其他行业不利。

求财： 得利少。

婚姻： 宜进不宜退，有口舌无妨，官方人员为媒。

胎孕： 生男。

交易： 不成，后有是非。

出行： 不利，防口舌是非，与公职人员同行吉。

疾病： 心腹疼痛，眼目昏沉，宜往西北方求医。

词讼： 言语口舌引起，宜撤诉和解。

初六爻辞

初六：不永所事，小有言，终吉。

象曰：不永所事，讼不可长也。虽小有言，其辩明也。

白话文解释

初六：不会长久争讼，稍有怨言，最终吉利。

《象辞》说：不会长久争讼，说明争讼不可能长久下去。虽然稍有怨言，但争讼双方的是非曲直终将辨别清楚。

淏元解卦

事，指讼事。初六与九四诚信相应，不会长久争讼，所以说"不永所事"。初六居坎动变为兑，兑为口舌，为言。初六与九四都不中不正，喻指会稍有怨言，所以说"小有言"。初六与九四阴阳相应，终能获吉，所以说"终吉"。功名可求；求财终得；婚姻可成；孕产生男；疾病新病可愈，久病则凶；征战先危后利。

九二爻辞

九二：不克讼，归而逋，其邑人三百户，无眚。

象曰：不克讼，归逋窜也；自下讼上，患至掇也。

白话文解释

九二：讼事失败，回来逃亡，他的三百户邑人，没有灾害。

《象辞》说：讼事失败，回来逃亡躲藏；九二居下与上位九五争讼，这灾难是自己找的。

淏元解卦

逋，为逃跑。九二阳刚处坎险之中，与九五不能相应而为敌，九五中正居尊，九二居位不正，以下讼上，不敌九五而讼事失败，所以说"不克讼"。坎为隐伏，象逋，九二不敌九五，回来逃亡隐伏，所以说"归而逋"。乾为百；九二居坎动变坤为邑人，为户；坎为眚，九二动变，坎化为坤，象无眚；坎卦三爻为三。九二亲比于初六与六三，九二逃亡隐伏，初六与六三不受牵连，喻指他的三百户邑人没有灾害，所以说"其邑人三百户，无眚"。功名不成；求财小得；婚姻不合；孕产生男；家宅弃宅逃生；疾病可愈；征战凶险。

六三爻辞

六三：食旧德，贞厉，终吉。或从王事，无成。

象曰：食旧德，从上吉也。

白话文解释

六三：食以前德禄，守正危险，但最终吉利。如果从事公事，没有成就。

《象辞》说：食以前德禄，顺从乾阳吉利。

漠元解卦

旧，以前；德，德禄。六三阴居阳位，位于坎卦终极，阴柔不能争讼。坎为食；乾为旧，为德。六三前遇乾卦，以阴柔顺承乾卦三阳，不被侵害，能保全自己所有，喻指食以前德禄，所以说"食旧德"。六三虽失位不正，但能与上九阴阳相应，只要坚守正道，虽然开始会有危险，但是最终吉利，所以"贞厉，终吉"。乾为王，六三上承乾阳，阴柔顺从阳刚，以下从上，有功不敢自居，喻指如果从事公事，没有成就，所以说"或从王事，无成"。功名不显；求财得利；婚姻不成；孕产生男；疾病可愈；行人未至；征战无功而返。

九四爻辞

九四：不克讼，复即命，渝，安贞吉。

象曰：复即命，渝，安贞不失也。

白话文解释

九四：讼事失败，回来认命服从判决，改变观念，安于现状守正吉利。

《象辞》说：回来认命服从判决，改变观念，安于现状守正而不失正道。

渊元解卦

九四失位不正，上与中正的九五阳刚相敌，遭遇阻滞，喻指讼事失败，所以说"不克讼"。即，就，安。九四动变巽，巽为命；九四与初六相应，复初六而安命，喻指回来认命服从判决，所以说"复即命"。渝，指改变。讼则争，争则不安，改变观念，不争讼安于现状守正吉利，所以说"安贞吉"。功名不成；求财不利；婚姻不成；孕产生男；家宅安居吉；疾病未安；征战不利。

九五爻辞

九五：讼，元吉。

象曰：讼，元吉，以中正也。

白话文解释

九五：争讼，大吉。

《象辞》说：争讼，大吉，因为九五能坚守中正。

渎元解卦

九五中正居尊，位于乾卦之中，动变离明，中正不偏，大公无私，能够明辨是非曲直，可得大吉，所以说"讼，元吉"。功名可成；求财得利；婚姻大吉；孕产生男；词讼大吉；疾病可愈；征战有利。

上九爻辞

上九：或锡之鞶带，终朝三褫之。
象曰：以讼受服，亦不足敬也。

白话文解释

上九：或许赐予官服大带，但是一天之内被三次革夺。
《象辞》说：因为争讼而得到赐予绅带的殊荣，这不是值得尊敬的事。

渎元解卦

锡通赐，赐予，赐给，赏赐的意思；鞶带指男子腰带。六三互巽为命，为腰带，上九得六三前来相应，喻指或许赐予官服大带，所以说"或锡之鞶带"。乾为朝，上九居乾终，象"终朝"；褫指夺，六三互巽为陨落，象"三褫"。上九处讼卦之极，阳居阴位，不中不正，欲相应于六三，遇九五阻滞，因为争讼而得到赐予绅带的殊荣，非德而受，不能长久，喻指所赐一天之内被三次革夺，所以说"终朝三褫之"。功名先吉后凶；求财不利；婚姻可成；孕产生男；家宅衰退；词讼宜和；疾病凶危；征战不利。

地水师

第七卦：师卦（地水师）

师：贞，丈人吉，无咎。

象曰：地中有水，师。君子以容民畜众。

白话文解释

师卦：用兵出于正道，任用作战经验丰富的贤者吉利，没有灾祸。《象辞》说：上卦坤为地，下卦坎为水，地中有水源，是师卦的卦象。君子应当广容百姓，蓄养兵众。

漠元解卦

下坎上坤相叠。坤为顺，为聚，为众，为乱，为师，坎为险，至险起于至顺之下，有聚众据险，战乱不定之象，便需要率众平乱，挥师出征，称为"师"。师为众，贞为正，能以众正，可以为王，以一统众，师出正道，应天顺民，为天下除暴，为王者之师，所以说"贞"。丈人，为作战经验丰富的贤者，以作战经验丰富的贤者为主帅，必能拨乱反正，除暴安民，避免灾祸，所以说"丈人吉，无咎"。坤为地，为藏，为民；坎为水，为役，役为兵；地中有水，水藏于地中，地得水而润，生育万物，相助为功，喻指兵藏民中，没有战争时，散兵为民，有战争时，集民为兵，容民蓄众，可以养兵。君子观此卦象，应当广容百姓，蓄养兵众。

大象： 地中有水，水储藏地中，地得水而润，生育万物，相助为功。养兵聚众，出师征伐之象。

运势： 诸事阻力，忧心费力，宜坚守正道，容纳蓄养，排除困难。

天时： 阴雨。

事业： 有贵人帮扶，声名远扬，得重要职位。

求财： 先难后易，财源滚滚。

婚姻： 对方在市区，手工艺人作媒，大吉大利。

胎孕： 生男吉；如生女，产妇有难。

交易： 可成。

出行： 与众人同行，宜迟不宜速。

疾病： 腹胀之疾，宜往南或北方求医。

词讼： 有贵人为福，先有忧，后有财。

初六爻辞

初六：师出以律，否臧凶。

象曰：师出以律，失律凶也。

白话文解释

初六：整军出战全凭纪律，不遵守纪律有凶险。

《象辞》说：整军出战全凭纪律，失去纪律的约束会带来凶险。

漠元解卦

律为军纪，纪律；否为恶；臧为善；否臧为失律。坎为律。整军出战全凭纪律，初六阴居坎初，失位不正，不遵守纪律会有凶险，所以说"师出以律，否臧凶"。功名虽荣终辱；求财不利；婚姻可成；孕产生女；家宅家道凶险；疾病可愈；征战军纪涣散，凶险。

83

九二爻辞

九二：在师中，吉无咎，王三锡命。

象曰：在师中吉，承天宠也，王三锡命，怀万邦也。

白话文解释

九二：主帅身在军中指挥，吉利没有灾祸，君王三次诏命赐予嘉奖。

《象辞》说：主帅身在军中指挥吉利，因为得到六五的宠爱，君王三次诏命赐予嘉奖，因为主帅能胸怀万国。

漠元解卦

九二阳刚居中，与六五相应，以一阳为群阴所依附，为师中主将，任重道远，得承天宠，吉利，没有灾祸，所以说"在师中，吉无咎"。九二互震，震为帝，为言，帝言称为命；锡通赐，赐予，赐给，赏赐的意思。九二上应六五君王，得初六与六三亲比，喻指君王三次诏命赐予嘉奖，所以说"王三锡命"。功名有成；求财得利；婚姻可成；孕产生男；家宅隆昌；疾病可愈；征战吉利。

六三爻辞

六三：师或舆尸，凶。

象曰：师或舆尸，大无功也。

白话文解释

六三：军队出征，载尸而归，凶险。

《象辞》说：军队出征，载尸而归，太没有战功了。

溟元解卦

舆尸，兵败用车运回尸体。坎为尸，坤为舆。六三阴居阳位，不中不正，居坎卦之极，前遇重阴，与上六不应为敌，喻指军队出征，招致兵败载尸而归的凶险，所以说"师或舆尸，凶"。功名不成；求财不利；婚姻生离死别；孕产生男，有凶；家宅地有尸气不安；疾病凶危；征战大败。

六四爻辞

六四：师左次，无咎。
象曰：左次无咎，未失常也。

白话文解释

六四：军队撤退驻扎，没有灾祸。
《象辞》说：撤退驻扎没有灾祸，并没有违背作战常道。

溟元解卦

左，古代军队崇尚右，右为前进，左为撤退；次，驻扎超过两日以上。按《左传》："凡师，一宿为舍，再宿为信，过信称为次"。六四动变震为左。六四阴居阴位，居位得正，前临重阴遇敌，军队能适时撤退驻扎，没有灾祸，所以说"师左次，无咎"。功名有阻；求财得利；婚姻不成；孕产生女；家宅宜向西南吉利；疾病可愈；征战宜退守。

六五爻辞

六五：田有禽，利执言，无咎。长子帅师，弟子舆尸，贞凶。
象曰：长子帅师，以中行也；弟子舆尸，使不当也。

白话文解释

六五：有敌来犯，利于师出有名，没有灾祸。委任刚正长者可以统帅军队，委任无德小子必会载尸而归，守正也会凶险。

《象辞》说：委任刚正长者可以统帅军队，是因为九二长子具备中行的才德；委任无德小子必会载尸而归，是因为对六三阴柔不中的弟子任用不当。

淏元解卦

田为狩猎；禽为猎获物；田有禽，喻指有敌来犯；利执言指要师出有名，出兵有正当的理由。六五居尊位，品德柔顺，见有敌来犯，因为自身不够刚武，不能够亲征，所以委任将帅，以正当的理由出兵进行征伐，没有灾祸，所以说"田有禽，利执言，无咎"。六五与九二正应，九二与六三相邻，九二阳刚，六三阴柔，易以刚为大，柔为小，所以九二指长子，六三为弟子。长子九二，刚中有才，为师中主将，出师作战纪律严明，弟子六三，不中不正，有勇无谋，出师作战大败后载尸而归，所以说"长子帅师，弟子舆尸"。六五居中不正，信任不专，既任命长子九二率师征伐，又复任弟子六三分散长子九二的军权，主公多疑，用人不当，守正道也有凶险，所以说"贞凶"。功名不成；求财少得；婚姻不成；孕产生男；家宅利长房，不利小子；疾病凶危；征战用人不当凶险。

上六爻辞

上六：大君有命，开国承家，小人勿用。

象曰：大君有命，以正功也。小人勿用，必乱邦也。

白话文解释

上六：国君论功行赏，册封诸侯，封赏卿大夫，不要重用无才无德的小人。

《象辞》说：国君论功行赏，是为了奖赏有功德的人。不要重用无才无德的小人，因为小人会覆国乱邦。

溪元解卦

大君，指国君，这里指六五之君；有命，指论功行赏；开国，指册封诸侯；承家，指封赏卿大夫。上六居位得正，处师卦之极，象征战征获胜，六五国君论功行赏，册封诸侯，封赏卿大夫，并强调不能重用无德无才的小人，所以说"大君有命，开国承家，小人勿用"。功名可成；求财得利；婚姻大吉；孕产生贵子；家宅富贵；疾病可愈；征战大获全胜。

≣ 水地比

第八卦：比卦（水地比）

比：吉。原筮，元永贞，无咎。不宁方来，后夫凶。

象曰：地上有水，比。先王以建万国，亲诸侯。

白话文解释

比卦：吉利。占卜决断探求根本，开始永久守正，没有灾祸。不获安宁者多方前来归顺辅佐，晚来者凶险。

《象辞》说：上卦坎为水，下卦坤为地，地上有水，是比卦的卦象。先王应当封建万国，爵赏恩泽诸侯。

溪元解卦

下坤上坎相叠。坎为水，坤为地，水在地上，水依地而流通，地得水而滋润，亲辅比和。卦象九五一阳中正居尊，众阴亲比顺从，称为"比"。比为亲辅的意思。九五众心归附，大得诚信威权，所以说"吉"。原，探求事物本源；筮，占卜决断，分析辨别；元，开始；永贞，永久守正。欲相亲比，必先占卜决断探求根本，开始永久守正，才能没有灾祸，所以说"原筮，元永贞，无咎"。坎为忧，坤为乱，外忧内乱，"不宁"之象。九五居中，上下群阴都来顺应，阴来比阳，群阴未得其所，所以说"不宁方来"。初六、六二、六三、六四亲比在前，上六独自在后，所以称为"后夫"。上六居卦之极，比道穷困，后来之时，亲道已成，没有人与他亲比，无所依附，遭遇凶险，所以说"后夫凶"。坤为万国，国必有诸侯，先王观此卦象，应当封建万国，爵赏恩泽诸侯。

大象： 一阳中正居尊，众阴亲比顺从，亲辅比和，众心归附。

运势： 运势昌隆，人际关系好，可得众人帮助，谋事可成。

天时： 黑暗阴霾。

事业： 自然和合，富贵荣显。

求财： 得利，宜团队合力同求。

婚姻： 百年好合，男占桃花运势旺。

胎孕： 生女，秋占生男。

交易： 反复难成。

出行： 内忧外吉，路途不远，中途遇熟人同行。

疾病： 心腹疾病，宜往东方求医。

词讼： 宜和解，很快会有结果。

初六爻辞

初六：有孚，比之，无咎。有孚盈缶，终来有它吉。

象曰：比之初六，有它吉也。

白话文解释

初六：用诚信的德行亲辅君主，没有灾祸。君主的诚信美德如同美酒注满了酒缸，将来会有意想不到的吉利。

《象辞》说：比卦初六，会有意想不到的吉利。

濮元解卦

孚，诚信；缶，盛酒的器具；比卦以五阴亲比九五一阳为义，与其他卦应和规则有所不同。坎为孚，九五为坎卦主，初六与九五本来不是正应，但是初六用诚信的德行率先开始亲辅君主，所以说"有孚，比之"。初六以阴居阳，失位不正，本来有咎，但欲以诚信率先与九五亲比，所以"无咎"。坤为缶，坎为酒，六二居坤中为缶，初六居缶下，距离九五较远，但是九五将坎酒下注至与他相应的六二，六二至初六酒杯盈满，喻指君主的诚信美德如同美酒注满了酒缸，所以说"有孚盈缶"。终来，为将来；它吉，为意想不到的吉利。九五本来与初六不能亲比，而能通过六二与素昧蒙面的初六亲比，共得欢心，为意想不到的吉利，所以说"终来有它吉"。功名有成；求财得利；婚姻不成；孕产生女；家宅吉；疾病可愈；征战有利。

六二爻辞

六二：比之自内，贞吉。

象曰：比之自内，不自失也。

白话文解释

六二：从内部亲辅于君主，守正吉利。

《象辞》说：从内部亲辅于君主，说明六二没有自失正道。

溪元解卦

自内，自己内部。六二内卦居中，柔顺中正，与九五正应，能以柔顺中正的品德亲辅九五，因此吉利，所以说"比之自内，贞吉"。功名有成；求财得利；婚姻大吉；孕产生女；家宅平安；词讼失理；失物可寻；疾病调养可愈；征战有利。

六三爻辞

六三：比之匪人。

象曰：比之匪人，不亦伤乎？

白话文解释

六三：亲辅行为不端正的人。

《象辞》说：亲辅行为不端正的人，怎能不受到伤害呢？

溪元解卦

匪人，行为不端正的人。六三阴柔居坤卦终，不中不正，上无所应，前后被六二与六四阴爻所困，得不到阳刚之主，有亲小人远君子的之象，喻指亲近行为不端正的人，所以说"比之匪人"。功名凶险；求财不利；婚姻不吉；孕产生女；家宅不安；疾病凶危；征战不利。

六四爻辞

六四：外比之，贞吉。

象曰：外比于贤，以从上也。

白话文解释

六四：在外亲辅君主，守正吉利。

《象辞》说：在外亲辅贤君，是顺从九五之尊。

溪元解卦

在外卦辅君，称为外比。六四阴居阴位，居位得正，与初六同阴不能相应，而顺从亲辅九五君主，所以说"外比之"。九五尊位，居中得正，为贤君，亲贤从上，守正吉利，所以"贞吉"。功名荣显；求财宜发远方财；婚嫁宜外地婚配；孕产生男；家宅隆昌；失物可寻；疾病调养可愈；征战大利。

九五爻辞

九五：显比，王用三驱，失前禽。邑人不诫，吉。

象曰：显比之吉，位正中也。舍逆取顺，失前禽也。邑人不诫，上使中也。

白话文解释

九五：光明无私广获亲辅，君王采用三面包围的方法狩猎，网开一面，有意放走逃走的禽兽。属下邑人也不警戒，吉利。

《象辞》说：光明无私广获亲辅带来的吉利，是因为九五居位得中得正。能舍弃违逆而容纳顺从，君王采用三面包围的方法狩猎，网开一面，有意放走逃走的禽兽。属下邑人也不警戒，因为君上使下属保持中道。

漠元解卦

显为显明，喻指光明无私广获亲辅。九五中正居尊，群阴都来亲辅，有光明无私与众亲辅之象，所以说"显比"。古代君王狩猎，三方包围，网开一面，让愿者入网，不愿者走离，比喻九五舍弃违逆而容纳顺从，与人亲辅能顺其自然而无私，进一步强调说明"显比"的含义，所以说"王用三驱，失前禽"。前来亲辅者也知道九五"王用三驱，失前禽"的品德，也不警戒，以此衬托九五的"显比"至善至美，因此吉利，所以说"邑人不诫，吉"。功名先阻后成；求财得利；婚姻和合；孕产生男；家宅富贵；疾病可愈；征战大吉。

上六爻辞

上六：比之无首，凶。

象曰：比之无首，无所终也。

白话文解释

上六：亲辅君主没有从自己开始，凶险。

《象辞》说：亲辅君主没有从自己开始，上六终将无所依附。

淏元解卦

上六柔居卦终，前面初六至六四众阴亲辅九五，比道已成，上六居后不能亲辅九五，比道穷困，无所依附，喻指亲辅君主没有从自己开始，而遭遇凶险，所以说"比之无首，凶"。功名不成；求财不利；婚姻不成；孕产生女，易有疾病；家宅人口不安；出行不宜；疾病凶危；征战大凶。

风天小畜

第九卦：小畜卦（风天小畜）

小畜：亨。密云不雨，自我西郊。

象曰：风行天上，小畜。君子以懿文德。

白话文解释

小畜卦：亨通。乌云密布没有下雨，从我西邑郊外上空压过来。

《象辞》说：上卦巽为风，下卦乾为天，风行天上，是小畜的卦象。君子应当完善美好文明之德。

漠元解卦

下乾上巽相叠。巽为风，乾为天，风行天上，甘霖未降，酝酿畜积；巽卦阴柔，乾卦阳刚，巽一阴二阳，乾下三阳，六四阴柔得位，以一阴畜五阳，阳大阴小，以阴畜阳，称为"小畜"。畜，后作蓄，有积聚，培养等义。物能以小畜大，以柔济刚，则有益于刚大者前行，因此亨通，所以说"亨"。畜则止，阳气上升，阴能畜止，阴阳两气相薄能化为雨；六四一阴畜乾三阳，阴气微弱不能和阳成雨，而畜为密云；天上有风，密云欲为雨，被风吹散而不雨，所以说"密云不雨"。九二至六四互卦兑，兑为西，乾为郊，当时文王囚于羑里推演周易，岐周在他西边，正当小畜之时，所以说"自我西郊"。君子处小畜之时，应当修身立命，完美文德，以蓄势待发。

大象： 一阴畜五阳，阳大阴小，以阴畜阳，小有蓄积，以柔济刚，蓄势待发。

运势： 时运反复，力弱有阻，宜修身养性，蓄势待发。

天时： 密云不雨。

事业： 有阻，多变动，职位不高。

求财： 得利少，反复有口舌，华而不实。

婚姻： 再嫁再娶，二三人说媒方成，多矮肥且性格孤独。

胎孕： 生男；若秋冬生女，防小产。

交易： 难成。

出行： 有风雨困阻，去不利。

疾病： 胸腹疼痛，饮食不下，宜往南方求医。

词讼： 多阻力牵连，背后有人从中作梗。

初九爻辞

初九：复自道，何其咎？吉。

象曰：复自道，其义吉也。

白话文解释

初九：返回原来的正道，怎么会有灾祸呢？吉利。

《象辞》说：返回原来的正道，其意义是吉利的。

渼元解卦

初九位于乾卦初爻，居位得正，欲刚健上行，本来与六四正应会被畜止，但是前遇九二与九三阳刚阻滞，与六四不能相应而不被畜止，返回本位复守其正，获得吉利，所以说"复自道，何其咎？吉"。功名待时；求财宜守旧；婚姻可成；孕产生男；家宅隆昌；疾病可愈；出行吉；征战宜审势而动。

九二爻辞

九二：牵复，吉。

象曰：牵复在中，亦不自失也。

白话文解释

九二：被牵连返回本位，吉利。

《象辞》说：被牵连返回本位居守中道，自己不会有损失。

溟元解卦

牵，为牵连；复，为返回。九二居乾卦中位，不能被六四所畜，因在初九之上，受初九上行的牵连，欲前往相应九五，九五与九二阳刚相敌不能相应，所以九二返回本位，复守中道，因此吉利，所以说"牵复，吉"。求财旧业获利；婚姻有阻；孕产生女；家宅隆昌；行人结伴而行；词讼难和；疾病可愈；失物难寻；征战连胜。

九三爻辞

九三：舆说辐，夫妻反目。

象曰：夫妻反目，不能正室也。

白话文解释

九三：车的辐条脱落，夫妻不和睦。

《象辞》说：夫妻不和睦，说明九三不能规正妻室。

溟元解卦

辐，本作輹，輹，车伏兔，垫在车箱和车轴之间的木块，上面承载车箱，下面呈弧形架在轴上。九三阳刚不中，逼近六四，阴阳亲比，犹如夫妻，性情相投，为六四所畜，不能自进，喻指车的辐条脱落不能前进，所以说"舆说辐"。九三至九五，互卦离为目，巽为多白眼，有反目之象，九三居乾卦终，以阳居阳，才强志刚，性躁妄动不能自守，先众阳而进，被六四阴柔所畜止，如被妻所制，夫又反其制，喻指夫妻不和睦，所以说"夫妻反目"。功名有凶；求财得利少；婚姻不合；孕产生男，防目疾；家宅不和；失物难寻；疾病可愈；征战不利。

六四爻辞

六四：有孚血去，惕出，无咎。
象曰：有孚惕出，上合志也。

白话文解释

六四：心怀诚信就能免去伤害，走出恐惧，没有灾祸。
《象辞》说：心怀诚信就能走出恐惧，因为六四上与九五志向至诚相合。

溪元解卦

孚，诚信；血去，指免去伤害；惕出，走出恐惧。六四欲以一阴畜众阳，势不相敌，难免担心受到伤害而恐惧。但是六四柔顺得正，上承九五，与九五阴阳比和，能取信于上，获得九五的帮助，六四得到安身免受伤害，而走出恐惧，没有灾祸，所以说"有孚血去，惕出，无咎"。功名得上级提拔，大吉大利；求财得利；婚姻和合；孕产先产女，后产男；家宅转危为安；疾病调养可愈；征战有利。

九五爻辞

九五：有孚挛如，富以其邻。

象曰：有孚挛如，不独富也。

白话文解释

九五：诚信相连，与近邻共同富裕。

《象辞》说：诚信相连，不独自富裕。

溪元解卦

孚，诚信；挛如，互相牵系，相连的意思。九五居尊，得中得正，富厚有诚信，六四为邻，带着诚信与九五阴阳相合，合力畜乾三阳，九五的富裕来自六四的功劳，六四能够畜乾来自于九五的帮助，诚信相连，共同富裕，所以说"有孚挛如，富以其邻"。功名德位双全；求财得利；婚姻和合；孕产多孪生；家宅惠泽邻里；出行有伴；疾病防麻痹症；征战大利。

上九爻辞

上九：既雨既处，尚德载，妇贞厉。月几望，君子征，凶。

象曰：既雨既处，德积载也。君子征凶，有所疑也。

白话文解释

上九：密云降雨，阴畜阳止，积德同载，妇宜守正以防危险。月亮接近圆满，君子前往，凶险。

《象辞》说：密云降雨，阴畜阳止，积德同载。君子前往凶险，是因为有所疑虑。

溟元解卦

既，已；处，止；上九变坎为水，水在天上，为雨。"既雨既处"为已雨已止的意思，喻指阴阳相合，各得其所，密云降雨，阴畜阳止，畜道完成，所以说"既雨既处"。乾卦三阳为德；坎为车，有"载"象；上九与九五同属巽卦，能与六四积德同载，共畜乾阳，所以说"尚德载"。乾为夫；巽为长女，象妇。小畜卦以阴畜阳，以妇制夫，以此下去会有危险，妇宜坚守正道，所以说"妇贞厉"。几望，指农历月的十四日，月亮接近圆满的时候。六四阴柔，互兑为月，上九和九五能与其积德同载，此时六四威权已重，阴气旺盛，喻指月亮接近圆满，所以说"月几望"。小人为阴，君子为阳，阴长阳消，这个时候贤能的君子前往也会遭遇凶险，所以说"君子征，凶"。功名有凶；求财见好就收；婚姻终成；孕产生女；家宅先困后通；出行不利；行人将回；疾病不安；征战有凶。

天泽履

第一十卦：履卦（天泽履）

履：履虎尾，不咥人，亨。

象曰：上天下泽，履。君子以辨上下，定民志。

白话文解释

履卦：踩到老虎尾巴，老虎不咬人，亨通。

《象辞》说：上卦乾为天，下卦兑为泽，上天下泽，是履卦的卦象。君子应当明辨上下尊卑的等级秩序，安定民心。

渼元解卦

下兑上乾相叠。乾为天，兑为泽，上天下泽，尊上卑下，尊卑显然，各居其所，各安其分，周公制礼，以定民志。兑为悦，乾为刚，和悦顺承阳刚，以下顺上，尊贵进于前，卑微随于后，称为"履"。履，为行，为礼，为践，乾在上履践于下，兑在下礼承于上。兑前遇乾，乾为虎，九四为虎尾，兑在乾后，柔弱之臣前遇阳刚之君，所履至危，喻指踩到老虎尾巴，所以说"履虎尾"。兑为和悦，以和悦应乾刚，喻指虽然踩到老虎尾巴，所履至危，但是老虎不咬人，没有灾害，因此亨通，所以说"不咥人，亨"。天上泽下，君子观此卦象，应当明辨上下尊卑的等级秩序，安定民心。

大象： 和悦顺承阳刚，以下顺上，尊贵进于前，卑微随于后，虽履其危，但没有灾害。

运势： 先惊而后安，谨慎行事，以礼相待，有惊无险，所行亨通。

天时： 无云无雨，即使阴有雨也会很快晴。

事业： 多反复，躁急费力反而不成，宜循序渐进。

求财： 动则得利，不宜静待。

婚姻： 主反复，孤克，对方身材瘦长，媒人再说可成。

胎孕： 多生女；秋占生男，利子不利母。

交易： 事难成，防是非口舌。

出行： 大利远行，近行失利，宜谨慎。

疾病： 心腹疼痛，行动不得，宜往西方求医。

词讼： 有人侵害，有始无终。

初九爻辞

初九：素履，往无咎。

象曰：素履之往，独行愿也 。

白话文解释

初九：以朴素坦白的态度入世，前往没有灾祸。

《象辞》说：以朴素坦白的态度入世前往，按自己意愿行事。

漠元解卦

素，生帛，取其天然之色，质朴而没有文饰。初九阳居阳位，居位得正，履卦为以上履下，初九上无正应，在下位不援上，安守本分，独善其身，能以朴素坦白的态度入世，所以说“素履”。初九穷不失志，达不离道，不贪得非分之利，不觊觎非分之位，以此前往没有灾祸，所以说“往无咎”。功名待成；求财得利；婚姻和睦；孕产生男；家宅吉祥；疾病可愈；征战宜等待时机。

九二爻辞

九二：履道坦坦，幽人贞吉。

象曰：幽人贞吉，中不自乱也。

白话文解释

九二：行走在平坦的大道上，沉潜的隐士守正吉利。

《象辞》说：沉潜的隐士守正吉利，是因为能居守中道不被世俗惑乱。

澡元解卦

九二动变震卦，震为大涂，为道，阳居中位，履行中道平坦，喻指行走在平坦的大道上，所以说"履道坦坦"。"幽人"为沉潜、隐居的隐士，九二互离卦下爻，离而未明，阳刚居中，与九五不能相应，喻指淡泊明志沉潜的隐士，宜韬光养晦，固守正道获得吉利，所以说"幽人贞吉"。功名淡泊名利；求财薄利；婚姻终成；孕产生男；出行履道坦坦；疾病可愈；词讼散；征战不利。

六三爻辞

六三：眇能视，跛能履。履虎尾，咥人，凶。武人为于大君。

象曰：眇能视，不足以有明也。跛能履，不足以与行也。咥人之凶，位不当也。武人为于大君，志刚也。

白话文解释

六三：瞎了眼睛却要看物，跛了脚却要行走。行走在老虎尾巴后面，被老虎所伤，凶险。武人应守礼顺从国君。

《象辞》说：瞎了眼睛却要看物，其视力不足以辨物。跛了脚却要行走，其脚力不足以行路。老虎伤人的凶险，是因为六三阴居阳位，失位不当。武人应当守礼顺从国君，因为六三意志刚强。

淏元解卦

六三居兑卦终，互离为目，互巽为股，兑为毁折，有"眇与跛"象。眇为一目小，视物偏斜，不能看的远；跛为瘸，腿脚有毛病，行不正，不能行走的太远。乾为虎，六三为下卦尾，在乾虎后，所以说"虎尾"；兑为口，有"咥"象。六三阴居阳位，不中不正，以一阴介于五阳之间，才德不足，柔不胜刚，自以为目眇能视，足跛能履，不避凶险，永往直前，遭遇履虎尾被老虎所伤之祸，所以说"眇能视，跛能履。履虎尾，咥人，凶"。卦象乾为武人，为君；卦中九五为君，上九在九五之上，为大君。六三不中不正，上承乾阳，而与上九大君相应，欲以己微薄之力而凌驾于九五之上，以此来完成履乾，身居下位，不以礼顺上，必然会有伤害。六三应当守礼而顺从国君，所以说"武人为于大君"。功名凶；求财不利；婚姻终成；孕产生男，防有残疾；家宅不安；词讼宜和；疾病难愈；征战大凶。

九四爻辞

九四：履虎尾，愬愬，终吉。
象曰：愬愬终吉，志行也。

白话文解释

九四：行走在老虎尾巴后面，心怀恐惧，最终吉利。
《象辞》说：心怀恐惧最终吉利，依礼而行能实现自己志愿。

漠元解卦

愬愬，恐惧的样子。乾为虎，九四居上卦乾尾，喻指行走在老虎尾巴后面，所以说"履虎尾"。九四阳居阴位，上邻九五尊位，九五为乾卦主体，为虎，九四以阳遇阳，伴君如伴虎，常心怀恐惧，所以说"愬愬"。九四阳居阴位，下乘比六三，阳得阴志行，虽有恐惧，最终吉利，所以说"终吉"。功名终吉；求财降低风险，最终得利；婚姻不成；孕产生男；家宅不安；行人至；疾病转安；征战转败为胜。

九五爻辞

九五：夬履，贞厉。
象曰：夬履贞厉。位正当也。

白话文解释

九五：刚决的行走，守正也危险。
《象辞》说：刚决的行走，守正也危险。九五阳刚居中，正当其位。

漠元解卦

夬，决，刚决的意思；夬履，指刚决的行走。九五刚健中正，为乾卦主体居尊，与九二不能相应，九四与上九不能相比，犹如孤君自恃刚明，一意孤行，喻指刚决的行走，所以称为"夬履"。九五躁急，以刚行刚，众叛亲离，内外阻隔，上下不通，即使居中得正也有危险，所以戒以"贞厉"。功名谨慎可保；求财得利；婚姻可成；孕产生男；家宅孤独不安；失物不寻自复；疾病可愈；征战凶危。

上九爻辞

上九：视履考祥，其旋元吉。

象曰：元吉在上，大有庆也。

白话文解释

上九：回视已往行事，考察善恶征祥，始终如一可得大吉。

《象辞》说：大吉在上九，大有福庆。

漠元解卦

卦中五阳，唯有上九与六三阴阳相应。上九居履卦终，为践行之终，履道已成，可以回视已往的行事，考察善恶得失与福祸征祥，如果能始终如一，可得大吉，所以说"视履考祥，其旋元吉"。功名显达；求财得利；婚姻和美；孕产生贵子；家宅隆昌；失物不寻自复；词讼和解；疾病凶危；征战凯旋而归。

第一十一卦：泰卦（地天泰）

泰：小往大来，吉亨。

象曰：天地交，泰。后以财成天地之道，辅相天地之宜，以左右民。

白话文解释

泰卦：小的离去，大的到来，吉利亨通。

《象辞》说：上卦坤为地，下卦乾为天，天地交感，是泰卦的卦象。君主应当裁度天地运行的规律，辅助天地的造化，从而助养天下万民。

漠元解卦

下乾上坤相叠。坤为地，为阴；乾为天，为阳。阴气下降，阳气上升，阴气下降得阳气承托，阳气上升得阴气覆护，阴阳交感，上下大通，天地相和，万物生长，称为"泰"。阴小阳大，爻在外称为"往"，爻在内称为"来"，所以阴去称为"小往"，阳长称为"大来"。泰又为消息卦，代表正月，正月建寅，寅月阳长，吉利亨通，所以说"吉亨"。乾为君，坤为臣，君臣交好，志意和同。乾为君子，坤为小人，内阳外阴，内健外顺，内君子外小人，阳长阴消，君子道长，小人道消。乾为父，坤为母，阴阳交合，父母孕育后代，人类得以繁衍生息。乾阳坤阴，阴阳二气包含较为广泛，万事万物都有阴阳，阴阳交泰，天地运行之道。君主观此卦象，应当裁度天地运行的规律，辅助天地的造化，从而助养天下万民。

大象：天地阴阳二气交感，上下大通，天地相和，万物生长。

运势：诸事顺利，由小到大兴旺发达，防旺极转衰，宜固守正道。

天时：昏蒙。

事业：有晋升之喜，多贵人相助。

求财：得利。

婚姻：为正配，阴阳和合，龙凤呈祥，大吉大利。

胎孕：男女孪生之象。

交易：可成。

出行：不宜独行，三人同行得利。

疾病：腰背疾病，心中热结，饮食不进，宜往东南方求医。

词讼：三人之事，或因小儿引起，宜和解，不宜见官。

初九爻辞

初九：拔茅茹，以其汇，征吉。

象曰：拔茅征吉，志在外也。

白话文解释

初九：连根拔起茅草，及其同类，前往吉利。

《象辞》说：连根拔起茅草前往吉利，心志在于外卦坤阴。

澳元解卦

茹，指根茎相连的样子；拔茅茹，为拔茅时将牵连者都一同拔起；汇，为类。初九动变巽卦，巽为茅，初九阳居阳位，居位得正，与六四阴阳相应，乾卦三阳志向相同，初九前往，九二与九三也一同共往，喻指拔起茅草连同茹类一同而起，所以说"拔茅茹，以其汇"。上坤柔顺，下应于乾，前往都得志获吉，所以说"征吉"。功名渐成；求财合伙得利；婚姻和合；孕产初胎生女，再生男；家宅平安；词讼有贵人助；疾病可愈；征战进攻获胜。

九二爻辞

九二：包荒，用冯河，不遐遗，朋亡，得尚于中行。

象曰：包荒，得尚于中行，以光大也。

白话文解释

九二：包容荒秽，用于徒步涉水过河，不遗失广远，不结党营私，配合辅助君主。

《象辞》说：包容荒秽，配合辅助君主，说明九二道德光大。

溪元解卦

包，包容的意思，取坤象；荒为大，取乾象，荒秽的意思。九二刚中居乾与坤卦六五阴阳相应，喻指能包容荒秽，所以说"包荒"。六五互震为足，九二互兑为泽，泽即河，足在河中，九二刚中上应六五，喻指刚健果敢，冒险行动，用于徒步涉水过河，所以说"用冯河"。遐是广远的意思，坤为广大，乾为远，天地交泰，恩德普施，孕育万物，喻指不遗失广远，所以说"不遐遗"。朋为党，亡为无，六五阴爻以九二阳爻为朋，九二与六五阴阳交合则化，喻指不结党营私，所以说"朋亡"。尚，为配，配合的意思。九二与六五各居乾坤中位，六五互震为行，象中行。九二刚中上应六五柔中，能配合辅助六五君主共启通泰，所以说

"得尚于中行"。功名有成；求财得利；婚姻和合；孕产生男；家宅不吉；失物难寻；疾病凶危；词讼宜和；征战不利。

九三爻辞

九三：无平不陂，无往不复，艰贞无咎。勿恤其孚，于食有福。

象曰：无往不复，天地际也。

白话文解释

九三：没有只有平地而没有山坡的，没有只有去而不返的，艰难守正不会有灾祸。不用忧虑其诚信，在饮食方面有福可享。

《象辞》说：没有只有去而不返的，天地也是有边际的。

漠元解卦

陂，为山坡；恤，为忧；孚为信。九三处天地相接之际，天道将上，地道将下，正当泰卦全盛的时候，泰极则否来，只有居安思危，艰难固守贞正，才能不失诚信，永保通泰，喻指没有只有平地而没有山坡的，没有只有去而不返的，艰难守正才不会有灾祸，所以说"无平不陂，无往不复，艰贞无咎"。九三与上六阴阳相应，不用忧虑其诚信，所以说"勿恤其孚"。互兑为口，互震为尝，为百谷，坤为众，乾为福，善于处泰，能得到所求，在饮食方面有福可享，所以说"于食有福"。功名终成；求财先失后得；婚姻可成；孕产生男；家宅安稳；疾病可愈；失物必返；词讼宜和；征战宜守不宜攻。

六四爻辞

六四：翩翩，不富，以其邻，不戒以孚。

象曰：翩翩，不富，皆失实也。不戒以孚，中心愿也。

白话文解释

六四：群飞向下，不富裕，但能得到近邻的支持，不相戒备，充满诚信。

《象辞》说：群飞向下，不富裕，都阴虚不实。不相戒备，充满诚信，是心中有应下的志愿。

渊元解卦

翩翩为群飞向下的样子；不富，不富裕，为阴虚失实之象；邻指六五与上六。坤卦三爻都与下应，六四得到六五与上六的支持，都欲向下相应于乾卦三阳；坤为富，坤阴向下为不富，喻指群飞向下，不富裕，但能得到近邻的支持，所以说"翩翩，不富，以其邻"。阳实多信，阴虚多疑，三阴三阳，势均力敌，相疑而交，然后阴阳相应，不相戒备，充满诚信，所以说"不戒以孚"。功名可成；求财由衰转旺；婚姻可成；孕产生女；家宅清贵；疾病凶险；征战有利。

六五爻辞

六五：帝乙归妹，以祉元吉。

象曰：以祉元吉，中以行愿也。

白话文解释

六五：帝乙嫁妹，以此得福大吉。

《象辞》说：以此得福大吉，因为六五居中而施行应下的意愿。

渊元解卦

女子出嫁称为"归"。互卦震为帝，坤为乙，所以说"帝乙"。九二至六五互卦为"归妹"，所以说"帝乙归妹"。帝乙是指商纣王的父亲，商王文丁儿子，文丁害死了文王的父亲季历，季历死后，周文王姬昌继位，文丁死后，帝乙继位，商朝经常与周边部落发生冲突，又曾与周族结怨，为了联姻，将妹妹下嫁给周文王姬昌，中国古代这一历史事件称为"帝乙归妹"。祉，为福的意思，乾象福。六五阴居尊位，下与九二阴阳正应，六五下应九二，喻指王室的女子降低尊贵下嫁给臣子；九二上应六五，喻指臣子能尽阴阳交和之道，以此得福，大吉大利，所以说"以祉元吉"。功名荣显；求财得利；婚姻远嫁远娶，圆满大吉；孕产生贵女；家宅女性多内助；疾病可愈；征战大吉。

上六爻辞

上六：城复于隍，勿用师。自邑告命，贞吝。

象曰：城复于隍，其命乱也。

白话文解释

上六：城墙倒塌在没有水的护城濠里，不能再兴师动用武力。自己在侯国中发布命令，守正道也有恨惜。

《象辞》说：城墙倒塌在没有水的护城濠里，说明上六已经由治转为乱了。

漠元解卦

隍，城池，有水称为池，没有水称作隍，指没有水的护城濠；城复于隍，为城崩而倾覆于没有水的护城濠中；自邑告命，指自己在侯国中发布命令。上六居泰卦终，往极必复，泰极必否，泰道将灭，上下不交。上六动变艮为城墙，坤为隍，古代建城墙时就地取土，城墙建好，城墙外面便形成濠沟。艮由坤动变而来，艮来自于坤，城墙来自于隍，城墙倒塌了填满了隍，回到了原位，为"城复于隍"之象，喻指事物鼎盛之极后，又回到衰落状态中。坤为师，"勿用师"是告诫这时不能再兴师动用武力，因为事物发展变化带来的兴衰是人为无法控制的，只要适时而行，才能免除灾难。坤为邑，震为言，为告，衰落之际，只能自己在侯国中发布加强内部团结，和平统一的命令，以让衰落来的缓慢一些，所以说"自邑告命"。但是发布命令于将否之际，为时已晚，即使守正道也会有恨惜，所以说"贞吝"。功名凶危；求财利少；婚姻可成；孕产生女；家宅破败；失物不得；出往不利；疾病凶危；征战不利。

淏元周易文化创始人：淏元（马鲁伟）先生

第一十二卦：否卦（天地否）

否：否之匪人，不利君子贞。大往小来。

象曰：天地不交，否。君子以俭德辟难，不可荣以禄。

白话文解释

否卦：闭塞没有人道，不利于君子守正。大的离去，小的来到。

《象辞》说：上卦乾为天，下卦坤为地，天地背离不能交感，是否卦的卦象。君子应当崇尚俭约来躲避灾难，不可追逐荣耀与俸禄。

漠元解卦

下坤上乾相叠。泰卦颠倒为否卦。乾为天，为阳；坤为地，为阴。阳气上升，阴气下降，阳气上升没有覆护，阴气下降没有承托，阴阳不交，上下不通，天地不和，万物不生，称为"否"。"匪人"为非人道，天地背离，人道违逆，所以说"否之匪人"。内阴外阳，内柔外刚，阳为君子，阴为小人，内小人外君子，小人道长，君子道消，君子守正也不利，所以说"不利君子贞"。阳大阴小，爻在外称为"往"，爻在内称为"来"，所以阳去为"大往"，阴长称为"小来"。泰极而否，否极泰来，互相转化。否又为消息卦，代表七月，七月建申，申月阴长，闭塞不通。天地闭塞不能交感，君子观此卦象应当崇尚俭约来躲避灾难，不可追逐荣耀与俸禄。

大象： 天阳上升，地阴下降，阴阳不交，天地不和，上下不通，万物闭塞。

运势： 里外不和，诸事闭塞不顺，先苦后甜，宜隐忍待时，终会否极泰来。

天时： 黑暗阴霾。

事业： 先否后泰，终成，有贵人帮助，可得高位。

求财： 有口舌是非，得七分财。

婚姻： 有口舌。未婚者不成，已婚者分离。

胎孕： 有喜，但逆生，头在里，脚在外；先生女，次胎男。

交易： 可成，有贵人。

出行： 有口舌是非，迟行吉利。

疾病： 头疼、心腹疾、泄泻呕逆，饮食不进，精神恍惚，宜往东南方求医。

词讼： 事情难明，有口难言，逢盗贼冤枉，后得理，大吉。

初六爻辞

初六：拔茅茹，以其汇，贞，吉亨。

象曰：拔茅贞吉，志在君也。

白话文解释

初六：连根拔起茅草，及其同类，守正，吉利亨通。

《象辞》说：连根拔起茅草守正吉利，指初六志在与君子并进。

漠元解卦

下卦三阴爻相连，喻指茅草根牵连，如同泰卦下卦三阳爻相连，所以爻辞相同。初六与九四阴阳相应，初六一阴起则众阴群起，喻指连根拨起茅草，及其同类，所以说"拔茅茹，以其汇"。否卦初六，喻指阴柔小人还没有成形，能够与九四君子相应，有应于君子的意愿，如果能够趋于正道，可得吉利亨通，所以说"贞，吉亨"。求财得利少；家宅吉；孕产生女；失物可得；疾病易患传染病，尽早医治无害；词讼有理；征战吉利。

六二爻辞

六二：包承，小人吉，大人否，亨。
象曰：大人否，亨，不乱群也。

白话文解释

六二：包容承顺，小人物吉利，大人物闭塞，亨通。
《象辞》说：大人物时逢否闭，守正待时亨通，九五君王不被小人物群党扰乱。

漠元解卦

包承，为承顺于上的意思。六二阴柔居中，为小人得位，上应九五大人，小人能包容承顺大人之象，得到九五大人的宠幸，爵禄赐予丰盛，因此吉利，所以说"包承，小人吉"。小人道长，大人道消，小人阿谀奉承，骚乱闭塞大人，大人在否之时，在其位能固守中正，不受惑乱，不随波逐流，自然亨通，所以说"大人否，亨"。求财得利少；婚姻不吉；孕产得女，产母由危转安；家宅平安；词讼防对方伪造贿赂，初审不利，再上诉吉利；行人未至；失物包内可寻；征战可胜，防主将有危。

六三爻辞

六三：包羞。

象曰：包羞，位不当也。

白话文解释

六三：忍受羞辱。

《象辞》说：忍受羞辱，因为六三失位不当。

漠元解卦

六三阴居阳位，失位不正，处内卦阴极，不中不正较为凶险，上与九四亲比，与上九相应，阴长阳消，为小人得势，欲伤害九五大人。九五大人刚中居尊，不畏其克，六三阴柔无才，伤害大人不成而忍受羞辱，称为"包羞"。求财不能如愿；婚姻不吉；孕产生男；家宅有凶；行人未归，有桃花色事；词讼不吉；疾病凶危；征战防被敌所困。

九四爻辞

九四：有命无咎，畴离祉。

象曰：有命无咎，志行也。

白话文解释

九四：身负扭转闭塞的天命，没有灾祸，同类依附而获福。

《象辞》说：身负扭转闭塞的天命没有灾祸，九四扭转闭塞的志向得以施展。

溟元解卦

命为天命，九四动变巽，巽为命，乾为天，九四上邻九五尊主，下履坤卦三阴，居济否之位，有济否的才德，能阻止三阴向上消长，喻指身负扭转闭塞的天命，所以说"有命"。九四失位本易有咎，但九四能与初六阴阳相应，与六三阴阳亲比，能阻止阴气向上消长，因此没有灾祸，所以说"无咎"。畴为同类，离为依附。九四与初六阴阳相应，与六三阴阳亲比，二阴依附一阳，为同类依附而获福，所以说"畴离祉"。求财利少；婚姻和合；孕产生男；家宅大吉；疾病可愈；词讼散；失物可寻，征战大吉。

九五爻辞

九五：休否，大人吉，其亡其亡，系于苞桑。
象曰：大人之吉，位正当也。

白话文解释

九五：停止闭塞，大人物的吉利，居安思危，才能像系在桑树上一样根深蒂固。
《象辞》说：大人物的吉利，是因为九五居中得正，正当其位。

溟元解卦

休是停止；苞为丛木；苞桑为丛生的桑树，喻指根深蒂固。九五刚健中正，尊居乾体，喻指德才兼备的大人，其才德与威望，能停止闭塞，开启通泰而获得吉利，所以说"休否，大人吉"。九五居尊处休否开泰的危急时刻，居安思危，才能像系在桑树上一样根深蒂固，所以说"其亡其亡，系于苞桑"。求财得利；婚姻

117

可成；孕产大人无碍，小孩难保；家宅宜居安思危；疾病未安；
词讼宜和；失物难寻；征战宜休。

上九爻辞

上九：倾否，先否后喜。

象曰：否终则倾，何可长也？

白话文解释

上九：倾覆闭塞，先闭塞后有喜。

《象辞》说：闭塞发展到极点就会倾覆，怎么会长久呢？

澡元解卦

处否卦之极，闭塞达到极点，否极泰来，泰运将至，上下阴阳大
通，上九能倾覆闭塞，为先经历闭塞而后得喜庆，所以说"倾
否，先否后喜"。功名终显；求财秋冬获利；婚姻先阻后喜；孕
产生男；家宅宜迁；失物可得；出行宜远，不宜近；疾病可愈；
征战由危转胜。

䷌ 天火同人

第一十三卦：同人卦（天火同人）

同人：同人于野，亨。利涉大川，利君子贞。

象曰：天与火，同人。君子以类族辨物。

白话文解释

同人卦：与人和同在旷野，亨通。利于涉川历险，利于君子守正。

《象辞》说：上卦乾为天，下卦离为火，天与火象相同，是同人的卦象。君子应当明辨事物，求同存异。

漠元解卦

下离上乾相叠。上卦乾为天，为日；下卦离为火，为日，为乾卦。离本乾，坤交于中而生离，其象为火，乾本元阳，火为阳之真气，与乾同体，乾阳上升，离火上炎，性也相同，称为"同人"。同人是与人和同的意思。野，为旷野广远之处，喻指广远、宽广。与人和同要如同旷野一样胸怀宽广，内外如一，才能无所不同，事事亨通，所以说"同人于野，亨"。与人同心，足以涉川历险，所以说"利涉大川"。乾为君子，离为光明，上下和同，求同存异，天下大同，唯有君子能通天下之光明，所以说"利君子贞"。天与火象相同，君子观此卦象，应当明辨事物，求同存异。

大象：天与火，离本乾，乾阳上升，离火上炎，体性相同，上下和同。

运势：事事称心如意，宜与人合作。得朋友帮助，万事亨通，发展顺利。

天时：晴明。

事业：发展顺遂。

求财：合伙得利。

婚姻：老男中女，婚不正配，有阻终成。

胎孕：生贵子。

交易：能成。

出行：同行和顺，不必疑虑。

疾病：头痛、腹痛，血气聚心，宜往东北方求医。

词讼：不久将会和解。

初九爻辞

初九：同人于门，无咎。

象曰：出门同人，又谁咎也？

白话文解释

初九：走出家门与人和同，没有灾祸。

《象辞》说：走出家门与人和同，又有谁会带来灾祸呢？

漠元解卦

初九动变为艮，艮为门。初九居同人卦开始，居位得正，走出家门与六二阴阳和同，所以说"同人于门"。初九与九四不应，心无所系，出门皆同，所以"无咎"。求财宜外出获利；婚姻和合；孕产生男；家宅平安和睦；行人未至；词讼牵连，外出躲避没有灾祸；疾病可愈；失物门外可寻；征战有利。

六二爻辞

六二：同人于宗，吝。

象曰：同人于宗，吝道也。

白话文解释

六二：只与同宗族的人和同，恨惜。

《象辞》说：只与同宗族的人和同，这是狭隘的做法。

淏元解卦

六二以阴居阴，文明中正，为同人卦的主爻。卦中其他阳爻，都求同六二。六二与九五尊位正应，九五为乾卦主爻，乾为宗，所以说"同人于宗"。六二与九五两相和同，有失同人旷远大同之道，会有恨惜，所以说"吝"。求财不利；婚姻不成；孕产生女；家宅长子持家；词讼不利；行人当返；疾病大凶；失物难寻。

九三爻辞

九三：伏戎于莽，升其高陵，三岁不兴。

象曰：伏戎于莽，敌刚也，三岁不兴，安行也？

白话文解释

九三：军队隐蔽在深山密林，在高陵设哨观察，三年不出兵作战。

《象辞》说：军队隐蔽在深山密林，因为敌人太强大，三年不出兵作战，怎么能行呢？

淏元解卦

九三互巽，为伏，为草莽；离为戈兵，戈兵为戎；乾为升，为高；

九三动变震为陵；离为三；乾为岁；震为兴；与六二不能和同，为不兴。九三刚而不中，与上九不能相应，欲与相邻的六二和同，但是六二中正与九五正应，不与九三和同，九三性情刚暴，位居六二与九五之间，伺机与六二强同，但是又畏惧九五的刚健中正，不敢进攻，喻指将军队隐蔽在深山密林，在高陵设哨观察，历时三年不敢出兵作战，所以说"伏戎于莽，升其高陵，三岁不兴"。求财林业得利；婚姻终成；胎孕生男；家宅防盗；疾难可愈；行人未至；征战防敌军埋伏。

九四爻辞

九四：乘其墉，弗克攻，吉。

象曰：乘其墉，义弗克也，其吉，则困而反则也。

白话文解释

九四：登上城墙，停止进攻，吉利。

《象辞》说：登上城墙，从道义上讲应该停止进攻，其吉利，是因为能迷途知返。

漠元解卦

墉，城墙。互卦巽为墉，九四在巽上，所以说"乘其墉"。九四与初九不能相应，与六二既不邻比，也不相应，九四不中不正，嫉妒六二与九五的亲密相应，欲强于六二和同，而中间又间隔刚暴的九三，于是九四登上城墙妄行攻击，发现自己势不敌九五，腹背受敌，九四在这个时候能停止进攻，迷途知返，吉利，所以说"弗克攻，吉"。求财得利；婚姻不成；孕产生男；家宅宜装修；疾病可愈；征战宜停止进攻。

九五爻辞

九五：同人，先号咷而后笑，大师克相遇。

象曰：同人之先，以中直也。大师相遇，言相克也。

白话文解释

九五：与人和同，先哭喊后欢笑，因为大军战胜了敌人而会师。

《象辞》说：与人和同起先哭喊，说明九五刚正中直。大军会师，是说九五战胜了敌人。

溴元解卦

号咷，哭喊的意思。互卦巽为号咷。九五尊位居中得正，应当胸怀宽广与众和同，九五独与六二亲密和同，遭九三与九四两阳所嫉妒，进行隔绝阻挠，使九五不能与六二相遇而号咷，九五刚健中正，后来兴师攻克战胜了九三与九四，最终与六二相遇而欢笑，所以说"先号咷而后笑，大师克相遇"。求财先有阻，后得利；婚姻终成；孕产生男；家宅起初多惧，后得安稳；疾病由危转安；行人中途有阻，晚归；征战得到增援而获胜。

上九爻辞

上九：同人于郊，无悔。

象曰：同人于郊，志未得也。

白话文解释

上九：与郊外的人和同，没有悔恨。

《象辞》说：与郊外的人和同，志向没有实现。

溟元解卦

郊，郊区，旷远的地方。乾为郊，上九居外卦终极，乘阳没有相应，与六二相隔较远不能相和同，远居郊外，与世无争，没有悔恨，所以说"同人于郊，无悔"。求财不利；婚姻终成；孕产生子；家宅平安；词讼宜和解；谋事不成；征战宜止。

火天大有

第一十四卦：大有卦（火天大有）

大有：元亨。

象曰：火在天上，大有。君子以遏恶扬善，顺天休命。

白话文解释

大有卦：大亨通。

《象辞》说：上卦为离为火，下卦为乾为天，火在天上，光明普照，是大有的卦象。君子应当抑恶扬善，顺奉天的美命。

漠元解卦

下乾上离相叠。离，为火，为日；乾，为天，为大。日在天上，光明普照，应天而行，大有所成。六五柔处尊位，居尊应天，群阳上下并应，虚能容人，中能服人，明能识人，无所不纳，称为"大有"。乾健离明，刚健而文明，光明正大，大得亨通，所以说"元亨"。离为恶人，乾为善，君子观此卦象，应当抑恶扬善，顺奉天的美命。

大象： 日在天上，光明普照，刚健文明，应天而行，大有所成。

运势： 光明遍照，时运旺盛，事事顺利，大有所获，防盛极而衰。

天时： 晴朗。

事业： 显达，得贵人扶持。

求财： 得利。

婚姻： 必成，或有二婚。

胎孕： 多生男。

交易： 可成，防饮酒中有是非。

出行： 宜出往南方。

疾病： 寒热往来，头痛眼昏，胸痛，宜往东南方求医。

词讼： 秉公判决，宜和解。

初九爻辞

初九：无交害，匪咎，艰则无咎。

象曰：大有初九，无交害也。

白话文解释

初九：没有交往没有伤害，不会有灾祸，艰难自守没有灾祸。

《象辞》说：大有卦初九，没有交往就没有伤害。

濮元解卦

初九阳居阳位，居位得正，与九四同阳不能相交相应，没有交往便没有伤害，就不会有灾祸，所以说"无交害，匪咎"。初九处大有开始，不得意忘形，能艰难自守，则没有灾祸，所以说"艰则无咎"。求财得利；婚姻可成；孕产生男；家宅勤劳兴家；词讼和解则散；失物久而复得；行人不归；疾病可愈；征战初次交锋，知己知彼，则百战不殆。

九二爻辞

九二：大车以载，有攸往，无咎。

象曰：大车以载，积中不败也。

白话文解释

九二：用大车装载重物，有所前往，没有灾祸。

《象辞》说：用大车装载重物，积中聚健，行远不败。

溟元解卦

乾为大车。九二阳刚，在下卦居中，能得六五相应，承蒙六五君王恩宠，其才德足以任重而远行，喻指大车能装载重物，所以说"大车以载"。九二刚健居中，得到六五任命而堪当重任，有所前往，没有灾祸，所以说"有攸往，无咎"。求财得利；婚姻和合；孕产生男，逾月生女；家宅平安；行人未归；词讼得胜；疾病可愈；征战大吉。

九三爻辞

九三：公用亨于天子，小人弗克。

象曰：公用亨于天子，小人害也。

白话文解释

九三：天子宴会公侯，小人不能堪当重任。

《象辞》说：天子宴会公侯，小人会有祸害。

溟元解卦

亨，同享，这里是宴会的意思。九三阳刚得位，居下卦之极，乘刚健之上，为公侯，六五为天子，九三与六五同功，威权极盛，天子宴会公侯，九三能够得到天子的宴请，所以说"公用亨于天子"。九三无应无比，喻指小人履乘刚健之上，不能堪当重任，必然会有祸害，所以说"小人弗克"。功名利公不利私；求财得利；婚姻和合；孕产生贵子，防幼儿时多灾；家宅热闹；疾病凶危；征战获胜。

九四爻辞

九四：匪其彭，无咎。

象曰：匪其彭，无咎，明辩晢也。

白话文解释

九四：不自高自大，没有灾祸。

《象辞》说：不自高自大，没有灾祸，因为九四能明辨清晰昭明。

澳元解卦

彭是盛大的意思。九四阳居阴位，上与六五天子阴阳亲比，位极人臣，威权富贵聚于一身，有过盛之势，盛极必然会出现危机，九四不自高自大，才能没有灾祸，所以说"匪其彭，无咎"。求财见好就收；婚姻大吉；孕产生男；家宅大吉；疾病防鼓胀，胃胀疾病；词讼可结；失物可寻；征战有利。

六五爻辞

六五：厥孚交如，威如，吉。

象曰：厥孚交如，信以发志也。威如之吉，易而无备也。

白话文解释

六五：诚实守信交往，威严自显，吉利。

《象辞》说：诚实守信交往，以诚信来启发他人志向。威严自显带来的吉利，是因为平易近人没有戒备。

滇元解卦

厥是其；孚为信；交如，是相交；威，威严。六五柔中居尊，众阳归顺，下与九二刚柔相应，彼此诚信交往，其威严自显，使人敬畏，因此吉利，所以说"厥孚交如，威如，吉"。求财得利；婚姻和合；孕产生男；家宅和睦；词讼宜和解；行人如期而归；疾病可愈；征战大获全胜。

上九爻辞

上九：自天祐之，吉，无不利。

象曰：大有上吉，自天祐也。

白话文解释

上九：得到天子庇祐，吉利，没有不利。

《象辞》说：大有卦上九吉利，是得到天子的庇祐。

滇元解卦

天，指六五天子之位。上九居大有卦最上位，以刚履柔，能亲比六五，与六五阴阳相合，喻指能得到天子的庇祐，吉利，没有不利，所以说"自天祐之，吉，无不利"。求财得利；婚姻和合；孕产生男；家宅隆昌；行人即归；失物在高处可寻；疾病可愈；征战大胜。

▤▤ **地山谦**

第一十五卦：谦卦（地山谦）

谦：亨，君子有终。

象曰：地中有山，谦。君子以衷多益寡，称物平施。

白话文解释

谦卦：亨通，君子能够始终保持谦德。

《象辞》说：上卦坤为地，下卦艮为山，地中有山，是谦卦的卦象。君子应当取多余以补不足，衡量物品多少做到施与均衡。

漠元解卦

下艮上坤相叠。坤为地，艮为山，地中有山，山高地卑，山屈而止于地下，不自以为高，谦退居下，称为"谦"。坤为顺，艮为止，止内而顺外，屈高而居卑，先考虑别人，后考虑自己，以此待人处世，所行都会亨通，所以说"亨"。艮为君子，坤为终，君子戒盈守谦，功高不自居，位高不自傲，名高不自誉，而终身可行，所以说"君子有终"。山高而在地下，高者下而卑者上，损过而益不及，君子观此卦象，应当取多余以补不足，衡量物品多少做到施与均衡。"谦是诸行之善，善之最吉"，儒家所提倡的"温和、善良、恭敬、节俭、忍让"五种待人接物的美德，所指的就是谦德，《周易》唯有谦卦六爻全吉，足见谦德之重要。

大象：地中有山，山高地卑，山屈而止于地下，不自以为高，谦退居下。

运势： 运势平顺，谦虚忍让，步步高升，前途无量，忌气傲。

天时： 阴晦。

事业： 顺利发展。

求财： 财源稳定。

婚姻： 和合。

胎孕： 生女，产妇无灾，小儿难养。

交易： 终成，有小是非，无妨。

出行： 有阻碍无灾害，虽有口舌亦不影响。

疾病： 病留连反复，多脾胃疾病，饮食不下，宜往东南方求医。

词讼： 宜和解，不宜争讼。

初六爻辞

初六：谦谦君子，用涉大川，吉。

象曰：谦谦君子，卑以自牧也。

白话文解释

初六：谦虚而严格要求自己的君子，用于涉川历险，吉利。

《象辞》说：谦虚而严格要求自己的君子，时刻保持谦虚的态度以提高自己的休养。

淏元解卦

谦谦，谦虚，谦之又谦；谦谦君子，谦虚而严格要求自己的君子。初六柔居谦卦初位，是谦之又谦，品行纯厚的君子。谦居下位，做事会有好的开始，也能够坚持到底，所以说"谦谦君子"。互卦坎为水，为大川；互卦震为足，为舟，为"用涉大川"之象。"用涉"与"利涉"不同，用涉指用谦德以涉，所以吉利。功名谦顺；求财畜牧得利；婚姻不成；孕产生女；家宅不安，宜风水改善；词讼谦和；征战有利。

六二爻辞

六二：鸣谦，贞吉。

象曰：鸣谦贞吉，中心得也。

白话文解释

六二：谦虚的名声远近闻名，守正吉利。

《象辞》说：谦虚的名声远近闻名，守正吉利，是内心中正所得。

淏元解卦

鸣，指闻名。九三互震为鸣。六二中正柔顺，上承九三，谦德积中，名扬于外，喻指谦虚的名声远近闻名，能坚守正道而获吉利，所以说"鸣谦，贞吉"。功名必成；求财得利；婚姻不成；孕产生女；家宅隆昌；失物即得；疾病操劳过度，宜调养；征战大吉。

九三爻辞

九三：劳谦，君子有终，吉。

象曰：劳谦君子，万民服也。

白话文解释

九三：有功劳而谦虚，君子能够始终保持谦德，吉利。

《象辞》说：有功劳而谦虚的君子，万民敬服。

淏元解卦

互卦坎为劳，艮为君子，坤为终。九三阳居阳位，居位得正，以一阳值艮坤上下卦之交，得众阴顺从，如同万民都来归服，位高责重，劳苦功高，喻指有功劳而谦虚的君子，能够始终保持谦德，而获吉利，所以说"劳谦，君子有终，吉"。功名大吉；求财得利；婚姻和合；孕产生男；家宅勤劳致富；词讼可结；出往有利；谋事可成；失物复得；疾病凶危；征战大胜。

六四爻辞

六四：无不利，撝谦。

象曰：无不利，撝谦，不违则也。

白话文解释

六四：没有不利，发挥谦虚美德。

《象辞》说：没有不利，发挥谦虚美德，这样才不会违背法则。

漠元解卦

撝，通挥，为发挥的意思。六四阴居阴位，居位得正，能发挥谦虚美德，下与居位得正的九三阴阳相和，以阴顺阳，没有不利，所以说"无不利，撝谦"。功名荣显；求财得利；婚姻可成；孕产生女；家宅和气；疾病可愈；征战大胜。

六五爻辞

六五：不富以其邻，利用侵伐，无不利。

象曰：利用侵伐，征不服也。

白话文解释

六五：不能与近邻共同富裕，利于出征讨伐，没有不利。

《象辞》说：利于出征讨伐，是征讨不顺从的人。

溴元解卦

不富，不富裕。坤为富，六五居坤无应无比，象不富；坤为近，象邻；互震为征，象侵伐。六五阴柔居尊，为君过于谦顺，无应无比，不能与近邻共同富裕，众叛亲离，利于出征讨伐，德威并施，没有不利，所以说"不富以其邻，利用侵伐，无不利"。求财不利；婚姻嫁资少，有阻终成；孕产生女；家宅乡邻无助；失物空；疾病凶危；征战有利。

上六爻辞

上六：鸣谦，利用行师，征邑国。
象曰：鸣谦，志未得也。可用行师，征邑国也。

白话文解释

上六：谦虚的名声远近闻名，利于出兵作战，征伐侯国。
《象辞》说：谦虚的名声远近闻名，志向没有实现。可以用于出兵作战，征伐侯国。

溴元解卦

上六与九三相应，九三互震，震为鸣，为征，为行；坤为师，为邑国。六二鸣谦，为了亲比九三；上六鸣谦为了相应九三。上六居上处谦卦之极，谦逊的名声远扬，欲与九三阴阳相应，却遇六四与六五阻滞，应而难合，志向不能实现，利于对六四与六五进行征伐，喻指利于出兵作战，征伐侯国，所以说"鸣谦，利用行师，征邑国"。求财得利；婚姻不成；孕产生女；家宅不安，宜改善风水；行人不至；词讼有理；疾病宜调养；征战大吉。

雷地豫

第一十六卦：豫卦（雷地豫）

豫：利建侯行师。

象曰：雷出地奋，豫。先王以作乐崇德，殷荐之上帝，以配祖考。

白话文解释

豫卦：有利于建国封侯，出兵征伐。

《象辞》说：上卦震为雷，下卦坤为地，雷声发出，大地振奋，是豫卦的卦象。先王应当制礼作乐，崇尚德业，通过隆重的典礼敬献上天，并祭祀祖先在天之灵，配合共享。

漠元解卦

下坤上震相叠。震为雷，为动；坤为地，为顺。雷声发出，大地振奋。坤为闭，为藏，闭藏过久则郁结不畅；震为动，为乐，阳气动则万物生发和乐。九四一刚应五柔而志于上行，静极而始动，闭极而始发，依时顺动，称为"豫"。豫为和悦、和乐的意思。坤为国，为师；震为候，为行。震动坤顺，柔顺以动，上动而下顺，喻指有利于建国封侯，出兵征伐，所以说"利建侯行师"。雷得时奋出地上，阳气宣发，震雷有声，足以鼓动天地之和，发越阴阳二气，通达和乐，先王观此卦象，应当制礼作乐，崇尚德业，通过隆重的典礼敬献上天，并祭祀祖先在天之灵，配合共享。

135

大象： 雷得时奋出地上，阳气宣发，万物生发而和悦喜乐。

运势： 安享和乐，万事皆吉，可得长辈或上司扶持，忌声色场所。

天时： 晴，防地震。

事业： 大展宏图，可得长辈提携。

求财： 可得大利。

婚姻： 能成，但伤夫；妇有子随嫁；须防色难。

胎孕： 多生女，夏则生男，防产妇有小灾为祸。

交易： 得贵人力，可成。

出行： 忌与体弱破相者同行，有损失。

疾病： 咽喉痛，气急咳嗽，骨节疼痛，外冷内热，宜往东南方求医。

词讼： 有始无终，只是破财，不见官，有人牵连。

初六爻辞

初六：鸣豫，凶。

象曰：初六鸣豫，志穷凶也。

白话文解释

初六：过分安逸享乐，凶险。

《象辞》说：初六过分安逸享乐，意志消极而凶险。

澳元解卦

鸣豫，逸豫过分，过分安逸享乐。初六阴柔居下，失位不正，为小人，得九四相应，小人得宠，过分安逸享乐，意志消沉而凶险，所以说"鸣豫，凶"。求财宜见好就收；婚姻不吉；孕产生女；家宅不安，宜改善风水；疾病凶危；行人不至；征战大凶。

六二爻辞

六二：介于石，不终日，贞吉。

象曰：不终日，贞吉，以中正也。

白话文解释

六二：沉浸于敲打石磬安逸享乐，不会整天留恋其中，守正吉利。

《象辞》说：不会整天沉浸于敲打石磬安逸享乐，守正吉利，因为六二居中得正。

漠元解卦

介，介入，居中，这里引申为沉浸其中；六二互艮为石。石，为石磬，古代石制打击乐器，为八音中的"石"音，此为恰当解释，上千年来易学界大都将"石"解释为小石、石碑、磐石之类，实属误解。因为豫卦本为安逸享乐之意，象辞也有"先王以作乐崇德"，所以豫卦与声乐有关。六二居中得正，与九四不能亲比，与六五不能相应，独立操守，中正自律，不为外物所动，即使沉浸于敲打石磬自得其乐，也不会整天留恋其中，能够坚守正道，因此吉利，所以说"介于石，不终日，贞吉"。求财得利；婚姻可成；孕产生女；家宅家风和正；疾病旧病亡，新病愈；词讼散。

六三爻辞

六三：盱豫，悔，迟有悔。

象曰：盱豫有悔，位不当也。

白话文解释

六三：扩大安逸享乐，易生悔恨，留恋其中会有悔恨。

《象辞》说：扩大安逸享乐带来的悔恨，是因为六三失位不当。

漠元解卦

六三居互艮与互坎之间，艮为视，坎为病，病态而视为"盱"。盱有大，扩大之意，有睁大眼睛表现出兴奋状的意思。豫，安逸享乐。盱豫，指安逸享乐更加强烈。六三阴居阳位，不中不正，不能自立，欲扩大安逸享乐，去亲比攀附九四，受宠于主，喻指沉浸于安逸享乐之中，不能自拔，而生悔恨，所以说"盱豫，悔"。如果迟疑不决，留恋其中迟早会有悔恨，所以戒以"迟有悔"。求财不利；婚姻有阻；孕产生女；家宅防盗贼，宜警备；词讼凶，宜速了结；出往不利；疾病乐极生悲；征战不利。

九四爻辞

九四：由豫，大有得，勿疑，朋盍簪。

象曰：由豫大有得，志大行也。

白话文解释

九四：从这里得到安逸享乐，大有所获，不用怀疑，朋友们会像头发束于发簪一样聚集周围。

《象辞》说：从这里得到安逸享乐而大有所获，志向得到大的施展。

漠元解卦

由为自，从的意思；簪，发簪；朋本义为古代货币单位，这里喻指以利益结合在一起的人，为朋友；盍，同合，为聚集，会合。九四独体阳爻，众阴顺从，众阴从阳刚的九四这里获得安逸享乐，大有所获，所以说"由豫，大有得"。互坎为疑，坤为盍，艮为簪。九四下履众阴，上承六五弱君，信任过重，易招怀疑。九四

138

能够率领众阴，喻指朋友们像头发束于发簪一样聚集周围，上奉亲比六五，自然没有疑虑，所以说"勿疑，朋盍簪"。功名大有所获；求财得利；婚姻大吉；孕产生贵子；家宅富贵和悦；词讼宜和解；谋事顺遂；出行喜悦顺利；疾病调养可愈；征战有利。

六五爻辞

六五：贞疾，恒不死。

象曰：六五贞疾，乘刚也。恒不死，中未亡也。

白话文解释

六五：常病，久而不亡。

《象辞》说：六五常病，是因为六五阴柔下乘九四阳刚。久而不亡，因为六五君位居中而不死。

漠元解卦

贞疾为常病；恒不死，为久而不死。六五阴爻在九四阳爻之上，以柔乘刚，九四阳刚得权，众阴顺从，六五弱君受制于九四权臣，不能自由逸乐，喻指常病在身，所以说"贞疾"。六五尊位居中，虽然失去权势受制于九四，但是不失君位，久而不亡，所以说"恒不死"。求财不利；婚姻有阻；孕产生男带疾；家宅被侵；失物可得；词讼宜和；疾病带病延年；征战失利。

上六爻辞

上六：冥豫，成有渝，无咎。

象曰：冥豫在上，何可长也？

白话文解释

上六：昏昧不明的沉溺于安逸享乐，已成现实也将会改变，没有灾祸。

《象辞》说：昏昧不明的沉溺于安逸享乐并高居上位，怎么能长久呢？

溟元解卦

冥为昏昧不明；渝为改变。上六阴柔居豫卦之极，昏昧不明沉浸于安逸享乐，乐极生悲，称为"冥豫"。上六居震卦，震则动，动则改变，喻指上六阴柔得位，有雷厉风行的性格，虽然昏昧不明已成为现实，如果能迷途知返，已成的现实也将会发生改变，没有灾祸，所以说"成有渝，无咎"。求财得利；婚姻不吉；孕产生女；家宅不吉，宜改善风水；词讼宜和；征战不利。

泽雷随

第一十七卦：随卦（泽雷随）

随：元亨，利贞，无咎。

象曰：泽中有雷，随。君子以向晦入宴息。

白话文解释

随卦：大亨通，利于守正，没有灾祸。

《象辞》说：上卦兑为泽，下卦震为雷，泽中有雷，是随卦的卦象。君子应当到了夜晚就回去休息。

漠元解卦

下震上兑相叠。兑为泽，震为雷，雷震泽中，泽随雷动；兑为悦，震为动，震自下震动，兑在上喜悦，动而悦，彼此相互应和；兑为少女，震为长男，少女从长男，夫唱妇随，称为"随"。随指相互顺从，物来随己，己亦随物，彼此沟通的意思。以动感悦，以悦应动，舍己从人，上下相随，行事大得亨通，所以说"元亨"。随时而动，随时而悦，各得其宜，内不失己，外不失人，以正相从，没有灾祸，所以说"利贞，无咎"。震阳陷兑阴，雷藏泽中，为顺时养晦，深藏若虚，君子观此卦象，应当遵循作息规律，到了夜晚就回去休息。

大象： 雷震泽中，泽随雷动，动而喜悦，上下相随，相互应和。

运势： 顺应大环境，多与人合作沟通，坚守正道，事有所成，忌

141

独断独行。

天时： 雷雨。

事业： 守正能名利双收。

求财： 先有阻，后得利。

婚姻： 可成，有人说媒可以约见。

胎孕： 生女。

交易： 有阻，但可成。

出行： 通达，路虽有阻，没有忧虑。

疾病： 四肢沉重，头疾，咽喉痛，饮食不安，呕吐不止，宜往西南方求医。

词讼： 防有牢狱之灾。

初九爻辞

初九：官有渝，贞吉。 出门交有功。

象曰：官有渝，从正吉也。出门交有功，不失也。

白话文解释

初九：官职发生改变，守正吉利。出门与人交往会成功。

《象辞》说：官职发生改变，顺从正道吉利。出门与人交往会成功，没有过失。

漠元解卦

官，指官职，职位；渝，改变。九四互艮为官。初九阳居阳位，居位得正，欲前往相应于九四之官，与九四同阳不能相应而发生改变，因此回到本位，复守其正，喻指官职发生改变，守正吉利，所以说"官有渝，贞吉"。震为出，六二互艮为门，初九出门上

142

与六二阴阳相交，阳遇阴则通，通则有功，所以说"出门交有功"。求财得利；婚姻可成；孕产生男；家宅装修或迁居吉利；失物门外可寻；疾病宜远方求医；征战声东击西吉利。

六二爻辞

六二：系小子，失丈夫。

象曰：系小子，弗兼与也。

白话文解释

六二：依附小子，失去刚直的大丈夫。

《象辞》说：依附小子，两者不可兼得。

漠元解卦

系为依附，依附即从。震为从，为小子，初九为震卦主体，小子指初九。六二与九五为正应，九五为六二的丈夫。六二居中得正，遇六三阻滞，不能与九五丈夫阴阳相应，而亲比于初九小子，喻指依附小子，失去刚直的大丈夫，所以说"系小子，失丈夫"。求财得小失大；婚姻成；孕产生女；家宅妇掌夫权；词讼宜和；疾病调养可愈；征战得小失大。

六三爻辞

六三：系丈夫，失小子。随有求得，利居贞。

象曰：系丈夫，志舍下也。

白话文解释

六三：依附刚直的大丈夫，失去小子。跟随会有所得，利于安居守正。

《象辞》说：依附刚直的大丈夫，其志向是决心舍弃下位的小子。

淏元解卦

系为依附，依附即从。震为从，六三上邻九四，以阴承阳，以九四为丈夫；震为小子，初九为震卦主体，小子指初九；六三与初九被六二阻隔，不应不比，上与九四阴阳相合，舍下从上，所以说"系丈夫，失小子"。互卦艮为求，阴承阳为有得，六三与九四都没有正应，六三以阴从阳，跟随九四会有所得，所以说"随有求得"。互卦巽为利，互卦艮为居，六三与九四虽然相随，但都不中不正，利于安居守正，所以戒以"利居贞"。求财得利；婚姻大吉；孕产有凶；家宅隆昌，防小口有灾；失物可寻；疾病大人可愈，小口凶；征战大吉。

九四爻辞

九四：随有获，贞凶。有孚在道，以明，何咎？
象曰：随有获，其义凶也。有孚在道，明功也。

白话文解释

九四：被跟随并有所收获，守正也有凶险。心怀诚信而遵循正道，光明正大，怎么会有灾祸呢？
《象辞》说：被跟随并有所收获，九四所处位置的意义凶险。心怀诚信而遵循正道，这是九四光明正大带来的功劳。

淏元解卦

九四被六三跟随，以阳履阴有所收获，所以说"随有获"。九四阳刚失正，前遇阳刚中正的九五，阳与阳相敌，即使守正也会有凶险，所以说"贞凶"。九四动变坎为孚，互艮为道，九四体刚居兑悦，得六三诚信相随，遵循正道，光明正大，怎么会有灾祸呢？所以说"有孚在道，以明，何咎"？求财得利；婚姻可成；孕产生男；家宅不吉，宜改善风水；词讼初审凶，再上诉吉；失物可寻；出往吉利；疾病可愈；征战凶险。

九五爻辞

九五：孚于嘉，吉。

象曰：孚于嘉吉，位正中也。

白话文解释

九五：诚信趋于美善，吉利。

《象辞》说：诚信趋于美善而吉利，因为九五居中得正。

澐元解卦

孚，为信；嘉，美，美好，美善的意思。九五中正居尊，与上六阴阳亲比，喻指诚信趋于美善而吉利，所以说"孚于嘉，吉"。求财得利；婚嫁百年好合；孕产生男；家宅富贵；谋事大吉；词讼宜和；疾病可愈；征战大胜。

上六爻辞

上六：拘系之，乃从维之，王用亨于西山。

象曰：拘系之，上穷也。

白话文解释

上六：被强制性的推崇，不得不顺从而交接，君王在岐山祭祀。

《象辞》说：被强制性的推崇，因为上六上升至最高点。

溟元解卦

拘，执而不弃；维，交接；王，指周文王；西山，指岐山。上六居随卦之极，与六三同阴不应，至诚追随九五君王，固不可解，九五被强制性追随，不得不顺从而交接，所以说"拘系之，乃从维之"。上六居兑，动变为乾，乾为王；兑为西，下互艮，艮为山，兑在艮上，象西山。纣囚周文王七年，周文王归来，祭于岐山，感激上天的庇荫，被各路诸侯强制性推崇为伐纣首领，再三推辞，后来不得不从命，众人追随，天下归心，为"王用亨于西山"的历史典故。求财得利；婚姻可成；孕产生女；家宅家人不和，宜改善风水；词讼防牢狱之灾；失物可寻，为自己所放；谋事皆吉；疾病可愈；征战大吉。

山风蛊

第一十八卦：蛊卦（山风蛊）

蛊：元亨，利涉大川。先甲三日，后甲三日。

象曰：山下有风，蛊。君子以振民育德。

白话文解释

蛊卦：大亨通，利于涉川历险。万物先新成，后丁壮。

《象辞》说：上卦艮为山，下卦巽为风，山下有风，是蛊卦的卦象。君子应当教化人民培育美德。

漠元解卦

下巽上艮相叠。巽为风，艮为山，风入山下，闭而不出，不通风，物腐生虫；艮覆碗，为止，巽为臭，碗盖藏臭物，腐败而生虫，称为"蛊"。蛊为败坏之极，败极必当复治，治蛊之才必会应运而生，有治而大得亨通，所以说"元亨"。巽为利，互震为舟，艮为山，为大川，励精图治之时，利于涉川历险，所以说"利涉大川"。"先甲三日，后甲三日"，甲前三日为辛日，辛为新生、成熟的意思；甲后三日为丁日，丁为丁壮、壮健的意思。蛊乱发展到极点得到治理后，万物必先新成，后丁壮。君子治蛊有为，以此来教化人民培育美德。

大象： 风入山下，闭而不出，物腐生虫，败极复治。

运势： 诸事败坏，不破不立，破而后立，新成后会得到好的发展。

天时： 风云蔽日，飞砂走石。

事业： 先经历艰难，后成就。

求财： 宜合伙同求，得利少。

婚姻： 三角恋，男女有私情。

胎孕： 生男，防异胎，主有手患或血脓之灾。

交易： 不成。

出行： 三人同行，主有脚灾，亦有口舌。

疾病： 心肠腹痛，风劳气急或疮瘤，大小便不通，宜北方求医。

词讼： 受人蛊惑致讼，宜罢讼和解。

初六爻辞

初六：干父之蛊，有子，考无咎，厉，终吉。

象曰：干父之蛊，意承考也。

白话文解释

初六：治理父亲遗留下来的蛊乱，有才能的好儿子，父亲没有灾害，即使遇到危险，最后终会吉利。

《象辞》说：治理父亲遗留下来的蛊乱，意在振兴父亲家业。

漠元解卦

干为从事，引申为治理；考为父亲；有子指有才能的儿子。初六动变乾，乾为父，初六虽然不当位，但是上承二阳，为能继承父亲事业，堪当重任，治理父亲遗留下来的蛊乱，子有才能，父亲没有灾祸，所以说"干父之蛊，有子，考无咎"。初六居蛊乱开始，任事之初，会有危厉，但能堪任父业，最终吉利，所以说

"厉，终吉"。求财旧业得利；婚姻男女和合；孕产生子贤能；家宅改造旧宅吉利；行人至；失物可寻；疾病可愈；征战大吉。

九二爻辞

九二：干母之蛊，不可贞。

象曰：干母之蛊，得中道也。

白话文解释

九二：治理母亲遗留下来的蛊乱，不能固守贞正。

《象辞》说：治理母亲遗留下来的蛊乱，因为九二阳刚居得中道。

漠元解卦

九二阳居巽卦中位，刚中有为，喻指有能力的儿子，九二与六五相应，六五阴爻象征母亲，喻指刚强的儿子整治母亲遗留的蛊乱，所以说"干母之蛊"。九二与六五都中而不正，遇九三与六四阻滞不能相应，不能固守贞正，所以说"不可贞"。求财不利；婚姻佳偶和合；孕产生女；家宅母掌家权；失物可得；词讼有理；疾病可愈；征战不利。

九三爻辞

九三：干父之蛊，小有悔，无大咎。

象曰：干父之蛊，终无咎也。

白话文解释

九三：治理父亲遗留下来的蛊乱，稍有悔恨，没有大的灾祸。

《象辞》说：治理父亲遗留下来的蛊乱，最终不会遭遇灾祸。

渓元解卦

九三阳居阳位，居位得正，喻指性格过于刚强的儿子，治理父亲遗留下来的蛊乱。九三与上九同阳不能相应，会稍有悔恨，但是能上得六四亲比，没有大的灾祸，所以说"干父之蛊，小有悔，无大咎"。求财小失大得；婚姻不正；孕产生男，防有小疾；家宅年久失修，宜修造；疾病可愈；征战不利。

六四爻辞

六四：裕父之蛊，往见吝。

象曰：裕父之蛊，往未得也。

白话文解释

六四：宽容父亲遗留下来的蛊乱，前往会有恨惜。

《象辞》说：宽容父亲遗留下来的蛊乱，前往不会有所得。

渓元解卦

裕为宽容。六四已过卦中，蛊乱已深，六四柔居阴位，与初六同阴不能相应，前往遇六五为敌，阴柔懦弱，不能有所作为，喻指优柔寡断不能够担当大任，而宽容父亲遗留下来的蛊乱，导致蛊乱加深，以此前往，会有恨惜，所以说"裕父之蛊，往见吝"。求财不利；婚姻不顺；孕产生女；家宅家道衰败；疾病紧急就医，或许有救；征战不利。

六五爻辞

六五：干父之蛊，用誉。

象曰：干父用誉，承以德也。

白话文解释

六五：治理父亲遗留下来的蛊乱，博得赞誉。

《象辞》说：治理父亲遗留的蛊乱而博得赞誉，是因为道德高尚而继承家业。

澳元解卦

六五居尊得中，下与九二阴阳相应，上与上九阴阳相和，内外相得，辅佐有力，以此治理父亲遗留下来的蛊乱，会大有所成而博得赞誉，所以说"干父之蛊，用誉"。求财名利双全；婚姻名门望族；孕产生男；家宅光耀门庭；疾病可愈；征战大胜。

上九爻辞

上九：不事王侯，高尚其事。

象曰：不事王侯，志可则也。

白话文解释

上九：不服务于王侯，使自己行为高尚。

《象辞》说：不服务于王侯，这种志向可以效法。

澳元解卦

上九阳居艮止之极，下不与九三相应，没有牵挂。蛊乱也已经在六五得到很好的治理，不需要上九再去治理蛊乱，因此上九可以隐居世外，成为无欲无求的隐士，其行为高尚，不服务于王侯，所以说"不事王侯，高尚其事"。功名怀才不遇；求财得利；婚姻天赐良缘；孕产得子；家宅居高地吉利；疾病凶危；征战大利。

☷☱ 地泽临

第一十九卦：临卦（地泽临）

临：元亨，利贞。至于八月有凶。

象曰：泽上有地，临。君子以教思无穷，容保民无疆。

白话文解释

临卦：大亨通，利于守正。到了八月会有凶险。

《象辞》说：上卦坤为地，下卦兑为泽，泽上有地，是临卦的卦象。君子应当教化思念不息，广博胸怀保证民众永久安定。

漠元解卦

下兑上坤相叠。坤为地，兑为泽，地在泽上，地高泽卑，以地临泽；卦象四阴在上，二阳在下，阳欲上进，为阳临阴；坤为顺，兑为悦，地势卑而顺下，泽水润而悦上，上顺反降，下悦依附上，以上临下，称为"临"。初九与九二两阳爻渐长于下而上进，内兑外坤，内悦外顺；九二以刚居中，六五阴柔相应，九二与六五阴阳相合，大得亨通而利于守正，所以说"元亨，利贞"。阴阳消长，天地循环，临为消息卦，代表十二月，十二月建丑，丑月逐渐阳长阴消，至于夏历八月，阴长阳消，阳道已尽，会有凶险，所以说"至于八月有凶"。兑为口，为讲习；坤为思，为包，为容，为民众，为无疆。君子观此卦象，应当教化思念不息，广博胸怀保证民众永久安定。

大象： 地势卑而顺下，泽水润而悦上，上顺反降，下悦依附上，以上临下。

运势： 以上临下，好运来到，诸事亨通，不宜急进。

天时： 阴晦有雨。

事业： 进展升职，名利双全。

求财： 与人同求，先难后易，两重财厚。

婚姻： 百年好合，大吉大利。

胎孕： 主贵子，若春夏占生女。

交易： 多有口舌，不成之兆。

出行： 三人同行，会有一人往别处去。

疾病： 心腹疼痛，或因饮酒得病，宜往东南方求医。

词讼： 三方词讼，宜寻求贵人帮助，诉讼他人，反伤自己，终宜和解。

初九爻辞

初九：咸临，贞吉。

象曰：咸临贞吉，志行正也。

白话文解释

初九：感应相临，守正吉利。

《象辞》说：感应相临守正吉利，因为阳刚得志蹈行正道。

溟元解卦

咸为感。初九阳居阳位，居位得正，与六四阴阳相应，感应相临，称为"咸临"。初九与六四都居位得正，相应相合，刚柔并济，能坚守正道而获吉，所以说"贞吉"。求财得利；婚姻门当户对，良缘佳偶；孕产生男；家宅喜事临门，大吉大利；词讼有理可结；谋事可成；出往吉；行人至；疾病可愈；征战大吉。

九二爻辞

九二：咸临，吉，无不利。

象曰：咸临，吉，无不利，未顺命也。

白话文解释

九二：感应相临，吉利，没有不利。

《象辞》说：感应相临，吉利，没有不利，说明九二并非因为顺从君命。

澳元解卦

九二阳刚居中，得六三亲比，与六五阴阳相应，刚柔并济，能彼此感应相临，吉利，没有不利，所以说"咸临，吉，无不利"。求财得利；婚姻大吉；孕产生男；家宅吉星高照；词讼宜和；行人归期未定；疾病转安；征战有利。

六三爻辞

六三：甘临，无攸利。即忧之，无咎。

象曰：甘临，位不当也。即忧之，咎不长也。

白话文解释

六三：甜美相临，没有利益。能为处境忧虑，没有灾祸。

《象辞》说：甜美相临，六三失位不当。能为处境忧虑，灾难不会长久。

溟元解卦

甘，是甜美的意思。六三阴柔顺从九二阳刚，甜美相临，称为"甘临"。六三阴居阳位，失位不正，与上六同阴不能相应，没有利益，所以说"无所利"。知道没有利益，能居安思危，为自己处境忧虑，则没有灾祸，所以说"即忧之，无咎"。求财不利；婚姻先喜后忧；孕产生女，难养；家宅不吉，宜迁居或改善风水；失物可寻；行人近日可归；谋事不利；疾病可愈；征战不利。

六四爻辞

六四：至临，无咎。

象曰：至临无咎，位当也。

白话文解释

六四：居高位临下位，没有灾祸。

《象辞》说：居高位临下位，没有灾祸，因为六四居位得正。

溟元解卦

六四柔居阴位，居位得正，下与初九阴阳相应，居上位临下位，以柔从刚，刚柔相济，亲密相合，没有灾祸，所以说"至临，无咎"。求财得利；婚姻天赐良缘；孕产生女；家宅隆昌；失物可寻；行人至；疾病带病延年；征战大胜。

六五爻辞

六五：知临，大君之宜，吉。

象曰：大君之宜，行中之谓也。

白话文解释

六五：知人善任而相临，适宜大人君主，吉利。

《象辞》说：适宜大人君主，因为六五奉行中道。

淏元解卦

知，喻指知人善任。六五居尊，为大君，以柔居中，下与九二阴阳相应，以上临下，知人善任，志向得行，自然获吉，所以说"知临，大君之宜，吉"。求财得利；婚姻良缘佳偶，大吉大利；孕产生贵子；家宅安享福泰；疾病可愈；征战大胜。

上六爻辞

上六：敦临，吉，无咎。

象曰：敦临之吉，志在内也。

白话文解释

上六：厚德相临，吉利，没有灾祸。

《象辞》说：厚德相临，吉利，是因为胸中怀有大志。

淏元解卦

敦，为厚，指厚德。坤为厚德，上六居坤终，阴柔处临卦之极，虽下无应比，但是没有过极之虑，能与六五、六四同积厚德共同临下，称为"敦临"。上六怀有厚德，能够以上临下，德载万物，必然吉利，没有灾祸，所以说"吉，无咎"。功名可成；求财得利；婚姻不利；孕产生女；家宅吉；疾病自愈；失物家中可寻；征战大吉大利。

风地观

第二十卦：观卦（风地观）

观：盥而不荐，有孚颙若。

象曰：风行地上，观。先王以省方观民设教。

白话文解释

观卦：洗净双手没有开始祭祀，庄严的仪表，令人信服仰慕。

《象辞》说：上卦巽为风，下卦坤为地，风吹在大地上，是观的卦象。先王应当巡视四方，观察民情，推行政教。

漠元解卦

下坤上巽相叠。巽为木，坤为地，木生于地，物大能视；坤为地为顺，巽为风为入为从，风行地上，坤顺巽入，九五之尊居中得正，以一阳应下四柔；九五为君，四柔皆臣，在上者以刚正大观天下，在下者以柔顺敬仰瞻上，人心顺服归从，称为"观"。巽象白茅，象鸡，互艮象宗庙，坤象躬，有宗庙祭祀之象；巽象入，互艮象手，坤象双，象水，有双手入水之象，祭祀前洗手，称为"盥"；巽象不果，坤阴虚，手中无牲，中途而止，没有祭祀，为"不荐"；九五居上阳刚中正，下得众阴诚信相应，为"有孚"；四柔居下仰首而望，仰慕恭敬而顺从，为"颙若"；所以说"盥而不荐，有孚颙若"。互艮为观；巽为诰，为教令；坤为为民，为方。君子观此卦象，应当巡视四方，观察民情，推行政教。观又为消息卦，代表八月。

大象： 风行地上，坤顺巽入，在上者以刚正大观天下，在下者以柔顺敬仰瞻上，人心顺服归从。

运势： 好运正有序发展，宜多出外考察，蓄势待发，切勿躁进。

天时： 时阴时晴，有风，阴也无雨。

事业： 有贵人帮，发展顺利。

求财： 得利。

婚姻： 有阻，后成。

胎孕： 初生女，后生男，吉。

交易： 称意。

出行： 不宜独行，结伴行吉。

疾病： 寒热头痛，风湿或牙疾，宜往南方求医。

词讼： 有理，宜和解。

初六爻辞

初六：童观，小人无咎，君子吝。

象曰：初六童观，小人道也。

白话文解释

初六：幼稚而浅陋的观察，小人物没有灾祸，君子会有恨惜。

《象辞》说：初六幼稚而浅陋的观察，是小人物的观察方式。

漠元解卦

初六阴居下位，仰观九五，被前面群阴所阻，距离遥远，目光短浅，犹如孩童一样幼稚而浅陋的观察事物，称为"童观"。初六失位不正，没有远大卓识，对于小人物来讲，没有灾祸，但是对于有远大卓识的君子来说是会有恨惜，所以说"小人无咎，君子吝"。求财小利；婚姻早婚吉；孕产生女；失物为小孩丢失；疾病小口吉，大人凶；征战不利。

六二爻辞

六二：窥观，利女贞。
象曰：窥观女贞，亦可丑也。

白话文解释

六二：暗中观察，利于女子守正。
《象辞》说：暗中观察适合守正的女子，但是对于君子来说不够体面。

漠元解卦

窥观，是由门缝中偷看的意思，指暗中观察。坤为冥，为晦，六二阴柔居坤中，昏暗不明，虽然上与九五相应，但仰观九五时又被六三与六四重阴所阻滞遮蔽，不能正大光明的仰观九五，只能暗中观察，称为"窥观"。六二柔居阴位，居中得正，为女子中正之道，所以说"利女贞"。求财女占得利，男占不利；婚姻吉利；孕产生贵女；家宅妇女持家；疾病阴寒病症可愈；征战不利。

六三爻辞

六三：观我生，进退。
象曰：观我生，进退，未失道也。

白话文解释

六三：观察审视自己，决定进退。
《象辞》说：观察审视自己，决定进退，没有失去准则。

滉元解卦

巽为进退。六三阴居阳位，失位不正，居于上下卦之间，退不能与六二亲比，遇六四阻滞，进不能与上九相应，应当观察审视自己，决定进退，所以说"观我生，进退"。求财得利少；婚姻和合；孕产生女；家宅安稳；失物可得；疾病可愈；征战随机应变，进退自如。

六四爻辞

六四：观国之光，利用宾于王。
象曰：观国之光，尚宾也。

白话文解释

六四：观察国家政教风俗的辉煌表现，利用于朝见君王。
《象辞》说：观察国家政教风俗的辉煌表现，礼尚宾贤。

滉元解卦

宾，为客人，这里指宾礼，西周五礼之一，是天子款待来朝会的四方诸侯和诸侯派遣的使臣向周王问安的礼节仪式。互艮为观；坤为国；六四动变乾卦，为大明，为光。六四阴居阴位，居位得正，位于坤国之上，可以下观国家政教风俗的辉煌表现，所以说"观国之光"。巽为利，为旅客，象宾；王指九五；六四上承九五君王，阴阳相和，能够利用于朝见君王，所以说"利用宾于王"。功名有成；求财得利；婚姻天赐良缘；孕产生贵子；家宅喜事临门；行人不归；疾病凶；征战大胜。

九五爻辞

九五：观我生，君子无咎。
象曰：观我生，观民也。

白话文解释

九五：观察审视自己，君子没有灾祸。

《象辞》说：观察审视自己，观察民众对自己的看法。

溟元解卦

九五中正居尊，为观卦主爻，在上能以刚正大观天下，喻指能够观察审视自己，观察民众对自己的看法，所以说"观我生"。九五互艮为君子，居上观下，下得四阴柔顺敬仰瞻上，没有灾祸，所以说"君子无咎"。功名贵为极品；求财得利；婚姻天作之合；孕产生贵子；家宅吉；失物可寻；疾病可愈；征战大胜。

上九爻辞

上九：观其生，君子无咎。

象曰：观其生，志未平也。

白话文解释

上九：观察审视他人，君子没有灾祸。

《象辞》说：观察审视他人，因为上九志气未平。

溟元解卦

上九与六三阴阳相应，喻指能够观察审视他人，所以说"观其生"。上九阳刚居九五之上，贵而无位，高而无民，宜高尚其事，独善其身，为超脱尘俗的君子，道德为天下万民所仰慕，没有灾祸，所有说"君子无咎"。求财得利；婚姻和合；孕产生男；家宅大吉；词讼可结；疾病凶；征战凯旋归来。

火雷噬嗑

第二十一卦：噬嗑卦（火雷噬嗑）

噬嗑：亨。利用狱。

象曰：雷电噬嗑。先王以明罚敕法。

白话文解释

噬嗑卦：亨通。利于施刑治狱。

《象辞》说：上卦离为电，下卦震为雷，雷电交击，是噬嗑的卦象。先王应当严明刑罚，肃正法律。

淏元解卦

下震上离相叠。初九与上九两阳爻象人的上下鄂，上下鄂之间的九四阳爻象口中所含之物，口里有物，初九下鄂动，上九上鄂合，咬碎九四之物，物消上下鄂合拢，称为"噬嗑"。噬嗑为咀嚼，为聚合，为食，食物下咽则口合，口里有物则不合，不合则不通，咬碎合拢可得颐养而亨通，所以"亨"。离为明，震为讼，为惩，为宽仁，互卦坎为狱，为罪，为罚，讼狱罚罪，宽仁明惩，所以说"利用狱"。离为电，为光，电光可明察秋毫；震为雷，雷能震慑不正；雷电交击，万物不能怀邪，先王观此卦象，应当严明刑罚，肃正法律。

大象： 下鄂动上鄂合，嚼断中阻之物，和合颐养，而得亨通。

运势： 事有阻隔，会有纷争，宜积极进取，不为利益诱惑，可保安然无事。

天时： 有雷电，但无雨。

事业： 利于刑狱相关职务。

求财： 得利。

婚姻： 百年好合。

胎孕： 生女或双生，秋冬则生男，九月产妇有灾。

交易： 可成。

出行： 先遇阻，后顺畅。

疾病： 手足灾，口齿疼痛，饮食少进，宜往西北方求医。

词讼： 判决公正。

初九爻辞

初九：屦校灭趾，无咎。

象曰：屦校灭趾，不行也。

白话文解释

初九：足戴刑具遮住了脚趾，没有灾祸。

《象辞》说：足戴刑具遮住了脚趾，不能行动了。

漠元解卦

屦，从履，鞋子，这里指脚上穿戴；校，指刑具；灭，没，遮住的意思。震为趾，初九居震下象屦，九四互坎为校。初九与九四同阳不能相应，阳刚相敌，受到刑罚，喻指足戴刑具遮住了脚趾，所以说"屦校灭趾"。初九阳居阳位，居位得正，屦校灭趾，小惩大诫，能使其不重蹈覆辙，没有大的灾祸，所以说"无咎"。求财不利；婚嫁不利；孕产生男，防脚疾；家宅宜改造；疾病防脚部问题，医治可愈；征战不利。

163

六二爻辞

六二：噬肤灭鼻，无咎。

象曰：噬肤灭鼻，乘刚也。

白话文解释

六二：咬合柔软的肉遮住了鼻子，没有灾祸。

《象辞》说：咬合柔软的肉遮住了鼻子，因为六二乘于初九阳刚之上。

澳元解卦

肤是柔软的肉；灭鼻指遮住鼻子。六二互艮为肤，为鼻，上互卦为坎，艮陷坎下，象灭鼻。六二居中得正，得初九刚正比和，用刑公正得当，能使受刑人心服，犹如咬合柔软的肉而遮住了鼻子那样容易，没有灾祸，所以说"噬肤灭鼻，无咎"。求财得利；婚姻必成；孕产生男；家宅不吉；词讼宜和；疾病可愈；征战有利。

六三爻辞

六三：噬腊肉，遇毒，小吝，无咎。

象曰：遇毒，位不当也。

白话文解释

六三：咬合腊肉，遇毒，小有恨惜，没有灾祸。

《象辞》说：遇毒，因为六三阴居阳位，居位不当。

溟元解卦

腊肉，肉中藏骨，难以咀嚼。六三互坎为肉，阴居阳位，有腊肉之象。坎为毒，六三不中不正，与上九正应，上承九四阳刚，因与上九用情偏颇，遭到九四嫉妒怨恨，犹如咬合腊肉无法嚼碎而遇毒一样，会小有恨惜，所以说"噬腊肉，遇毒，小吝"。六三与上九相应相合，没有灾祸，所以说"无咎"。求财不利；婚姻先阻后成；孕产生女；家宅不安；行人未归；疾病可愈；征战不利。

九四爻辞

九四：噬干胏，得金矢。利艰贞，吉。
象曰：利艰贞吉，未光也。

白话文解释

九四：咬合带骨的干肉，得刚直。利于艰难守正，吉利。
《象辞》说：利于艰难守正吉利，还没有进入光明的境地。

溟元解卦

干胏，带骨的干肉；九四居离，离为火，互坎为肉，火烤肉干，九四阳刚象骨，有干胏之象。九四阳居阴位，居位不中不正，刑人不服，犹如咬合带骨的干肉，所以说"噬干胏"。九四互艮为金；离为矢，象金矢。金为刚，矢为直，金矢喻指刚直。九四虽刑人不服，但是柔位遇刚，能得其刚直，深得用刑的方法，所以说"得金矢"。九四互坎为陷，与初九同阳不能相应，施刑遭遇艰难，利于在艰难中坚守正道，所以说"利艰贞"。九四虽然施刑不顺，但禀性刚直，能上与六五阴阳相合而获吉，所以说

"吉"。功名可成；求财得利；婚嫁大吉；孕产生男；家宅隆昌；行人未归；疾病调理可愈；征战大胜。

六五爻辞

六五：噬干肉，得黄金。贞厉，无咎。

象曰：贞厉无咎，得当也。

白话文解释

六五：咬合干肉，得中坚。宜守正，虽有危险，但没有灾祸。

《象辞》说：守正危险没有灾祸，因为六五居中符合正当治狱之道。

溪元解卦

六五居离，离为火，互坎为肉，火烤肉干，六五柔而无骨，有干肉之象。六五以阴居阳，失位不正，刑人不服，犹如咬合干肉一样，所以说"噬干肉"。离为黄，九四互艮为金，六五履艮金上，象黄金。黄喻中，金喻坚刚，六五居尊执中，为刑狱之君，得九四阳刚比辅，刚柔相济，能得其中坚，所以说"得黄金"。六五以阴居阳，居位不正，宜坚守正道，与六二不应为敌，虽然开始会有危险，但是能得九四中坚，用刑得当，没有灾祸，所以说"贞厉，无咎"。求财得利；婚姻和合；孕产生男；家宅坐向大利；失物即得；疾病可愈；征战得利。

上九爻辞

上九：何校灭耳，凶。

象曰：何校灭耳，聪不明也。

白话文解释

上九：肩负刑具遮住了耳朵，凶险。

《象辞》说：肩负刑具遮住了耳朵，因为上九不能审明事理。

漠元解卦

何与荷同，为担负、背负、肩负的意思；校，指刑具；灭，没，遮住的意思。上九与六三相应，六三互坎互艮，坎为校为耳，艮为背，艮背肩负坎校，喻指肩负刑具遮住了耳朵，所以说"何校灭耳"。上九居噬嗑之极，不中不正，自恃刚强，积小恶成大恶，为罪大恶极，刑之极限，不能赦免，性命将尽，凶险之兆，所以说"凶"。求财不利；婚姻凶；孕产生男，防耳聋；家宅预防意外之灾；疾病凶险；征战凶险。

 **山火贲**

第二十二卦：贲卦（山火贲）

贲：亨。小利有攸往。

象曰：山下有火，贲。君子以明庶政，无敢折狱。

白话文解释

贲卦：亨通。小利于有所前往。

《象辞》说：上卦艮为山，下卦离为火，山下有火，是贲卦的卦象。君子应当明察政事，不草率判案用狱。

淉元解卦

下离上艮相叠。艮为山为厚，离为火为明。山下有火，山厚藏质朴，火熠显文明，下火上炎，文质昭明，称为"贲"。贲为饰、美的意思。无质不立，无文不亨，万物有所修饰而能得亨通，所以说"亨"。艮止离明，六五阴柔，居尊得中，所得所进皆小，所以说"小利有攸往"。艮为君子，离为文明，艮外离内，喻指君子内含文明，君子观此卦象，应当明察政事，不草率判案用狱。

大象： 山下有火，山厚藏质朴，火熠显文明，文质昭明。

运势： 表面风光，好修饰，多虚少实，不断充实自己，量力而行。

天时： 阴雨未晴，待久后方晴。

事业： 精明能干，声名有成。

求财： 不适合买卖求财，宜空手求财。

婚姻： 男女和合，防女有疾病。

168

胎孕：生男，母子凶险，空喜之象；生女则有险无伤。

交易：有阻后成。

出行：欲行不行，心中反复不定。

疾病：头痛，手脚无力，宜东南方求医。

词讼：喜中有讼，先喜，中忧，后和解。

初九爻辞

初九：贲其趾，舍车而徒。

象曰：舍车而徒，义弗乘也。

白话文解释

初九：文饰脚趾，舍车不乘徒步行走。

《象辞》说：舍车不乘徒步行走，初九所处位置理应不用乘车。

淏元解卦

初九与六四相应，六四互震为趾；互坎为车，初九在坎车下，喻指徒步不乘车。离为光明，初九位于离卦，居位得正，阳刚居下，刚毅贤明，用文饰脚趾比喻，舍车不乘情愿徒步行走，说明其志向高洁，所以说"贲其趾，舍车而徒"。求财小利；婚姻可成；孕产生女；家宅勤俭持家吉；词讼有凶；疾病凶危；征战不利。

六二爻辞

六二：贲其须。

象曰：贲其须，与上兴也。

白话文解释

六二：文饰胡须。

《象辞》说：文饰胡须，说明六二是上与九三兴起文饰。

滉元解卦

六二阴柔居离，文明中正，上附于九三，犹如胡须附于面部。六二与九三在上卦都没有正应，彼此阴阳亲比，异性相吸，同心兴起而互相文饰，喻指文饰胡须，所以说"贲其须"。求财得利；婚姻晚成；孕产生女；家宅门庭光大；疾病可愈；征战大胜。

九三爻辞

九三：贲如濡如，永贞吉。

象曰：永贞之吉，终莫之陵也。

白话文解释

九三：文饰得光泽柔润，永远守正吉利。

《象辞》说：永远守正吉利，因为最终不会有人凌驾在上面。

滉元解卦

贲如濡如，光泽柔润之象。九三阳刚与上九不能相应，居六二与六四两阴爻中间，文饰得光泽柔润，所以说"贲如濡如"。九三阳居阳位，居位得正，得六二与六四上下亲比，只要永远坚守正道，就会吉利，所以说"永贞吉"。求财得利；婚姻百年好合；孕产生男；家宅风水宝地；词讼吉；行人荣归；疾病带病延年；征战大胜。

六四爻辞

六四：贲如皤如，白马翰如，匪寇婚媾。

象曰：六四当位，疑也。匪寇婚媾，终无尤也。

白话文解释

六四：文饰素白纯美，骑着纯洁的白马奔驰而去，不是寇盗，而是求婚。

《象辞》说：六四虽当位得正，但心怀疑惧。不是寇盗，而是求婚，最终没有过失。

澳元解卦

皤为素白色；翰为白。六四居离明之外，艮止之初，贲饰盛极而反，文饰变得素白纯美，所以说"贲如皤如"。六四居位得正，与初九相应，前去求饰心切，喻指骑着纯洁的白马奔驰而去，所以说"白马翰如"。互坎为寇盗。六四与初九阴阳正应，虽然遇九三与六二阻隔，但是九三刚正，六二中正，九三与六二阴阳相亲，不是寇盗，而是求婚。九三与六二不相阻隔，最终六四与初九相应而互相文饰，所以说"匪寇婚媾"。求财不利；婚嫁终成；孕产生女；家宅不安；疾病可愈；征战议和。

六五爻辞

六五：贲于丘园，束帛戋戋，吝，终吉。

象曰：六五之吉，有喜也。

白话文解释

六五：文饰于朴实的山丘园林，用少量丝织品，有恨惜，最终吉利。

《象辞》说：六五的吉利，是指会有喜庆。

澳元解卦

丘园，远离繁华，隐士所居住的质朴安静的场所，这里取艮象，喻指外卦上九。六五阴柔居尊，六二不能与其相应，只能求贤于上九，与上九阴阳比和，喻指文饰于朴实的山丘园林，所以说"贲于丘园"。束帛，周朝皆以束帛为十端，每端丈八尺，两端合卷为五匹，是古代求贤或探望赠人的礼物。六五动变巽，巽为帛，为五，象束帛。戋戋，礼物浅少的意思。六五具备柔中之德，崇尚俭约，志在求贤，礼薄意厚，所以说"束帛戋戋"。六五文饰虽美，下与六二不能相应，会有恨惜，所以说"吝"。但是上九能与六五阴阳合志，最终吉利，所以说"终吉"。求财得利；婚姻聘礼虽少，但能百年好合；孕产生男；家宅家风纯朴，大吉；失物在；行人至；疾病调养可愈；征战大胜。

上九爻辞

上九：白贲，无咎。

象曰：白贲，无咎，上得志也。

白话文解释

上九：文饰朴素无华，没有灾祸。

《象辞》说：文饰朴素无华，没有灾祸，是因为上九与六五亲比，而得朴素文饰的心志。

漠元解卦

白贲，为朴素无华的文饰。上九为贲卦之终，与六五阴阳比和，崇尚俭约，一切文饰返璞归真，朴素无华，没有灾祸，所以说"白贲，无咎"。功名从事艺术大吉；求财得利；婚姻夫妻志趣高尚；孕产生男；家宅简约质朴；失物高处可寻；疾病可愈；征战大胜。

山地剥

第二十三卦：剥卦（山地剥）

剥：不利有攸往。

象曰：山附于地，剥。上以厚下安宅。

白话文解释

剥卦：不利于有所前往。

《象辞》说：上卦艮为山，下卦坤为地，山附地上，坤阴载覆，是剥卦的卦象。上者应当以厚德使下者安居乐业。

漠元解卦

下坤上艮相叠。艮为山，坤为地，山附于地，地能载山，也能覆山；五阴在下，一阳在上，阳消阴长，阴盛而阳孤，五阴消阳，剥落之象，称为"剥"。剥又为消息卦，代表九月，九月建戌，阴长阳消，五阴剥落一阳，喻指小人道长，君子道消，不利于有所前往，所以说"不利有攸往"。艮为君子，为厚，为居；坤为民，为安，为业，君子观此卦象，应当以厚德使人民安居乐业。

大象： 五阴在下，一阳在上，阳消阴长，五阴剥一阳，剥落之象。

运势： 运势不顺，小人当道，事多受损，宜守不宜进。

天时： 阴晦。

事业： 不顺利，宜坚守正道，不宜妄进。

求财： 小利。

婚姻： 有阻。

胎孕： 生女，先危后安。

交易： 有阻不成。

出行： 宜结伴同行。

疾病： 心腹疼或脓血之灾，宜往西南方求医。

词讼： 因钱财争斗，若诉讼则散，不诉讼防有牢狱之灾。

初六爻辞

初六：剥牀以足，蔑贞，凶。

象曰：剥牀以足，以灭下也。

白话文解释

初六：牀脚剥落，侵袭正道，凶险。

《象辞》说：牀脚剥落，从下开始毁坏。

湨元解卦

牀，古代像床一样可以安身坐卧的家具，取剥卦艮象。初六动变震卦，震为足。初六居剥卦起始，象牀足，喻指牀已剥落至足，所以说"剥牀以足"。蔑为灭，侵蚀的意思；贞为正。初六阴柔不正，没有应比，阴气渐长，侵袭正道，凶险，所以说"蔑贞，凶"。求财不利；婚姻不成；孕产生女，防脚疾；词讼受人欺；疾病凶险；征战大凶。

六二爻辞

六二：剥牀以辨，蔑贞，凶。

象曰：剥牀以辨，未有与也。

白话文解释

六二：牀脚与牀板间剥落，侵袭正道，凶险。

《象辞》说：牀脚与牀板间剥落，没有辅佐。

渼元解卦

辨指牀脚以上，牀板以下。六二位于初六牀足以上，剥落已由下至牀脚以上，所以说"剥牀以辨"。六二上下没有应比，孤立无援，没有辅佐，阴气渐长，侵袭正道，凶险，所以说"蔑贞，凶"。求财不利；婚姻不成；孕产生女难养；家宅不安，宜迁；失物不可寻；疾病凶危；征战大凶。

六三爻辞

六三：剥之，无咎。

象曰：剥之无咎，失上下也。

白话文解释

六三：剥落，没有灾祸。

《象辞》说：剥落没有灾祸，是因为六三脱离上下群阴而独应上九。

渼元解卦

六三阴居阳位与上九阴阳相应，群阴剥阳之时，六三独自助阳，不与上下众阴同流合污，喻指以小人之身而保全君子，没有灾祸，所以说"剥之，无咎"。求财得利；婚姻和合；孕产生男；家宅宜改造趋吉；出行不利；疾病可愈；征战可胜。

六四爻辞

六四：剥牀以肤，凶。

象曰：剥牀以肤，切近灾也。

白话文解释

六四：牀面脱落危害到肌肤，凶险。

《象辞》说：牀面脱落危害到肌肤，灾祸近在眼前。

淏元解卦

六四居艮，艮为肤。六四上下没有应比，阴长已盛，剥阳已深，灾祸将近六五，喻指已经剥落到了牀上人的体表肌肤，因此凶险，所以说"剥牀以肤，凶"。求财不利；婚姻不成；孕产生女，防产妇有危；家宅破败，宅运已凶；疾病凶危；征战凶险。

六五爻辞

六五：贯鱼，以宫人宠，无不利。

象曰：以宫人宠，终无尤也。

白话文解释

六五：像众多鱼穿成一串，引领众嫔妃承宠于君王，没有不利。

《象辞》说：引领众嫔妃承宠于君王，最终没有过失。

淏元解卦

六五动变巽卦，巽为绳，为鲋，鲋指鲫鱼，象"贯鱼"。贯鱼是指五个阴爻排列在下，像众多鱼连成一串。艮为宫室，象"宫人"，宫人指嫔妃，柔美受制于阳者。六五居尊，以阴承阳，而得"宠"。六五位于五个阴爻最上方，柔居尊位，剥落时，六五与上九阳爻能相亲相助，六五压制下面众阴，不再上行剥落上九；鱼与宫人都是阴象，六五为群阴之首，能率领下面众阴，犹如众多的鱼穿成一串，依名分序，共同归附于上九阳爻，没有任何不利，所以说"贯鱼，以宫人宠，无不利"。求财得利；婚姻可成；孕产生女；疾病阴亏可愈，防色欲过度；行人携伴而归；征战可胜。

上九爻辞

上九：硕果不食，君子得舆，小人剥庐。

象曰：君子得舆，民所载也；小人剥庐，终不可用也。

白话文解释

上九：丰硕的果实没有被吃掉，君子乘坐华丽的车子，小人房屋被剥除。

《象辞》说：君子乘坐华丽的车辆，得到百姓拥戴；小人房屋被剥除，最终不可用。

漠元解卦

硕是大，丰硕；庐为房屋；舆是车子。艮为硕果，上九居艮，为仅存的一阳没有被剥落，喻指丰硕的果实没有被吃掉，所以说"硕果不食"。艮为君子，坤为舆，上九一阳独大，为艮卦主体，众阴归阳，阳气复生，上九得到众阴承载，喻指君子乘坐华丽的车子，所以说"君子得舆"。坤为小人，艮为庐，如果小人剥去君子，最终失去上九的庇护，喻指小人失去房屋，所以说"小人剥庐"。求财微利；婚姻和合；孕产生男；家宅宜厚德持家；疾病凶险；词讼散去；失物难寻；征战不利。

地雷复

第二十四卦：复卦（地雷复）

复：亨。出入无疾，朋来无咎。反复其道，七日来复，利有攸往。

象曰：雷在地中，复。先王以至日闭关，商旅不行，后不省方。

白话文解释

复卦：亨通。出去回来没有疾患，朋友前来没有灾祸。重复一定的规律，七天就能回复，利于有所前往。

《象辞》说：上卦坤为地，下卦震为雷，雷在地中，阳气回复，是复卦的卦象。先王规定在冬至这一天关闭城门，商贾旅客不再外出远行，君王自己也不巡行四方。

渟元解卦

下震上坤相叠。坤上震下，一阳位于五阴之下，阴极而阳复，反体剥，对体姤，称为"复"。阳气复生而得亨通，所以说"亨"。外坤内震，坤顺震动，出震入坤，震一阳复来，气势微弱，以顺而动，气势不伤，出去回来都没有疾患，所以说"出入无疾"。初九一阳复来，群阴以阳为朋，阴阳交合而畅通无阻，喻指朋友前来没有灾祸，所以说"朋来无咎"。阳气循环往复，阳化阴，阴变阳，阴阳变化，天地万物进化的法则，重复一定的规律，称为"反复其道"。周初纪日，依据月亮盈亏规律，将每月分为四期，每期七日，由月初至月末依次为初吉，既生霸、既望、既死霸，七日为周期转化的时间，初爻至六爻再复初爻刚好为"七数"，喻指七天阳气就能回复，所以说"七日来复"。复为消息卦，代表十一月，十一月建子，阴极之至，阳气始生，利于有所前往，往则阳长阴消，所以说"利有攸往"。十一月气为冬至；坤为地，为闭关，为方，为万民；震为雷，为行。雷伏藏地中，先王观此卦象，规定在冬至这一天关闭城门，万民不再外出远行，君王自己也不巡行四方。

大象： 雷伏藏地中，一阳位于五阴之下，阴极阳复，万象更生。

运势： 时来运转，生机勃勃，谋事能成，遵循正道，不宜急进。

天时： 时阴时晴，防地震。

事业： 发展有序，逐渐成就。

求财： 得利。

婚姻： 初春易成，其他季节开始反复，最后终成，妇人脚大。

胎孕： 生男或是双生。

交易： 反复难成。

出行： 宜有人同行。

疾病： 心腹疼痛，痰火症状，或呕吐，宜往东方求医。

词讼： 暂时不能和解。

初九爻辞

初九：不远复，无祇悔，元吉。

象曰：不远之复，以脩身也。

白话文解释

初九：起步不远就返回，没有大的悔恨，大吉。

《象辞》说：出外不远就返回，因为初九善于修行自身。

澳元解卦

祇，为大的意思。初九阳居阳位，居位得正，以一阳位于众阴之下，为复道开始，处于内卦，起步不远就返回，没有大的悔恨，可得大吉，所以说"不远复，无祇悔，元吉"。求财得利；婚姻先散后成，大吉大利；孕产生男；家宅大吉；词讼初审不利，再上诉大吉；行人即归；失物可寻；疾病调养可愈；征战转败为胜，大吉。

六二爻辞

六二：休复，吉。
象曰：休复之吉，以下仁也。

白话文解释

六二：美好的返回，吉利。
《象辞》说：美好的返回带来的吉利，是六二能够亲近下位的仁士。

澳元解卦

休为美好，美善。六二阴居阴位，居位得正，志于从阳，下与初九阴阳亲比。六二能够美好的返回，亲近下位的仁士，吉利，所以说"休复，吉"。求财得利；婚姻和合；孕产生女；家宅大吉；失物低处可寻；疾病可愈；征战宜养精蓄锐。

六三爻辞

六三：频复，厉，无咎。
象曰：频复之厉，义无咎也。

白话文解释

六三：忧愁不乐的返回，危险，没有灾祸。

《象辞》说：忧愁不乐的返回带来的危险，理应没有灾祸。

滇元解卦

频为频蹙之貌，忧愁不乐之状。六三阴居阳位，无应无比，复善艰难，喻指忧愁不乐的返回，所以说"频复"。六三不中不正，处震卦之极，处境危险，但是居于内卦，能忧愁求复，没有误入歧途，没有灾祸，所以说"厉，无咎"。求财先支出后得利；婚姻不成；孕产开始难产，后生男；家宅迁移不安；失物难寻；行人未归；词讼不吉；疾病凶危；征战凶险。

六四爻辞

六四：中行独复。

象曰：中行独复，以从道也。

白话文解释

六四：中途独自返回。

《象辞》说：中途独自返回，是指能够独自顺从阳刚之道。

滇元解卦

六四阴居阴位，居位得正，位于五阴之中，独应初九阳爻，喻指中途独自返回，顺从阳刚之道，所以说"中行独复"。求财得利；婚嫁和合；孕产生男；家宅阴盛阳衰；失物中途可寻；行人中途返回，结伴而行；疾病可愈；征战宜中道设伏。

六五爻辞

六五：敦复，无悔。

象曰：敦复无悔，中以自考也。

白话文解释

六五：敦厚的返回，没有悔恨。

《象辞》说：敦厚的返回，没有悔恨，是因为六五居中能自察成就复道。

漠元解卦

敦为厚，敦厚。坤象厚，所以说"敦"。六五尊位柔居坤中，有柔中之德，能敦厚返回，没有悔恨，所以说"敦复，无悔"。求财得利；婚姻不成；孕产生男；家宅光耀；疾病可愈；征战大胜。

上六爻辞

上六：迷复，凶，有灾眚。用行师，终有大败，以其国君凶，至于十年不克征。

象曰：迷复之凶，反君道也。

白话文解释

上六：迷途难返，凶险，有灾殃祸患。用于出兵作战，终有大败，必使国君遭遇凶险，直到十年之久不能再征战。

《象辞》说：迷途难返遭遇凶险，因为上六违反君王之道。

漠元解卦

坤为迷，上六居坤极复终，无应无比，迷途难返，凶险，灾殃祸患不能避免，所以说"迷复，凶，有灾眚"。震为行，坤为师。上六与六三不应为敌，迷途难返，用于出兵作战，终有大败，所以说"用于行师，终有大败"。坤为国，上六动变艮为君子，象国君；坤为十年；震为征。行师大败，必使国君遭遇凶险，元气大伤，直到十年之久不能再征战，所以说"以其国君凶，至于十年不克征"。求财不利；婚姻不顺；孕产生女，不吉；家宅不吉；行人不归，在外凶险；疾病凶危；征战大败。

天雷无妄

第二十五卦：无妄卦（天雷无妄）

无妄：元亨，利贞。其匪正有眚，不利有攸往。

象曰：天下雷行，物与无妄。先王以茂对时，育万物。

白话文解释

无妄卦：大亨通，利于守正。所为不正则有灾害，不利于有所前往。

《象辞》说：上卦乾为天，下卦震为雷，天下雷行，万物不妄动，是无妄的卦象。先王应当以天雷的盛大威势来顺应天时变化，孕育万物。

漠元解卦

下震上乾相叠。乾为天，震为行，互巽为顺，互艮为时，顺天时而行，称为"无妄"。乾为健，震为动，动而能健，二五中正，诚实无妄，大得亨通，利于守正，所以说"元亨，利贞"。如果不能守正而妄动，则有灾害，不利于有所前往，所以说"其匪正有眚，不利有攸往"。上乾为天，下震为雷，天下雷行，万物不敢妄动。乾为先王，为茂，为物；震为育；互艮为时；先王观此卦象，应当以天雷的盛大威势来顺应天时变化，孕育万物。

大象：天下雷行，万物不敢妄动，顺天时而行，动而能健，中正无妄，亨通利正。

184

运势： 诸事顺其自然，守正吉利，如果行为不正，必招致灾祸。

天时： 晴。

事业： 正当行业吉利，偏业凶险。

求财： 得利。

婚姻： 难成，无心相合，若重婚再嫁可成。

胎孕： 生男则贵子，生女产妇有灾。

交易： 不成，宜守旧。

出行： 暂时未动，有虚惊但没有灾祸。

疾病： 胸有积物，气急呕吐，血脓之灾，宜往西南方求医。

词讼： 多因死亡之事，或为女人不和，有争讼，终得和解，贵人不得力。

初九爻辞

初九：无妄，往吉。

象曰：无妄之往，得志也。

白话文解释

初九：没有妄为，前往吉利。

《象辞》说：没有妄为而前往，进取的志愿会得以实现。

溟元解卦

初九处震卦初，阳居阳位，居位得正没有妄为，所以说"无妄"。阳遇阴则畅通无阻，初九与六二阴阳相比，前往吉利，所以说"往吉"。求财得利；婚姻入赘吉利；孕产生男；家宅宜迁；疾病出外就医可治；征战进攻吉。

六二爻辞

六二：不耕获，不菑畲，则利有攸往。

象曰：不耕获，未富也。

白话文解释

六二：不期望从事耕耘带来收获，不谋求开垦变为良田，则利于有所前往。

《象辞》说：不期望从事耕耘带来收获，六二没有妄求富实。

漠元解卦

菑，指初垦的瘠田，喻指开垦；畲即熟田，耕种多年的良田。六二柔顺中正，心没有妄念，不会妄行，不期望从事耕耘带来收获，不谋求开垦变为良田，所以说"不耕获，不菑畲"。六二得初九比辅，遇六三阻滞与九五不能相应，能安守本位，不妄求，则利于有所前往，所以说"则利有攸往"。求财多得意外之财；婚姻和合；孕产生女；家宅吉顺；疾病无妨；失物难寻；词讼和解；征战获胜。

六三爻辞

六三：无妄之灾。或系之牛，行人之得，邑人之灾。

象曰：行人得牛，邑人灾也。

白话文解释

六三：没有妄为却有灾。如同拴着头牛，行人牵走牛，丢牛的邑人蒙受灾难。

《象辞》说：行人牵走牛，丢牛的邑人蒙受灾难。

溟元解卦

六三失位不正，上承乾卦三阳，相应上九，亲比九四，被阳刚所系，喻指没有妄为而生灾，称为"无妄之灾"。六三互巽为绳，动变离为牝牛，有系牛之象；九四居乾为行人；六三互艮为邑人。六三欲应上九必经九四，因此被相邻的九四所系，为九四所得，六三受灾，如同拴着头牛，行人牵走牛，丢牛的邑人蒙受灾难，所以说"行人之得，邑人之灾"。求财不利；婚姻远嫁远娶；孕产生男；家宅防寇；失物难寻；疾病可愈；征战行军胜，守军败。

九四爻辞

九四：可贞，无咎。
象曰：可贞无咎，固有之也。

白话文解释

九四：可以守正，没有灾祸。
《象辞》说：可以守正没有灾祸，是九四固有的品质。

溟元解卦

九四阳居阴位，失位不正，与初九同阳不能相应，得六三邻比，获六三之牛，六三以阴从阳，九四没有妄为，可以守正而没有灾祸，所以说"可贞，无咎"。求财得利；婚姻和合；孕产生男；失物可寻；行人未归；词讼有头无尾；疾病可愈；征战不宜妄进。

九五爻辞

九五：无妄之疾，勿药有喜。
象曰：无妄之药，不可试也。

白话文解释

九五：没有妄为而得病，不用服药，会有喜庆的事情。

《象辞》说：没有妄为所开具的药，不能随便试服。

澳元解卦

九五遇九四阻滞不能与六二相应，喻指没有妄为而得病，所以说"无妄之疾"。九五中正居尊，刚正善治，纵是偶遇小疾，也能不药自愈，喻指不用服药，就有喜庆的事情，所以说"勿药有喜"。求财得利；婚姻和合；孕产生男；家宅有喜；词讼能胜；失物可寻；疾病勿药自愈；征战不利。

上九爻辞

上九：无妄，行有眚，无攸利。

象曰：无妄之行，穷之灾也。

白话文解释

上九：没有妄为，行进有灾害，没有利益。

《象辞》说：没有妄为而行进，会有穷途末路的灾祸。

澳元解卦

上九阳居阴位，不中不正，居无妄之终，穷途末路，失正而行，欲与六三相应，遭九五阻滞为敌，喻指没有妄为，行进也会有灾害，没有利益，所以说"无妄，行有眚，无攸利"。求财不利；婚姻可成；孕产生男；疾病宜调养；失物难寻；征战不利。

山天大畜

第二十六卦：大畜卦（山天大畜）

大畜：利贞。不家食，吉。利涉大川。

象曰：天在山中，大畜。君子以多识前言往行，以畜其德。

白话文解释

大畜卦：利于守正。不在家吃饭，吉利。利于涉川历险。

《象辞》说：上卦艮为山，下卦乾为天，天气积蓄山中，是大畜的卦象。君子应当广泛了解前人的言行，来积蓄自己的美好品德。

漠元解卦

下乾上艮相叠。艮为山，乾为天，外艮内乾，天气积蓄山中，为以艮畜乾；艮为止，乾为大，乾阳上升，被艮所止，艮体笃实，厚其积储，所畜者大，称为"大畜"。所畜刚健，非正不可，所以说"利贞"。艮为居，象家，互卦震为百谷，象食，都在外卦；震为诸侯，艮为官，为宫室。当官广聚于宫室，在外吃饭，所以说"不家食"。乾为利，互震为舟，艮为山，为大川，大畜之时，守正畜贤，没有忧难，利于涉川历险，所以说"利涉大川"。乾为前，为言，为行，为德，君子观此卦象，应当广泛了解前人的言行，来积蓄自己的美好品德。

大象：乾阳上升，被艮所止，艮体笃实，厚其积储。

运势： 凡事宜坚守正道，脚踏实地，好运来临，无往不利，切忌刚傲。

天时： 先雨后晴。

事业： 荣显发达。

求财： 财源滚滚而来。

婚姻： 配富贵之家，大吉大利。

胎孕： 生贵子。

交易： 可成。

出行： 有阻，迟可动。

疾病： 寒热，心腹浮肿，宜往东北方求医。

词讼： 多因田土之争，先损耗，后得胜诉。

初九爻辞

初九：有厉，利已。

象曰：有厉利已，不犯灾也。

白话文解释

初九：有危险，利于停止。

《象辞》说：有危险利于停止，不会带来灾祸。

溪元解卦

初九阳居阳位，居位得正，欲与六四相应，遇九二与九三阻滞为敌，有危险，利于停止，所以说"有厉，利已"。功名晚成；求财得利；婚姻妇掌夫权；孕产生男；家宅前方高，宜改善风水；出行不利；失物可寻；词讼宜和解；疾病可愈；征战不利。

九二爻辞

九二：舆说輹。

象曰：舆说輹，中无尤也。

白话文解释

九二：车辐条脱落。

《象辞》说：车辐条脱落，九二居中没有过失。

澳元解卦

说，为脱离；輹通辐，车伏兔，垫在车箱和车轴之间的木块，上面承载车箱，下面呈弧形架在轴上。乾为大车，为舆，九二互兑为说，九三互震为輹，艮为止，有大车辐条脱落停止之象。九二阳居阴位，失位不正，欲与六五相应，遇九三阻滞，喻指车辐条脱落不能前进，所以说"舆说輹"。功名宜待时而进；求财不利；婚姻先阻后成；孕产生男，防足疾；家宅宜翻新；词讼败后和解；疾病腹疾可愈；征战不利。

九三爻辞

九三：良马逐，利艰贞。曰闲舆卫，利有攸往。

象曰：利有攸往，上合志也。

白话文解释

九三：骑上良马追逐，利于在艰难中守正。练习车技护卫本领，利于有所前往。

《象辞》说：利于有所前往，是因为九三与六四意志相合。

淏元解卦

逐，追赶；曰，助词；闲是学习，训练；舆是车；卫是防卫。乾为良马，震为逐，九三阳刚居正，刚健利行，可以驰骋，犹如骑上良马向前追逐，所以说"良马逐"。九三与上九同阳不能相应而为敌，阳刚亢极，冒进有失，利于在艰难中坚守正道，练习车技护卫本领，所以诫以"利艰贞，曰闲舆卫"。阳遇阴则畅通无阻，九三上与六四阴阳亲比，利于有所前往，所以说"利有攸往"。功名可成；求财先难后易；婚姻可成；孕产生男；家宅勤劳兴家；词讼宜和；疾病宜调养；征战有利。

六四爻辞

六四：童牛之牿，元吉。
象曰：六四元吉，有喜也。

白话文解释

六四：小牛的犄角上绑着防止撞人的横木加以约束，大吉。
《象辞》说：六四大吉，是有喜庆的事情。

淏元解卦

童牛为小牛；牿为横在牛角上的木，以防止触人。六四动变离为牝牛。六四阴居阴位，居位得正，与初九相应，能畜止初九，喻指在小牛的犄角上绑上防止撞人的横木，对其加以约束，使其不能触人，所以说"童牛之牿"。六四与初九阴阳正应，能以柔畜刚，避免强争，可得大吉，所以说"元吉"。功名有成；求财得利；婚姻早婚大吉；孕产生男；家宅大吉；词讼防牢狱；疾病可愈；征战有利。

六五爻辞

六五：豮豕之牙，吉。

象曰：六五之吉，有庆也。

白话文解释

六五：抑制阉割过的公猪的牙，吉利。

《象辞》说：六五的吉利，是指有吉庆之事。

溟元解卦

豮豕，阉割过的公猪。六五动变巽为豕；九二互兑为毁折，为牙；兑折巽根，象"豮豕之牙"。六五与九二阴阳相应，九二阳刚犹如豕牙一样猛利，六五以柔居尊，柔能制刚，能阉割公猪，除去九二豕牙的凶性，所以说"豮豕之牙"。六五能畜止九二，厚其积储，获得吉利，所以说"吉"。功名显达；求财得利；婚姻和合；孕产生女；家宅风水好，大吉；疾病可愈；征战吉利。

上九爻辞

上九：何天之衢，亨。

象曰：何天之衢，道大行也。

白话文解释

上九：行走在天的畅达大道上，亨通。

《象辞》说：行走在天的畅达大道上，是大畜之道得到大通行。

溟元解卦

何与荷同，为担负、背负、行、执行的意思；衢，为道路；天之衢，为天的畅达大道，这里喻指六五君王的旨意。艮为背，象何；乾为天；艮为道，象衢。上九处大畜之极，蓄极则通，动则通泰，虽然阳居阴位，居位不正，但能亲比于六五君王，能够认真执行君王的旨意，践行大畜之道，犹如行走在天的畅达大道上一样亨通，所以说"何天之衢，亨"。功名青云直上；求财得利；婚姻天赐良缘，大吉大利；孕产生男；家宅靠近大道吉利；疾病恐寿终；征战大胜。

☶☳ 山雷颐

第二十七卦：颐卦（山雷颐）

颐：贞吉。观颐，自求口实。

象曰：山下有雷，颐。君子以慎言语，节饮食。

白话文解释

颐卦：守正吉利。观察研究颐养的方法，明白用正道自求口中食物。

《象辞》说：上卦艮为山，下卦震为雷，山下有雷，是颐卦的卦象。君子应当谨慎言语，节制饮食。

渼元解卦

下震上艮相叠。震为雷，为动；艮为山，为止。山下有雷，山在上雷在下，山止于上，雷动于下，上下实而内虚，卦象上下两阳代表上下唇齿，中间四阴象虚而求食，下动而上止，称为"颐"。颐养之道，养正则吉，所以说"贞吉"。艮为观，为求；互坤为自；震为百谷，为口中所食，象口实。观察研究颐养的方法，明白用正道自求口中食物，所以说"观颐，自求口实"。艮为君子，为慎，为节，为制；震为言，为百谷。君子观此卦象，应当谨慎言语，节制饮食。

大象： 山下有雷，山止于上，雷动于下，上下实而内虚，虚而求食，下动而上止。

运势： 节制饮食，谨言慎行，守正吉利，心怀阴谋凶险。

天时： 天色阴沉，欲晴不晴，欲雨不雨。

事业： 声名显达。

求财： 得利少，财运不佳。

婚姻： 男克头妻，女克头夫，后妇从夫，终成。

胎孕： 生男，产妇注意风疾。

交易： 不成，宜守旧。

出行： 宜往西北方，畅通无阻，壬癸日占，去不成。

疾病： 寒热痛，头疼脑晕，服药无效，宜往东北方求医。

词讼： 为言语或饮食引起争讼，宜和解。

初九爻辞

初九：舍尔灵龟，观我朵颐，凶。

象曰：观我朵颐，亦不足贵也。

白话文解释

初九：放弃你灵龟长寿的美质，观察我饮食的样子，凶险。

《象辞》说：观察我饮食的样子，这是不高尚的行为。

漠元解卦

艮为舍；尔，第二人称代词，你的意思，这里指初九；颐卦外阳内阴，为大离象，象灵龟。艮为观；我指六四；朵，同朵，花朵形圆而外张，喻动，取震象；颐，上下颌，也指两腮；朵颐，吃东西两腮鼓起，指饮食的样子。初九阳居阳位，居位得正，能够自养，本来可以像灵龟一样咽息不食而长寿，但是初九上应六四，以阳求养于阴，放弃自己灵龟长寿的美质，觊觎六四的饮食，贪求供养，不能节制饮食而招致凶险，所以说"舍尔灵龟，观我朵颐，凶"。功名不成；求财不利；婚姻不合；孕产生男；家宅不安，宜改善风水；词讼多由饮食或口舌所致，宜和解；疾病节制饮食可愈；征战大凶。

六二爻辞

六二：颠颐，拂经。于丘颐，征凶。

象曰：六二征凶，行失类也。

白话文解释

六二：颠倒向下获取颐养，违反常理。向高地的尊者求取颐养，前往凶险。

《象辞》说：六二前往凶险，因为这种行为会失去同类。

溪元解卦

颠为颠倒；拂是违反；经为常，常理。六二柔居阴位，柔弱不能自养，须求养于阳，上与六五同阴不能相应，而求养于初九，六二颠倒向下获取颐养，违反颐养之道的常理，所以说"颠颐，拂经"。丘，为高地。六五为尊居于高地，六二与六五不能相应，阴遇阴得敌，六二前往而遭遇凶险，所以说"于丘颐，征凶"。功名起落不定；求财不利；婚姻不正，凶危；孕产生女；家宅不安；疾病未愈；征战凶险。

六三爻辞

六三：拂颐，贞凶。十年勿用，无攸利。

象曰：十年勿用，道大悖也。

白话文解释

六三：违反颐养的原则，守正也凶险。十年不能作为，没有利益。
《象辞》说：十年不能作为，是因为与颐养之道违背的太远。

溟元解卦

拂颐，指违反颐养的原则。六三柔居阳位，不中不正，欲与上九相应，遭六四与六五阻滞，不能养人，也不能自养，谄媚奉上，违反了颐养的原则，即使守正也会有凶险，所以说"拂颐，贞凶"。互坤为十年，六三与上九相应，遇六四与六五阻滞而遭遇困难，喻指历时十年都不能作为，没有利益，所以说"十年勿用，无攸利"。功名不成；求财不利；婚姻不成；孕产生男；家宅不安，宜改善风水；疾病凶危；征战凶。

六四爻辞

六四：颠颐，吉。虎视眈眈，其欲逐逐，无咎。
象曰：颠颐之吉，上施光也。

白话文解释

六四：颠倒向下获取颐养，吉利。犹如老虎凶猛的威视，猎取的欲望接连不断，没有灾祸。
《象辞》：颠倒向下获取颐养而带来的吉利，是因为初九能上施光明美德。

溟元解卦

颠为颠倒；眈眈，威视貌，注视貌；逐逐，前赴后继不缺乏，接连不断的意思。六四身处颐卦上体，阴居阴位，居位得正，与初

198

九阴阳正应，欲颠倒颐养方式，向下求养于初九，遇六二与六三阻滞，不能应养，而得初九阳刚主动前来相应颐养，吉利，所以说"颠颐，吉"。艮为视，为虎；互坤为欲；震为逐。六四求养心切，得到初九主动前来颐养，犹如老虎凶猛威视，猎取欲望接连不断一样，没有灾祸，所以说"虎视眈眈，其欲逐逐，无咎"。功名声名远扬；求财得利；婚姻和合；孕产生子；家宅平安；疾病可愈；征战有利。

六五爻辞

六五：拂经，居贞吉，不可涉大川。

象曰：居贞之吉，顺以从上也。

白话文解释

六五：违反常理，安居守正吉利。不可以涉川历险。

《象辞》说：安居守正的吉利，因为六五阴柔顺从上九阳刚。

漠元解卦

六五尊位以阴居阳，居位不正，阴柔不实，与六二不能相应，只能顺承上九阳刚，喻指君主自己不能养人，反而求养于别人，违反君主颐养臣民的常理，所以说"拂经"。艮为居，为山，有川象；坤为水，有涉象。六五阴柔失正，宜安居趋正，顺承上九，以采阳补阴，不可以向下涉川历险，所以说"居贞吉，不可涉大川"。功名不成；求财得利；婚姻不成；孕产生男；家宅宜靠山而居，近水不吉；疾病静养可愈；征战不利。

上九爻辞

上九：由颐，厉吉，利涉大川。

象曰：由颐厉吉，大有庆也。

白话文解释

上九：从这里得到颐养，常怀危厉可获吉利，利于涉川历险。

《象辞》说：从这里得到颐养，常怀危厉可获吉利，大有喜庆。

渼元解卦

由，自，从的意思。颐卦初九与上九两阳合养中间四阴。上九居上与六五亲比，德足能辅助君主颐养天下，由上九这里得到颐养，所以说"由颐"。上九刚居极位，为颐养之主，责任重大，功高盖主，必须常怀危厉可获吉利，所以说"厉吉"。艮为山，有川象；上九动变坤为水，有涉象。上九阳刚在上，下履众阴，阳遇阴则畅通无阻，利于涉川历险，所以说"利涉大川"。功名终成；求财得利；婚姻和合；孕产生子；家宅宜迁；疾病难安；征战有利。

泽风大过

第二十八卦：大过卦（泽风大过）

大过：栋桡。利有攸往，亨。

象曰：泽灭木，大过。君子以独立不惧，遁世无闷。

白话文解释

大过卦：屋梁毁折弯曲。利于有所前往，亨通。

《象辞》说：上卦兑为泽，下卦巽为木，泽水淹灭巽木，是大过的卦象。君子应当独立而不惧怕，隐居遁世也不苦闷。

渼元解卦

下巽上兑相叠。卦象二阴包四阳，四阳居中，阳刚过盛，阳大阴小，大过之象，称为"大过"。兑上巽下，兑为金，为毁折；巽为木，为栋；金克木，栋遭毁折而弯曲，所以说"栋桡"。栋梁毁折弯曲，宜及时修复，消除隐患，才能得以亨通，所以说"利有攸往，亨"。互卦乾独阳无阴，为独，为立，为君子；乾为威，坚刚不惧；巽为退，为伏，象遁世；兑为悦，象不闷。君子观此卦象，应当独立而不惧怕，隐居遁世也不苦闷。

大象：二阴包四阳，四阳居中，阳刚过盛，大过之象。

运势：压力负担过重，宜及时自我调节状态，居安思危，防官非及水险。

天时：阴，多雨雪。

事业：不如意，防是非。

201

求财： 宜合作得利。

婚姻： 虽然年龄有差距，但是还算和合。

胎孕： 生女。

交易： 难成。

出行： 有人同行，不久将归。

疾病： 腰胁病，气急不通，宜往西南方求医。

词讼： 牵连，防身边有人破坏。

初六爻辞

初六：藉用白茅，无咎。

象曰：藉用白茅，柔在下也。

白话文解释

初六：用柔软白茅垫着祭器，没有灾祸。

《象辞》说：用柔软的白茅垫着祭器，是说初六阴柔居下。

澡元解卦

藉，承置祭祀器具的草垫；白茅，洁白的茅草。巽为白茅，初六柔居巽下，上承阳刚，喻指用柔软白茅垫着祭器，所以说"藉用白茅"。初六与九二亲比，同九四阴阳相应，恭敬顺上，没有灾祸，所以说"无咎"。功名有成；求财得利；婚姻和合；孕产生女；家宅荒凉，宜改善风水；失物草地可寻；征战不利。

九二爻辞

九二：枯杨生稊，老夫得其女妻，无不利。

象曰：老夫女妻，过以相与也。

白话文解释

九二：干枯的杨树发出嫩芽，老男人娶少妻，没有不利。

《象辞》说：夫老妻少，年龄差距过大但能和睦相处。

漠元解卦

稊，杨树新长出的嫩芽。巽为杨，九二刚居巽中，与九五不应为敌，象枯杨。九二下与初六亲比，阴阳相生，喻指干枯的杨树发出了嫩芽，所以说"枯杨生稊"。九二互乾为老夫，初六居巽初为少妻；九二与初六阴阳相合，喻指老夫娶少妻，能够孕育繁衍后代，没有不利，所以说"老夫得其女妻，无不利"。功名晚成；求财得利；婚姻老夫少妻，吉；孕产生男；家宅否极泰来；失物可得；疾病虽危可安；征战先败后胜。

九三爻辞

九三：栋桡，凶。

象曰：栋桡之凶，不可以有辅也。

白话文解释

九三：屋梁毁折弯曲，凶险。

《象辞》说：屋梁毁折弯曲带来的凶险，是得不到上六的辅佐支撑导致的。

漠元解卦

栋，房屋正梁；桡，曲木，木头弯曲。兑为金，为毁折；巽为木，为栋；九三刚居阳位，刚亢易折，位于巽兑交接之时，喻指屋梁遭毁折而弯曲。九三欲同上六相应，遇九四与九五阳刚阻滞，不

203

能相应，喻指得不到辅佐支撑而遭遇凶险，所以说"栋桡，凶"。功名不成；求财不利；婚姻不吉；孕产生男，难养；家宅凶险；出行不利；疾病凶危；征战大凶。

九四爻辞

九四：栋隆，吉。有它吝。
象曰：栋隆之吉，不桡乎下也。

白话文解释

九四：屋梁高，吉利。有应与它方会有恨惜。
《象辞》说：屋梁高带来的吉利，是因为九四没有使屋梁朝下弯曲。

渎元解卦

隆，高；有它，有应与它方，指相应初六。巽为高，九四居巽上，喻屋梁高隆。九四阳居阴位，得初六来应，刚柔相济，因此吉利，所以说"栋隆，吉"。九四若前往相应初六，会遇九二与九三阻滞，有恨惜，所以说"有它吝"。功名有成；求财得利；婚姻先阻后成；孕产生男；家宅高大吉利；疾病防胸口问题；征战有利。

九五爻辞

九五：枯杨生华，老妇得其士夫，无咎无誉。
象曰：枯杨生华，何可久也。老妇土夫，亦可丑也。

白话文解释

九五：干枯的杨树开出新花，老妇人婚配少壮男子，没有灾祸也没有称赞。

《象辞》说：干枯的杨树开出新花，生机怎能长久。老妇人婚配少壮男子，这种事总不大光彩。

溪元解卦

九五刚居兑中，兑反为巽，象枯杨。九五与上六亲比，阴阳相生，喻指干枯的杨树开出新花，所以说"枯杨生华"。上六阴极而衰，居兑上为老妇；九五阳刚，动变震为士夫；九五下无应比，与上六阴阳相合，喻指老妇人婚配少壮男子，所以说"老妇得其士夫"。九五亲比上六，刚柔相济，没有灾祸，所以说"无咎"。九五下无正应，与上六极强配极弱，老妇没有孕育繁衍的能力，得不到称赞，所以说"无誉"。功名晚成；求财得利；婚姻不能正配；孕产防不孕不育；家宅不吉；疾病可愈；征战不利。

上六爻辞

上六：过涉灭顶，凶，无咎。
象曰：过涉之凶，不可咎也。

白话文解释

上六：涉水过深淹没头顶，凶险，但没有灾祸。
《象辞》说：涉水过深遭致的凶险，不至于有灾祸。

溪元解卦

兑为泽，互乾为顶，上六居兑极，位于互卦乾的上方，泽在顶上，喻指涉水过深淹没头顶，所以说"过涉灭顶"。上六阴居大过卦终，阴极而衰，柔弱无力，会有凶险，但是上六阴居阴位，居位得正，下有应比，没有灾祸，所以说"凶，无咎"。功名远达；求财不利；婚姻和合；孕产生女；家宅防有塌患；疾病防头部疾患，凶险；征战不利。

坎为水

第二十九卦：坎卦（坎为水）

习坎：有孚，维心亨，行有尚。

象曰：水洊至，习坎。君子以常德行，习教事。

白话文解释

重坎卦：有诚信，内心亨通，行险有功获得嘉尚。

《象辞》说：上下皆坎，坎为水，水流叠连而至，重重险陷，是坎卦的卦象。君子应当恒久保持高尚德行，反复熟习政教事务。

漠元解卦

下坎上坎相叠。坎为险，一阳险陷二阴，外空中实，两坎相重，险上加险；坎为习，习为重叠与反复的意思，上下皆坎，险阻重重，称为"习坎"。坎为孚，卦象九二与九五各一阳居中，内心刚正，则有诚信，所以说"有孚"。坎为心，阳在中心，能得亨通，喻指内心亨通，所以说"维心亨"。胸怀诚信，内心亨通，以此行险必能有功而获得嘉尚，所以说"行有尚"。互卦艮为君子，有厚德；互卦震为言，为讲议，象教。坎为水，两坎相叠，水流叠连而至，君子观此卦象，应当恒久保持高尚的德行，反复熟习政教事务。

大象：一阳险陷二阴，外空中实，两坎相重，险上加险，险阻重重。

运势： 险阻重重，遭遇困难，固守诚信可得亨通，宜艰难过渡。

天时： 久雨不晴，冬季寒冷。

事业： 有阻，宜循序渐进而成。

求财： 财源广进。

婚姻： 家中排行老二的男子，宜娶长女为妻，其他排行的难成。

胎孕： 生男，生女难养，临产有惊。

交易： 可成。

出行： 不利，恐有险阻。

疾病： 气疾或泻痢疾病，宜往东南方求医。

词讼： 因田土致讼，或者因盗贼之事引起，自身有理，宜多次上诉则胜。

初六爻辞

初六：习坎，入于坎窞。凶。

象曰：习坎入坎，失道凶也。

白话文解释

初六：重重险陷，陷入坎险深坑，凶险。

《象辞》说：重重险陷，陷入坎险，是迷失道路带来的凶险。

淏元解卦

窞，为深坑的意思。初六阴居阳位，失位不正，柔居重坎最下方，喻指陷入坎险深坑，无法脱身出险，遭遇凶险，所以说"习坎，入于坎窞。凶"。功名不利；求财不利；婚姻成，防止骗局；孕产防产难；疾病凶危；征战大凶。

九二爻辞

九二：坎有险，求小得。

象曰：求小得，未出中也。

白话文解释

九二：险陷中有危险，从小处谋求脱险会有所收获。

《象辞》说：从小处谋求脱险会有所收获，是因为还没有从危险中走出来。

淏元解卦

九二阳居阴位，失位不正，一阳陷于下卦二阴之中，上与九五不能相应，不能脱身出险，所以说"坎有险"。但是九二阳刚居中，得初六与六三上下两阴亲比，阴为小，从小处谋求脱险会有所收获，所以说"求小得"。功名小成；求财小利；婚姻可成；孕产生男；家宅宜修固；疾病难以根治；征战小胜。

六三爻辞

六三：来之坎坎，险且枕，入于坎窞，勿用。

象曰：来之坎坎，终无功也。

白话文解释

六三：来去都是险陷，坎险临头，陷入坎险深坑，不能用。

《象辞》说：来去都是险陷，最终不能脱险成功。

淏元解卦

六三阴居阳位，不中不正，处上下坎卦之间，来内卦为坎，去外卦也为坎，来去都是险陷，所以说"来之坎坎"。枕，木在首为枕，指靠近，临头的意思。六三居内卦坎上，犹如头部，动变巽卦为木，头有木为"枕"；上临外卦坎险，喻指坎险临头，所以说"险且枕"。窞为深坑。六三居外卦坎下，喻指陷入坎险深坑，所以说"入于坎窞"。身陷两坎之间，进退两难，不能功用，所以说"勿用"。功名难成；求财不利；婚姻不成；孕产生男；家宅风水大凶，北方坑洼宜填；疾病心肾不交，宜调养；征战不利。

六四爻辞

六四：樽酒簋贰，用缶，纳约自牖，终无咎。
象曰：樽酒簋贰，刚柔际也。

白话文解释

六四：一樽酒，两簋食物，使用俭朴的瓦器装盛，从窗户简约敬献，最终没有灾祸。
《象辞》说：一樽酒，两簋食物（敬献君主），说明九五与六四刚柔相济。

渎元解卦

樽为酒器；簋为盛食物的器具；缶为粗制的瓦器；六四互震卦，震仰盂，樽，簋，缶都取震象；坎为酒；六四动变兑卦，兑为二数，即贰。六四阴居阴位，居位得正，上承九五，与九五阴阳相合，六四虽然阴柔不富，但是能与九五真诚相交，喻指用一樽酒，两簋食物，使用俭朴的瓦器装盛，简约的敬献给九五君主，所以说"樽酒簋贰，用缶"。坎为纳，纳为入的意思；约为简约的意思；互艮为节，节为竹约的意思，所以约取艮象；互艮为牖，牖为窗户的意思。六四虽处坎险，但能顺从九五君主，不从门而从窗户简约敬献，礼简而真诚，最终没有灾祸，所以说"纳约自牖，终无咎"。功名可成；求财得利；婚姻和合；孕产生女；家宅家风俭朴；疾病可愈；征战防敌方偷袭。

九五爻辞

九五：坎不盈，祗既平，无咎。

象曰：坎不盈，中未大也。

白话文解释

九五：险陷水流没有盈满，恰好止于水平，没有灾祸。

《象辞》说：险陷水流没有盈满，说明九五居中险陷不大。

漠元解卦

祗，为祗，仅仅，恰好的意思。九五阳居阳位，居中得正，得六四与上六上下比辅，居尊行险有方，使险陷水流没有盈满，恰好止于水平，所以说"坎不盈，祗既平"。险陷水流盈满则泛滥横流，招致灾祸，不盈而平，坎流不大，则平安无险，没有灾祸，所以说"无咎"。功名适得其位；求财得利；婚姻和合；孕产生女；家宅安泰；疾病凶危；征战不利。

上六爻辞

上六：系用徽纆，寘于丛棘，三岁不得，凶。

象曰：上六失道，凶三岁也。

白话文解释

上六：用绳索捆缚，囚置在监狱，三年得不到解脱，凶险。

《象辞》说：上六失去准则，会有三年凶险。

溴元解卦

系为捆绑，牵连；互卦艮为手，上六动变巽为绳，艮上有巽为"系"象。徽是三股绳，纆是两股绳，徽纆为绳索，取巽象。寘为置，放置的意思，取艮象。丛棘为古代囚禁犯人的地方，指监狱，取坎象。上六阴柔居坎险之终，险陷极深，喻指用绳索捆缚，被囚置在监狱，所以说"系用徽纆，寘于丛棘"。坎为三岁，上六与六三同阴不能相应，得不到应援，喻指三年得不到解脱，因此凶险，所以说"三岁不得，凶"。功名凶险，防牢狱之灾；求财不利；婚姻不成；孕产生子宜迟；家宅荒废破败，宜修理改善；疾病留恋凶危；征战大凶。

离为火

第三十卦：离卦（离为火）

离：利贞，亨。畜牝牛，吉。

象曰：明两作，离。大人以继明照于四方。

白话文解释

离卦：利于守正，亨通。畜养母牛，吉利。

《象辞》说：上下皆离，离为明，光明相续，是离卦的卦象。大人物应当用接连不断的光明普照四方。

漠元解卦

下离上离相叠。离为火，上下阳爻，中间阴爻，内部空虚，外部光明，中间阴虚，外面阳实，犹如燃烧的火苗，称为"离"。火不独处，附物而燃，所以离为丽，为附丽的意思。六二阴柔居中，以一阴附丽于上下二阳，柔顺中正；六五之尊阴居阳位，中而不正，不正则不亨通，因此利于守正，方能亨通，所以说"利贞，亨"。离为牝牛，牝牛外表坚强内性柔顺，六二与六五阴柔居中，外阳包阴为畜，阴为牝，所以说"畜牝牛"。附丽取牝牛柔顺之性则"吉"。离为明，上下光明相续，大人物观此卦象，应当用接连不断的光明普照四方。

大象：内外卦各一阴附丽于上下二阳，中间阴虚，外面阳实，内部空虚，外部光明，上下光明相续。

212

运势： 循序渐进，前程光明，凡事不宜急进，防止华而不实，遭遇损失。

天时： 烈日当空，晴朗。

事业： 谦虚谨慎，稳步进取可成就。

求财： 得利。

婚姻： 再婚，夫贵妇荣。

胎孕： 多双生女，产妇不宜外出。

交易： 终成，虽有是非，但无妨。

出行： 不宜西方，多阻隔。

疾病： 多热症，心腹疼痛，呕吐泻痢，脏腑不和，宜往西北方求医。

词讼： 宜和解。

初九爻辞

初九：履错然，敬之，无咎。

象曰：履错之敬，以辟咎也。

白话文解释

初九：履行事务警惧小心，恭敬行事，没有灾祸。

《象辞》说：履行事务警惧小心并恭敬行事，因为初九这样就能避免灾祸。

溪元解卦

履，践行，履行；错然，警惧小心的样子；敬，恭敬。初九阳居离下，火性炎上，初九上行与九四不应为敌，履行事务应警惧小心，所以说"履错然"。初九阳居阳位，居位得正，与九四不能

213

相应，而亲比于六二，与六二阴阳相和，能恭敬行事，没有灾祸，所以说"敬之，无咎"。功名有成；求财得利；婚姻嫁娶宜近不宜远；孕产生女；家宅邻近大道吉；疾病可愈；征战有利。

六二爻辞

六二：黄离，元吉。

象曰：黄离元吉，得中道也。

白话文解释

六二：黄色附丽其中，大吉。

《象辞》说：黄色附丽其中大吉，因为六二得中正之道。

漠元解卦

离为黄，六二居内卦离中，喻指黄色附丽其中，所以说"黄离"。六二阴居中位，柔顺中正，火性炎上，亲比于九三，可得大吉，所以说"元吉"。功名显达；求财宜南方得利；婚姻佳偶良缘；孕产生才女；家宅家声可振；疾病中焦火热症状，调养可愈；征战大吉。

九三爻辞

九三：日昃之离，不鼓缶而歌，则大耋之嗟，凶。

象曰：日昃之离，何可久也？

白话文解释

九三：太阳西斜将落而附丽于天边，不及时敲击乐器而歌唱，将会导致年老时的叹息，凶险。

《象辞》说：太阳西斜将落而附丽于天边，这种状态怎么会持久呢？

漠元解卦

日昃，太阳西斜。离为日，九三居内卦离终，喻指太阳西斜将落而附丽于天边，所以说"日昃之离"。缶，古代瓦制打击乐器；大耋，七八十岁为耋，指年老；嗟，叹息，感叹。九三动变震卦，震为鼓，为缶；九三互兑为歌；下卦离终，象大耋；九三互巽为叹息，象嗟。九三居下卦离终，火性炎上，上无应比，为阳极将衰，离明将尽，喻指如果不及时敲击乐器而歌唱，将会导致年老时的叹息，而有凶险，所以说"不鼓缶而歌，则大耋之嗟，凶"。功名不成；求财不利；婚姻恐难偕老；孕产生女，防难育；家宅旧宅退运，宜改善风水；征战有凶。

九四爻辞

九四：突如其来如，焚如，死如，弃如。
象曰：突如其来如，无所容也。

白话文解释

九四：突然而至，忽然发生，屋焚，人亡，丢弃。
《象辞》说：突然而至，忽然发生，九四无处容身。

漠元解卦

突如其来如，突然而至，忽然发生的意思。九四互卦巽，巽为躁，象突；巽为入，象来。九四处上下离之间，九三为太阳西斜，开始昏暗，九四始来明亮，喻指突然而至，忽然发生，所以说"突

215

如其来如"。巽为草木,离为火,巽承离,象焚;九四互卦兑,兑为刑人,象死;九四动变艮,艮为舍,象弃。火性炎上,九四躁急上进欲附丽于六五之尊,但因九四阳居阴位,失位不正,以刚犯上,遭至屋焚,人亡,被丢弃的大凶之灾,所以说"焚如,死如,弃如"。功名宜隐不宜进;求财不利,防止人财两空;婚姻不吉;孕产生女,防不育;家宅易出逆子,应严加管教;疾病难愈;征战大凶。

六五爻辞

六五:出涕沱若,戚嗟若,吉。
象曰:六五之吉,离王公也。

白话文解释

六五:泪如雨下,忧伤叹息的样子,吉利。
《象辞》说:六五的吉利,是因为附丽在王公的尊位。

漠元解卦

涕是眼泪,沱是泪如雨下的样子,离为目,六五居离,互兑为雨,雨水从目出,象涕沱。若是语气助词。戚嗟是忧伤叹息的样子,巽为叹息,象戚嗟。六五阴居阳位,中而不正,与六二不能相应,因此表现出泪如雨下,忧伤叹息的样子,所以说"出涕沱若,戚嗟若"。六五居尊,火性炎上,能得上九比辅,因此吉利,所以说"吉"。功名位高权重;求财得利;婚姻贵族联姻,先悲伤后欢喜;孕产生女;家宅富贵;疾病热证调养可愈;征战有利。

上九爻辞

上九：王用出征，有嘉。折首，获匪其丑，无咎。

象曰：王用出征，以正邦也。

白话文解释

上九：奉王命出兵征伐，有功嘉奖。斩杀敌方首领，俘获不愿附从的异己，没有灾祸。

《象辞》说：奉王命出兵征伐，是为了端正邦国而治理天下。

渼元解卦

嘉是嘉奖的意思。上九动变震，为出，为征；离为乾卦，乾为王，为嘉；王指六五之尊，得上九比辅，因此六五可用上九带兵征伐异己，并对上九的功绩进行嘉奖，所以说"王用出征，有嘉"。首是首领的意思，这里指敌方首领；丑是类的意思；匪其丑是非其类的意思，指不愿附从的异己。离为折首。九三与上九不应为敌，九三居下卦之上，为敌方首领，不顺从王命，与上为敌，上九奉命对其斩杀，同时赦免俘获了其它不愿附从的异己，没有灾祸，所以说"折首，获匪其丑，无咎"。功名有成；求财得利；婚姻和合；孕产生女；家宅不安；疾病凶危；征战大吉。

下 经

 泽山咸

第三十一卦：咸卦（泽山咸）

咸：亨，利贞。取女吉。

象曰：山上有泽，咸。君子以虚受人。

白话文解释

咸卦：亨通，利于守正。娶女吉利。

《象辞》说：上卦兑为泽，下卦艮为山，山上有泽，相通感应，是咸卦的卦象。君子应当虚怀若谷，广泛接纳别人意见。

渼元解卦

下艮上兑相叠。兑为泽，艮为山，山上有泽，泽水下流，能润于山，山体上承，能容纳泽，上下相通，山泽通气，卦中初六与九四、六二与九五、九三与上六都彼此相通感应，称为"咸"。咸为感应的意思。兑柔在上，艮刚在下，柔上而刚下，刚柔二气上下交感，和畅亨通，万物生成，所以说"亨"。泽为少女，艮为少男，少男与少女，刚柔相交，阴阳感通，夫妻正配，婚姻和合；兑为悦，艮为止，闺房性爱，悦而不止，悦未免流于淫，止而不悦，未免失其欢愉，欢悦有度，喜悦而有所节制，坚守贞正，娶妻才能吉利，所以说"利贞。取女吉"。兑泽润下，艮体下虚，一阳二阴，以上阳承载泽体，以下二阴吸纳泽润，为以虚纳上；

218

艮为君子，山高泽卑，山不自高，屈居泽下，君子观此卦象，应当虚怀若谷，广泛接纳别人意见。

大象：山上有泽，上下相通，山泽通气，六爻皆应，少男少女，夫妻正配。

运势：谦虚待人，吉祥如意，谋事可成，但切勿沉溺于不正当的感情。

天时：阴有雨，不久转晴。

事业：贵人帮助，事业荣达，谦虚待人，可得长久。

求财：得利。

婚姻：夫妻正配大吉。

胎孕：生男。

交易：可成。

出行：有熟人阻隔，推迟出行。

疾病：内热外冷，渴不思饮食，及小便不通，或脓血灾，宜往西南方求医。

词讼：宜和解。

初六爻辞

初六：咸其拇。
象曰：咸其拇，志在外也。

白话文解释

初六：感应发生在脚的大拇指上。
《象辞》说：感应发生在脚的大拇指上，是因为初六志与外卦九四相应。

漠元解卦

拇为脚的大拇指；咸其拇，感应发生在脚的大拇指上。初六阴居阳位在咸卦最下爻，志与九四相应，感应开始较浅，行动也比较微弱，喻指感应发生最下方脚的大拇指上，所以说"咸其拇"。因为感应刚刚开始，吉凶未定，所以不言吉凶，宜等待时机。功名可成；求财不利；婚姻和合；孕产生男；家宅意迁外地；疾病可愈；征战有利。

六二爻辞

六二：咸其腓，凶，居吉。
象曰：虽凶居吉，顺不害也。

白话文解释

六二：感应发生在腿肚上，凶险，安居吉利。
《象辞》说：虽然凶险，但安居吉利，顺应就不会受到伤害。

漠元解卦

腓指腿肚。艮为腓，六二居中得正，感应比脚拇更上一层，喻指发生在腿肚上，所以说"咸其腓"。六二与九五相应，遭到九三与九四妒忌，六二腿肚如果急于先动，脚也会被带动，妄动前行就会遭遇凶险，所以说"凶"。六二柔顺居中得正，如果能静守中正而不动，就会吉利，所以说"居吉"。功名可成；求财静求得利；婚姻先阻后和；孕产生男；疾病注意四肢或腓部问题，治疗可愈；征战宜固守。

九三爻辞

九三：咸其股，执其随，往吝。

象曰：咸其股，亦不处也。志在随人，所执下也。

白话文解释

九三：感应发生在大腿上，束缚其跟随妄动，前往会有恨惜。

《象辞》说：感应发生在大腿上，也无法安静居处。志向在于跟随别人，却受到下面六二的束缚。

溪元解卦

股，为大腿。九三互巽，巽为股。九三居下体之上，上体之下，在六二腓的上方，象大腿，感应发生在大腿上，所以说"咸其股"。执是束缚、捆绑的意思。艮为执，大腿不能自主，能随上下而动，九三与上六相应，得六二亲比，喻指九三欲跟随上六而动，却被邻近的六二所执，六二能束缚九三跟随上六妄动，所以说"执其随"。九三如果与上六相应，会遇到九四与九五阻滞，阳遇阳阻塞不通，前往会有恨惜，所以说"往吝"。功名不成；求财不利；婚姻难遂心意；孕产生男；家宅宜安居，不宜迁动；疾病调养可愈；征战宜退不宜进。

九四爻辞

九四：贞吉，悔亡。憧憧往来，朋从尔思。

象曰：贞吉，悔亡，未感害也。憧憧往来，未光大也。

白话文解释

九四：守正吉利，悔恨消除。心意不定频频往来，朋友都会顺从你的心思。

《象辞》说：守正吉利，悔恨消除，说明九四没有因为感应不正遭到伤害。心意不定频频往来，说明感应之道尚未光大。

溴元解卦

九四失位不正，上遇九五阳刚，易有悔恨，但是阳居阴位，有谦退之意，如果趋正自守，静待与初六阴阳交感之时，能坚守正道获得吉祥，而使悔恨消除，所以说"贞吉，悔亡"。憧憧，为心意不定；朋，为朋友，这里指与九四相应的初六。九四应初六，遇九三阻滞，初六应九四，遇六二阻滞，有心意不定频频往来之象，所以说"憧憧往来"。九四在九三大腿的上方，九五背肉下方，位于三个阳爻中间，象征心脏部位，遇到阻滞，九四与初六宜静不宜动，唯有以心交相感应。九四以初六为朋，初六不能相应于九四，生思慕之情，初六能顺从感应九四的心思而动，所以说"朋从尔思"。功名显达；求财得利；婚姻先阻后成；孕产生女；家宅不安；疾病心神恍惚，宜调养；征战吉。

九五爻辞

九五：咸其脢，无悔。
象曰：咸其脢，志末也。

白话文解释

九五：感应发生在背肉，没有悔恨。
《象辞》说：感应发生在背肉，说明志向还没有实现。

溴元解卦

脢，背肉。九五位于九四心脏上方，在上九颚、颊、舌的下方，象征背肉部位，背肉位于心脏上方，背肉不会动，感应较浅。九

222

五居尊，与六二相应，被九三与九四所阻，喻指感应发生在背肉，不能与外界畅通感应，所以说"咸其脢"。九五能与上六阴阳相比，感应于上，近而无阻，没有悔恨，所以说"无悔"。功名有阻；求财薄利；婚姻和合；孕产生男；疾病可愈；征战有利。

上六爻辞

上六：咸其辅、颊、舌。
象曰：咸其辅颊舌，滕口说也。

白话文解释

上六：感应发生在上颌、脸颊、舌头。
《象辞》说：感应发生在上颌、脸颊、舌头，说明上六信口开河、空言空语。

淏元解卦

辅为上颌，颊为脸颊，舌为舌头。舌头动上颌应脸颊随，兑为口舌，上六阴居兑之终，感应于言辞，所以说"咸其辅、颊、舌"。上六下比九五之尊，喻指能以谗言蛊惑君主，为奸诈小人，爻辞虽然不言吉凶，但是凶险可见。功名不成；求财注意口舌是非；婚姻和合；孕产生女；家宅不睦，多口舌；疾病胡言乱语之症；征战防敌方窥探。

雷风恒

第三十二卦：恒卦（雷风恒）

恒：亨，无咎，利贞。利有攸往。

象曰：雷风恒。君子以立不易方。

白话文解释

恒卦：亨通，没有灾祸，利于守正。利于有所前往。

《象辞》说：上卦震为雷，下卦巽为风，雷风恒常助长，是恒卦的卦象。君子应当树立德业的信念不能改变。

溪元解卦

下巽上震相叠。震为雷，巽为风，雷风相薄，刚柔呼应，震刚在上，巽柔在下，刚上柔下，造化有常，相互助长；震为长男，巽为长女，长男长女，阴阳相应，夫妻正配，繁衍孕育，生生不息，称为"恒"。卦象初六与九四，九二与六五，九三与上六都彼此相应而能得亨通，所以说"亨"。恒为常、久的意思，恒久能通，则没有灾祸，所以说"无咎"。恒通没有灾祸，则利于坚守正道，所以说"利贞"。雷风恒常助长，利于有所前往，所以说"利有攸往"。互卦乾为君子，为立，为德，为信，为易，君子观此卦象，应当树立德业的信念不能改变。

大象： 雷风相薄，造化有常，相互助长。六爻皆应，长男长女，夫妻正配。

运势： 恒久努力，能万事亨通，忌缺少毅力，三心二意。

天时： 风雷撼动。

事业： 修身养性，循序渐进，可成大业。

求财： 得利，宜东方与东南方求财。

婚姻： 男女正配，夫妻恩爱，百年好合。

胎孕： 初胎生男。

交易： 贵人得力，终成。

出行： 不利，防有口舌是非，破财。

疾病： 痰火气喘，四肢沉重，五月占有血脓之灾，宜北方求医。

词讼： 因小的口舌引起，有惊无害，宜和解。

初六爻辞

初六：浚恒，贞凶，无攸利。

象曰：浚恒之凶，始求深也。

白话文解释

初六：深度追求恒久，守正也凶险，没有利益。

《象辞》说：深度追求恒久的凶险，是说初六刚开始就追求过深。

溟元解卦

浚，深的意思。初六阴柔居下，上应九四，喻指急于深度追求恒久，所以说"浚恒"。初六阴居阳位，失位不正，不亲比九二，欲上应九四，遭九二所妒，舍近求远，妄动深度追求恒久，即使坚守正道也有凶险，没有利益，所以说"贞凶，无攸利"。求财见好就收，不宜贪多；婚姻宜门当户对，攀高不吉；孕产生女，防难育；家宅不安；疾病可愈；征战不利。

225

九二爻辞

九二：悔亡。

象曰：九二悔亡，能久中也。

白话文解释

九二：悔恨消除。

《象辞》说：九二悔恨消除，因为九二能够恒久坚守中道。

漠元解卦

九二阳居阴位，失位不正，遭九三与九四阻滞，与六五不能相应，而生有悔恨，但是九二居中，能恒久坚守中道，悔恨消除，所以说"悔亡"。功名不成；求财薄利；婚姻先阻后成；孕产生女；家宅风水不吉，宜改善；疾病可愈；征战宜坚守中道，持久固守。

九三爻辞

九三：不恒其德，或承之羞，贞吝。

象曰：不恒其德，无所容也。

白话文解释

九三：不能恒久保持美德，或许会承受羞辱，守正也会有恨惜。

《象辞》说：不能恒久保持美德，九三将无处容身。

漠元解卦

九三互乾，乾为德。巽为进退，九三阳刚居巽终，欲相应于上六，躁动盲进，喻指不能恒久保持美德，所以说"不恒其德"。九三宜静不宜动，若前往与上六相应，被九四所阻，或许会承受羞辱，即使守正也会有恨惜，所以说"或承之羞，贞吝"。功名不成；

226

求财不利；婚姻不吉；孕产生女；家宅不安；疾病带病延年；征战有凶。

九四爻辞

九四：田无禽。

象曰：久非其位，安得禽也？

白话文解释

九四：田猎没有获得禽兽。

《象辞》说：长时间处于不恰当的位置，田猎怎能收获禽兽呢？

澡元解卦

九四阳居阴位，不中不正，下应初六，遇九二与九三所阻，处于不恰当的位置，劳而无功，喻指田猎没有获得禽兽，所以说"田无禽"。功名不显；求财不利；婚姻不合；孕产生男，防难育；家宅不吉宜迁；疾病可愈；征战不利。

六五爻辞

六五：恒其德，贞，妇人吉，夫子凶。

象曰：妇人贞吉，从一而终也。夫子制义，从妇凶也。

白话文解释

六五：恒久保持美德，守正，妇人吉利，丈夫凶险。

《象辞》说：妇人守正吉利，这是符合从夫而终其身的道理。丈夫应以刚中之德决断事宜，如果顺从妇人会有凶险。

淏元解卦

九二互乾为德。六五与九二为夫妇，六五以柔居中为妇人，九二阳刚为丈夫。六五下遇重阳，阴遇阳无阻，六五妇人可以相应九二丈夫，阴得阳应，喻指妇人能够恒久保持美德，坚守正道，获得吉利，所以说"恒其德，贞，妇人吉"。阳遇阳阻塞不通，九二丈夫如果上应六五妇人，会遭遇九三与九四所阻，会有凶险，所以说"夫子凶"。功名有凶；求财小利；婚姻女占吉，男占凶；孕产生男；家宅不安；疾病调养可愈；失物可寻；词讼宜和解；征战不利。

上六爻辞

上六：振恒，凶。
象曰：振恒在上，大无功也。

白话文解释

上六：震动恒久之道，凶险。
《象辞》说：震动恒久之道而高居上位，说明上六大无功劳。

淏元解卦

振是震动的意思。震为动，上六处恒终震极，震动不能守恒，下遇六五阻滞，不能与九三相应而遭遇凶险，所以说"振恒，凶"。功名有凶；求财不利；婚姻不吉；孕产生女，防难育；家宅不吉，宜迁；失物不得；词讼宜罢讼和解；疾病凶危；征战凶。

≣≣ 天山遯

第三十三卦：遯卦（天山遯）

遯：亨。小利贞。

象曰：天下有山，遯。君子以远小人，不恶而严。

白话文解释

遯卦：亨通。柔小者利于守正。

《象辞》说：上卦乾为天，下卦艮为山，天下有山，天高山远，是遯卦的卦象。君子应当远离小人，不恶声厉色而显现出的威严使人敬畏。

漠元解卦

下艮上乾相叠。乾为天，艮为山。天下有山，山势欲上逼迫于天，天性高远，不受逼迫而遯避，称为"遯"。遯为隐退、逃避的意思。遯又为消息卦，代表六月，六月建未，阴长阳消，小人得势，君子退隐，明哲保身，方得亨通，所以说"亨"。阴气初始浸长，阳气尚未全消，卦中初六与六二两阴柔小，利于守正，不宜妄动浸害阳刚，所以说"小利贞"。乾在外卦，为君子，为威，为严，为敬，为畏，君子观此象，应当遯于外而远离小人，不恶声厉色而显现出的威严使人敬畏。

大象： 天下有山，山势欲上逼迫于天，天性高远，不受逼迫而遯避；阴长阳消，小人得势，君子退隐。

运势：诸事宜退不宜进，宜韬光养晦，谨言慎行，退守保身，伺机而动。

天时：晴多云。

事业：宜退守，不宜进取。

求财：不宜求财，会遭遇破财，退守吉。

婚姻：女婚不成，男娶多情女，有人阻隔争斗。

胎孕：生女。如果生男，母有灾，或母子不全。

交易：不利，恐有是非，守旧为好。

出行：不宜动，动则有险。

疾病：心热，腹痛，口渴，宜往西北方求医。

词讼：因逃移远处，暂时或大事化小，无罪。

初六爻辞

初六：遯尾，厉，勿用有攸往。

象曰：遯尾之厉，不往何灾也？

白话文解释

初六：隐退不及时落在后面，危险，不要用于有所前往。

《象辞》说：隐退不及时落在后面带来的危险，不前往怎么会有灾祸呢？

澳元解卦

艮为穴居，为尾，初六居艮下，喻指隐退不及时落在后面，所以说"遯尾"。初六阴居阳位，前往与九四相应，遇六二所阻，有危险，不要用于有所前往，所以说"厉，勿用有攸往"。功名不成；求财不成；婚姻不合；孕产生女；家宅宜迁；疾病难愈；征战不利。

六二爻辞

六二：执之用黄牛之革，莫之胜说。

象曰：执用黄牛，固志也。

白话文解释

六二：用黄牛革绳紧紧束缚，没有人可以解脱。

《象辞》说：用黄牛革绳束缚，是巩固心志。

溟元解卦

执是束缚、捆绑的意思；说通脱，解脱的意思。艮为执，为牛，黄为中央正色，六二居中，为黄牛；艮又为皮，即革；六二阴居阴位，居中得正，上与九五阴阳相应，使九五不能隐退，喻指用黄牛革绳紧紧束缚，难以解脱，所以说"执之用黄牛之革，莫之胜说"。求财不利；婚姻婚成有悔；孕产生女；家宅不吉，宜改善风水；词讼失理；疾病难安；征战宜固守。

九三爻辞

九三：系遯，有疾厉。畜臣妾，吉。

象曰：系遯之厉，有疾惫也。畜臣妾吉，不可大事也。

白话文解释

九三：被约束不能隐退，有病患危险。蓄养臣仆侍妾，吉利。

《象辞》说：被约束不能隐退所造成的危险，是说九三将因病而极度疲乏。蓄养臣仆侍妾吉利，是说九三不能施行大事。

溟元解卦

系是拴、绑、约束的意思；疾，病患的意思。九三互巽，巽为绳，象系；艮为穴居，象隐退；九三处艮卦之终，与上九不能相应而亲比六二，心有所系，被约束不能隐退，所以说"系遯"。九三动变坤为疾病。九三无应，前往遇阳刚为敌，喻指遇有病患危险，所以说"有疾厉"。九三动变坤为积，象畜；坤又为臣妾。九三下得重阴顺承，喻指蓄养臣仆侍妾吉利，所以说"畜臣妾，吉"。功名宜隐退；求财迟得；婚姻利情人，不利妻；孕产生女；家宅凶危，宜迁；失物可寻；出行吉利；疾病凶危；征战不利。

九四爻辞

九四：好遯，君子吉，小人否。

象曰：君子好遯，小人否也。

白话文解释

九四：宜于隐退，君子吉利，小人闭塞不通。

《象辞》说：君子宜于隐退，小人闭塞不通。

漠元解卦

乾为好，为君子；阴为小人。九四居乾，身处外卦，宜于隐退，所以说"好遯"。九四与初六相应，九四居乾为君子，初六阴柔为小人，君子在宜于隐退之时，能把握时机毅然隐退，因此吉利，小人系恋不舍，则会导致闭塞不通，所以说"君子吉，小人否"。功名不显；求财得利；婚姻防不能长久；孕产生男；家宅大人吉，小口凶，宜改善风水；词讼宜避；疾病凶危；征战不利。

九五爻辞

九五：嘉遯，贞吉。

象曰：嘉遯贞吉，以正志也。

白话文解释

九五：美好的隐退，守正吉利。

《象辞》说：美好的隐退而守正吉利，是因为九五能够端正隐退的心志。

澳元解卦

嘉，美，美好，美善的意思。乾为嘉，九五阳刚，中正居尊，能审时度势，预见事物发生变化的隐微征兆，虽然得到六二柔顺相应，但九五不为情移，六二不敢违拒，九五能端正心志，而美好的进行隐退，称为"嘉遯"。依此守正而行，必然吉利，所以说"贞吉"。功名显达；求财得利；婚姻大吉；孕产生男；家宅清贵；疾病可愈；出行吉利；征战吉。

上九爻辞

上九：肥遯，无不利。

象曰：肥遯无不利，无所疑也。

白话文解释

上九：富饶丰裕的隐退，没有不利。

《象辞》说：富饶丰裕的隐退而没有不利，是因为没有任何疑虑。

澳元解卦

肥，是富饶丰裕的意思。乾为肥，上九居乾卦终极，内卦九三不能相应，邻近九五不能亲比，喻指无牵无挂，能摆脱世俗，而富饶丰裕的隐退，没有不利，所以说"肥遯，无不利"。求财得利；婚姻不吉；孕产生男；家宅豪门富宅；行人将归；词讼宜和；疾病调养可愈；征战得利。

雷天大壮

第三十四卦：大壮卦（雷天大壮）

大壮：利贞。

象曰：雷在天上，大壮。君子以非礼弗履。

白话文解释

大壮卦：利于守正。

《象辞》说：上卦震为雷，下卦乾为天，雷在天上，是大壮的卦象。君子不要做违背礼教的事情。

滉元解卦

下乾上震相叠。震为雷，乾为天。雷在天上，刚健震动，声势壮大；阳为大，卦象四阳壮盛，大而且壮，称为"大壮"。大壮又为消息卦，代表二月，二月建卯，阳长阴消，阳气盛壮，阴气浸消，大阳得正，积极而有所作为，所以说"利贞"。乾为君子；震为足，象履；震居于乾上，以卑履尊，违背礼教，君子观此卦象，不要做违背礼教的事情。

大象：天上响雷，刚健震动，声势壮大，四阳壮盛，二阴浸消。

运势：运势强盛，诸事宜正大光明，和气行事；若气傲冲动，必有所失。

天时：晴天有雷。

事业：威名远扬，事业有成。

求财：宜见好就收，忌贪得无厌。

婚姻： 有阻终成。

胎孕： 生男。

交易： 有阻，努力可成。

出行： 有惊阻，迟行则吉。

疾病： 足气疼痛，四肢无力，心肝腹痛，宜往东北方求医。

词讼： 有贵人助，宜和解。

初九爻辞

初九：壮于趾，征凶，有孚。

象曰：壮于趾，其孚穷也。

白话文解释

初九：脚趾强壮，前往凶险，应当坚守诚信。

《象辞》说：脚趾强壮，初九诚信穷尽。

淏元解卦

壮为强壮，孚为诚信。九四居震为趾，为征；乾阳强壮。初九居乾，刚健好动，上与九四不能相应，前遇九二阳刚为敌，喻指脚趾强壮，前往凶险，所以说"壮于趾，征凶"。初九虽然无应无比，前进遇敌，但是阳刚得正，应当坚守诚信，所以说"有孚"。功名不成；求财不利；婚姻不吉；孕产生男，防有足疾；失物损坏；征战有凶。

九二爻辞

九二：贞吉。

象曰：九二贞吉，以中也。

九二：守正吉利。

《象辞》说：九二守正吉利，因为九二阳居中位。

漠元解卦

九二阳居阴位，虽失位不正，但居得中位，得六五前来相应，能坚守正道获得吉利，所以说"贞吉"。功名吉利；求财得利；婚姻和合；孕产生男；家宅坐西向东大吉；疾病可愈；词讼和解；行人即归；失物难寻；征战获胜。

九三爻辞

九三：小人用壮，君子用罔，贞厉。羝羊触藩，羸其角。

象曰：小人用壮，君子罔也。

白话文解释

九三：小人妄用强壮，君子失其所用，守正也有危险。公羊抵触藩篱，羊角被拘系缠绕。

《象辞》说：小人妄用强壮，君子则不用。

漠元解卦

罔，指没有、失去的意思。九三处乾，阳居阳位，为君子；上六处震，阴居阴位，为小人。上六欲相应九三，而被六五所阻，不能相应，喻指小人妄用强壮，所以说"小人用壮"。九三欲相应上六，被九四所阻而不能相应，为君子失其所用，所以说"君子用罔"。九三失去所用，即使坚守正道也会有危险，所以说"贞厉"。羝羊为公羊；藩为藩篱；羸为拘系缠绕。九三变兑为羊，九三阳刚为羝羊；震为藩。九三居下卦之上，象角。九三欲上行，被九四所阻，喻指公羊抵触藩篱，羊角被拘系缠绕，而进退两难，所以说"羝羊触藩，羸其角"。功名有阻；求财不利；婚姻不合；孕产生男；家宅不安；词讼宜隐忍，和解；疾病可愈；失物空；征战有凶。

九四爻辞

九四：贞吉，悔亡。藩决不羸，壮于大舆之輹。

象曰：藩决不羸，尚往也。

白话文解释

九四：守正吉利，悔恨消除。冲决藩篱不被拘系缠绕，大车辐条强壮耐用。

《象辞》说：冲决藩篱不被拘系缠绕，是说九四向上前往。

渼元解卦

輹通辐，车伏兔，垫在车箱和车轴之间的木块，上面承载车箱，下面呈弧形架在轴上；决，为冲决、冲开。九四出乾入震，居震卦初，失位无应而有悔，但是九四阳居阴位，上与六五阴阳比和，所行谦和不亢，能坚守正道获得吉利，而使悔恨消除，所以说"贞吉，悔亡"。九四居震，震为藩，动变坤，震卦初爻阳刚变阴虚，藩消失而不被拘系缠绕，象"决不羸"；坤为大舆，为輹。九四上行亲比于六五，阴阳相合所行无阻，喻指冲决藩篱而不被拘系缠绕，大车的辐条强壮耐用，所以说"藩决不羸，壮于大舆之輹"。功名显达；求财得利；婚姻可成；孕产生男；家宅喧闹不安；疾病凶危；征战长驱直入，攻无不克。

六五爻辞

六五：丧羊于易，无悔。

象曰：丧羊于易，位不当也。

白话文解释

六五：丧失羊而发生改变，没有悔恨。

《象辞》说：丧失羊而发生改变，因为六五阴居阳位，失位不当。

溪元解卦

易，改变，变化的意思；羊，喻指强壮。六五互兑为羊，六五又动变兑为毁折，九二居乾为易。羊性刚壮喜触，六五阴居阳位，失位不正，六五阴柔无阳，丧失刚壮，以阴从阳相应于九二，喻指丧失羊而发生改变，所以说"丧羊于易"。六五虽失位，但得中，能与九二相应，与九四阴阳比和，不会有悔恨，所以说"无悔"。求财先损后利；婚姻先阻后成；孕产生女；家宅安静；疾病凶危；征战不利。

上六爻辞

上六：羝羊触藩，不能退，不能遂，无攸利，艰则吉。

象曰：不能退，不能遂，不详也；艰则吉，咎不长也。

白话文解释

上六：公羊抵触藩篱，不能后退，不能前往，没有利益，艰难自守就会吉利。

《象辞》说：不能后退，不能前进，是因为考虑不够周详；艰难自守就会吉利，是因为所遭灾祸不会长久。

238

渎元解卦

遂，行，往的意思。羝羊为公羊。大壮上震为藩篱，互兑为羊，所以也有羊触藩之象。上六后退欲与九三相应，而被六五所阻，欲前往，因为处于大壮终极，上进无位，进退两难，喻指公羊抵触藩篱，不能后退，不能前往，没有利益，所以说"羝羊触藩，不能退，不能遂，无攸利"。上六居位得正，虽然处于进退两难的境地，但是如果能够艰难自守，最终会有与九三阴阳相合而获吉之时，所以说"艰则吉"。功名有凶；求财艰难；婚姻难成；孕产生女；家宅风水闭塞不通；疾病难愈；征战大凶。

火地晋

第三十五卦：晋卦（火地晋）

晋：康侯用锡马蕃庶，昼日三接。

象曰：明出地上，晋。君子以自昭明德。

白话文解释

晋卦：康侯蒙受君主赏赐众多车马，一天之内荣获多次进见。

《象辞》说：上卦离为明，下卦坤为地，光明出现在大地上，是晋卦的卦象。君子应当自显光明美德。

漠元解卦

下坤上离相叠。离为日；坤为地，为万物。太阳出现大地上，万物向阳进长，称为"晋"。晋是进长，发展的意思。坤为康，为安，为国，象康侯；康侯指周武王弟姬封。坤为用；互艮为舍，象锡，锡通赐，赐予，赐给，赏赐的意思。互坎为马；坤为众，象蕃庶；离为昼日；离数为三；互艮为手，象接。喻指康侯蒙受君主赏赐众多车马，一天之内荣获多次进见，所以说"康侯用锡马蕃庶，昼日三接"。互艮为君子；离为光，为明；坤为地，为大业。光明照耀大地，自然显著，君子观此卦象，应当自显光明美德，成就大业。

大象： 太阳出现大地上，万物向阳进长发展。

运势： 运势昌盛，财名称意，百事顺遂，能够成就大气大业。

天时： 晴朗。

事业： 进展显著，连续荣升。

求财： 得利丰厚。

婚姻： 和合。

胎孕： 生女。

交易： 可成。

出行： 宜二人同行，往东南吉。

疾病： 寒热头痛，女人防产灾，宜往西南方求医。

词讼： 最终得理。

初六爻辞

初六：晋如，摧如，贞吉。罔孚，裕，无咎。

象曰：晋如摧如，独行正也。裕无咎，未受命也。

白话文解释

初六：进展，遭遇挤压，守正吉利。没有诚信于人，宽裕缓进，没有灾祸。

《象辞》说：进展遭遇挤压，是说初六应独自践行正道。宽裕缓进没有灾祸，是说初六还没有受到任命。

漠元解卦

摧，手以大高山之势挤压折损毁坏，是挤压的意思，取艮象。六二与六三互艮，艮为手，为山。初六阴居阳位，向上进展遇六二与六三阻滞，喻指向上进展而遭遇挤压，所以说"晋如，摧如"。初六能得九四前来相应，与九四阴阳相合，坚守正道，可获吉利，所以说"贞吉"。罔，指没有、失去的意思；孚是诚信的意思。初六如果前往相应九四，会遇六二与六三阻滞，相应较难，喻指没有诚信于人，所以说"罔孚"。裕是宽裕缓进的意思，取坤象。九四终能来主动相应初六，宽裕缓进，没有灾祸，所以说"裕，无咎"。功名晚成；求财不利；婚姻晚成；孕产生女；疾病调养可愈；失物可得；征战大吉。

六二爻辞

六二：晋如，愁如，贞吉。受兹介福，于其王母。

象曰：受兹介福，以中正也。

白话文解释

六二：进展，遭遇忧愁，守正吉利。受到如此大的福气，来自于老姥。

《象辞》说：受到如此大的福气，是因为六二居中得正。

漠元解卦

兹，黑的意思，坤色黑，指坤卦，可解释为如此；介福为大福；王母指老姥。六五互坎为忧，六二与六五同阴不能相应，喻指进展遭遇忧愁，所以说"晋如，愁如"。六二阴居阴位，居位得正，坚守正道，可获吉利，所以说"贞吉"。六五居离，离为乾卦，乾为王，为介福；六二居坤为母，喻指王母。六二与六五不能相应，虽然不利于进展，但六二中正，居坤本位，必受大福，喻指受到如此大的福气，来自于老姥，所以说"受兹介福，于其王母"。功名晚成；求财先难后易；婚姻不成；孕产生女；家宅宜与祖母同住，吉利；行人未归；失物迟些可寻；疾病调养可愈；征战先凶后吉。

六三爻辞

六三：众允，悔亡。

象曰：众允之志，上行也。

白话文解释

六三：众信，悔恨消除。

《象辞》说：众信的志向，是向上行进。

澳元解卦

允是信的意思。坤为众，六三阴居阳位，失正不中，宜有悔恨，但是六三居坤终，近与九四比和，远与上九相应，能同初六与六二群阴并进而承阳，获得众信，悔恨消除，所以说"众允，悔亡"。功名众人举荐成名；求财得利；婚姻和合；孕产生女；家宅和睦平安；疾病可愈；征战大吉。

九四爻辞

九四：晋如鼫鼠，贞厉。
象曰：鼫鼠贞厉，位不当也。

白话文解释

九四：进展时像即贪婪又没有一技之长的鼫鼠，守正危险。
《象辞》说：鼫鼠守正也危险，因为九四所处位置不恰当。

澳元解卦

鼫鼠又称五技鼠，能飞不过屋，能缘不能穷木，能游不能渡谷，能穴不能掩身，能走不能先人，比喻贪婪不专。九四互艮，艮为鼠，九四上临君主，下拥万民，阳居阴位，不中不正，而贪婪的

243

进升至高位，被众阴包围，与相应的初六、相邻的六三、六五媾和而不专，进展时像即贪婪又没有一技之长的鼫鼠，即使坚守正道也会有危险，所以说"晋如鼫鼠，贞厉"。功名不专；求财多方求得而不成巨富；婚姻感情不专；孕产生女；家宅多耗损；疾病呕血或疥疮，凶危；失物不得；征战不利。

六五爻辞

六五：悔亡，失得勿恤，往吉，无不利。

象曰：失得勿恤，往有庆也。

白话文解释

六五：悔恨消除，不要忧虑得失，前往吉利，没有不利。

《象辞》说：不要忧虑得失，前往会有喜庆。

漠元解卦

恤为忧虑的意思。六五阴居阳位，失位不正，宜有悔恨，但六五之尊居离中，禀受离明之德，悔恨能够消除，所以说"悔亡"。六五互坎，坎为恤。六五不能与六二相应为"失"，可以与九四亲比为"得"，不要忧虑过往的得失，所以说"失得勿恤"。六五前往能与上九阴阳亲比，吉利，没有不利，所以说"往吉，无不利"。功名可成；求财小失大得；婚姻可成；孕产生女；家宅时来运转；词讼宜和解；疾病可愈；征战大吉。

上九爻辞

上九：晋其角，维用伐邑，厉吉，无咎，贞吝。

象曰：维用伐邑，道未光也。

白话文解释

上九：进展就像动物触角一样到达顶点，适宜征伐侯国，虽有危险但吉利，没有灾祸，守正也会有恨惜。

《象辞》说：适宜征伐侯国，是说明上九的进展之道尚未光大。

漠元解卦

角，动物头顶最坚硬的部分。上九阳刚在上，象角。上九处晋终，进展至极，就像动物触角一样到达顶点，所以说"晋其角"。上九居离为甲胄，为戈兵，有伐象；六三居坤为邑。上九舍弃六五而与六三相应，虽有危险，但能与六三阴阳相合，吉利无祸，喻指适宜征伐侯国，虽有危险但吉利，没有灾祸，所以说"维用伐邑，厉吉，无咎"。上九舍近求远，舍尊向卑，舍弃六五与六三相应，即使坚守正道也会遭遇恨惜，所以说"贞吝"。功名有成；求财不利；婚姻先阻后合；孕产生女；家宅不安；词讼宜和解；出行不宜；疾病可愈；征战先危后吉。

䷗ 地火明夷

第三十六卦：明夷卦（地火明夷）

明夷：利艰贞。

象曰：明入地中，明夷。君子以莅众，用晦而明。

白话文解释

明夷卦：利于在艰难中守正。

《象辞》说：上卦坤为地，下卦离为明，光明埋没地下，是明夷的卦象。君子应当亲临治理民众，要大智若愚而自显光明。

漠元解卦

下离上坤相叠。离为光，为明；坤为地，为藏。离明在下，坤地在上，光明隐藏地下，受到损伤，称为"明夷"。明夷是伤的意思。坤晦离明，暗主居上，明臣在下，不敢显露明智，利于在艰难中坚守正道，所以说"利艰贞"。互震为君子，坤为众，坤地在上，离明在下，光明埋没地中，君子观此卦象，应当亲临治理民众，要大智若愚而自显光明。

大象： 日入地中，光明受伤。

运势： 诸事阻滞，劳苦困顿，宜坚守正道，待机而动。

天时： 晴转阴。

事业： 不显，防因职位惹官非。

求财： 不利。

婚姻： 不是明媒正娶，反复终成，男长相好，女长相一般。

胎孕：生女，防产妇有惊。

交易：难成。

出行：到中途有阻，静则安，动则险。

疾病：四肢沉重，饮食不进，眼目昏迷，宜往南方求医。

词讼：蒙受冤屈，罢讼免祸。

初九爻辞

初九：明夷于飞，垂其翼。君子于行，三日不食。有攸往，主人有言。

象曰：君子于行，义不食也。

白话文解释

初九：光明受损时飞翔，低垂收敛着翅膀。君子仓惶远行隐遁，三天没有吃东西。有所前往，主人会有责怪的言语。

《象辞》说：君子仓惶远行隐遁，初九在道义上不能再接受食禄。

漠元解卦

离为飞鸟；坤为下象垂。初九与六四相应，被九三所阻隔，欲飞而不能高，喻指在光明受损时低垂收敛着翅膀飞翔，所以说"明夷于飞，垂其翼"。六四互卦震为君子，为行；离为日，为三数；象三日；互坎为食，坤为闭，象不食。喻指君子在光明受损之时，仓惶远行隐遁，三天没有吃东西，所以说"君子于行，三日不食"。震为言，为主人。主人指六四，初九有所前往相应六四，遭遇九三阻隔，应和有所延迟，身为主人的六四会有所责怪的言语，所以说"有攸往，主人有言"。功名不显；求财不利；婚姻可成；孕产生女；家宅灶旧失修，不利；疾病可愈；征战不利。

六二爻辞

六二：明夷，夷于左股，用拯马壮，吉。

象曰：六二之吉，顺以则也。

白话文解释

六二：光明受损，伤到辅佐明臣，有强壮的马来拯救，吉利。

《象辞》说：六二的吉利，是因为柔顺中正并且上承九三阳刚的法则。

漠元解卦

二为臣位。六五互震为左；左股，左边大腿，这里喻指六五的股肱之臣六二。六二居中得正在离为明臣，六五失位不正在坤为暗主，六二与六五不应为敌，喻指辅佐明臣被暗主所伤，所以说"明夷，夷于左股"。拯，本义是向上举，有拯救的意思，这里指六二上承九三阳刚；六二动变乾为马，乾健象马壮；六二与九三阴阳相合，喻指在光明受损之时，明臣虽被暗主所伤，但有强壮的马来拯救，因此吉利，所以说"用拯马壮，吉"。功名不利；求财先损后得；婚姻先阻后合；孕产生女；家宅不安；疾病难愈；征战转败为胜。

九三爻辞

九三：明夷于南狩，得其大首，不可疾，贞。

象曰：南狩之志，乃大得也。

白话文解释

九三：光明受损时南巡扩张势力，得到大多数重要位置，不可操之过急，应当坚守正道。

《象辞》说：南巡扩张势力的志向，会大有所获。

渎元解卦

南狩，南巡，向南部扩张势力；大，指多数，重要，重大；首指重要位置。九三居离，离为南方本位；互震为狩。九三阳居阳位，阳刚得正，在光明受损时南巡扩张势力，能与上六相应，与六四亲比，喻指得到暗主大多数重要位置，所以说"明夷于南狩，得其大首"。九三互坎为疾；疾，急的意思。九三下与六二阴阳比和，被六二所系，复明大业不可操之过急，宜守正待时，所以说"不可疾，贞"。功名有成；求财得利；婚姻佳偶良缘；孕产生女；家宅富贵；失物南方可寻；疾病南方求医可愈；征战有利。

六四爻辞

六四：入于左腹，获明夷之心，于出门庭。

象曰：入于左腹，获心意也。

白话文解释

六四：进入心腹重臣内侧，获悉光明受损的内情，然后离开远遁。

《象辞》说：进入心腹重臣内侧，可以获取暗主的真实想法。

渎元解卦

六四出离入坤，互震为左；坤为腹。六四阴居阴位，居位得正，近邻六五暗主，为心腹重臣，能够获悉光明受损的内情，所以说"入于左腹，获明夷之心"。六四与初九阴阳正应，初九动变艮为门庭，门庭为光明之地。六四上进遇六五暗主为敌，在获悉光明受损的危险后，毅然远离六五，而退与初九相应，以阴柔顺从阳刚，用晦向明，喻指离开远遁，所以说"于出门庭"。功名不

成；求财得利；婚姻可成；孕产生女；失物可寻；疾病心腹之疾，
宜出门求医；征战有利。

六五爻辞

六五：箕子之明夷，利贞。
象曰：箕子之贞，明不可息也。

白话文解释

六五：殷商箕子的光明受损，利于守正。
《象辞》说：殷商箕子的坚守正道，使光明不致熄灭。

溪元解卦

中国古代殷商时期，纣王无道，箕子进谏，纣王不听，箕子装疯
避祸，是为了坚守正道而将自己的明德伤害。六五失位不正，居
坤为至暗之主，喻指箕子进谏殷纣而光明受损，所以说"箕子之
明夷"。至暗之时，唯有箕子般坚守正道，才能使光明不致熄灭，
所以说"利贞"。功名宜守；求财艰难得利；婚姻不利；孕产生
女；家宅不睦；词讼有凶；疾病可愈；征战不利。

上六爻辞

上六：不明晦，初登于天，后入于地。
象曰：初登于天，照四国也；后入于地，失则也。

白话文解释

上六：不明而暗，开始升上天空，后来落入地下。
《象辞》说：开始升上天空，可以照耀四方各国；后来落入地下，
是违背了正确的法则。

漠元解卦

上六阴居坤终，明夷之极，不明而暗，所以说"不明晦"。明夷之初为晋，离在地上，为明，喻指开始升上天空，所以说"初登于天"。晋之后为明夷，离在地下，为晦，喻指后来落入地下，所以说"后入于地"。功名不显；求财不利；婚姻不吉；孕产生女；家宅光照不足，宜迁；疾病难愈；征战大凶。

䷤ 风火家人

第三十七卦：家人卦（风火家人）

家人：利女贞。

象曰：风自火出，家人。君子以言有物而行有恒。

白话文解释

家人卦：利于女人守正。

《象辞》说：上卦巽为风，下卦离为火，风自火出，是家人的卦象。君子应当说话要合乎道理，行为要遵循法则而守恒不变。

滇元解卦

下离上巽相叠。巽为风，为长女；离为火，为中女；巽女下缺而顺，离女中虚而明，风顺火明，女有妇德，柔顺光明，能正家道，称为"家人"。长女巽卦九五与中女离卦六二，都居位得正，利于女人坚守正道，所以说"利女贞"。巽为木，为风；离为火，为日；木能生火，日气成风，风助火力，风自火出，相辅相成。九五乾爻，男主于外；六二坤爻，女主于内。九五与六二阴阳正应，妇贞夫正，家道兴盛。喻指一切事物都应以内为本，然后延伸至外；发生于内，形成于外，君子修身应当以言行为先，说话要合乎道理，行为要遵循法则而守恒不变。修身方能齐家，而后治国、平天下；家道正，则天下安乐。风是由太阳辐射热引起，太阳照射地球表面使地表温度升高，地表空气受热膨胀而往上升，低温的冷空气横向流入，上升空气冷却变重降落，形成空气的流动，就产生了风，所以风自火出，这是中国传统周易在两千多年前，对于自然气象的科学解读。

大象：日气成风，风自火出，发生于内，形成于外，妇贞夫正，家道兴盛。

运势：家庭和睦，多有喜事。与别人合作，共同发展事业有利。

天时：雨转晴。

事业：家和业兴。

求财：得利。

婚姻：和合，官方为媒。

胎孕：生男，冬占生女。

交易：可成。

出行：暂不动身，两三天后可动。

疾病：主痰多，气喘之疾，宜往东南方求医。

词讼：得理，但有疑虑，无妨。

初九爻辞

初九：闲有家，悔亡。

象曰：闲有家，志未变也。

白话文解释

初九：防范保家，悔恨消除。

《象辞》说：防范保家，初九的志向没有改变。

渎元解卦

闲，从门中有木。关门以木拒之称为闲，是防范的意思。离卦中虚外刚，防范于中，象闲。初九动变艮为居，象家。初九阳居阳位，居位得正，上与六四相应，遇九三遭妒，会有悔恨，退与六二阴阳比和，可以防范保家，使悔恨消除，所以说"闲有家，悔亡"。功名宜循序渐进；求财利少；婚姻先阻后成；孕产生女；家宅治家有道，吉利；词讼止讼吉利；疾病可愈；征战有利。

六二爻辞

六二：无攸遂，在中馈，贞吉。

象曰：六二之吉，顺以巽也。

白话文解释

六二：不自作主张，在家中料理饮食事务，守正吉利。

《象辞》说：六二的吉利，是因为柔顺温逊。

溪元解卦

无攸遂指不专断，不自作主张的意思；中馈指家中料理饮食事务。六二阴居阴位，柔顺中正，是妇妻的位置，能正应九五，上承九三，以柔从刚，喻指诸事不能自作主张，所以说"无攸遂"。六二在内卦居中得正，如果妇人在家中料理饮食事务，坚守妇道则吉利，所以说"在中馈，贞吉"。功名不成；求财得利；婚姻大吉；孕产生女；家宅妇道兴家；词讼宜和解；疾病可愈；征战不利。

九三爻辞

九三：家人嗃嗃，悔厉，吉；妇子嘻嘻，终吝。

象曰：家人嗃嗃，未失也；妇子嘻嘻，失家节也。

白话文解释

九三：家人严酷冰冷的样子，虽然会有悔恨危险，但是吉利；妇女孩子欢笑喜悦的样子，最终会有恨惜。

《象辞》说：家人严酷冰冷的样子，是没有失去家规；妇女孩子欢笑喜悦的样子，是失去了家规节制。

滇元解卦

嗃嗃，是严酷冰冷的样子；家人嗃嗃，喻指治家严厉；嘻嘻，是欢笑喜悦的样子；妇子嘻嘻，喻指治家松散。九三处离明之上，阳刚亢盛，与上九不应为敌，喻指治家严厉，家人严酷冰冷的样子，所以说"家人嗃嗃"。九三与上九不应为敌，会有悔恨危险；但是九三居位得正，不失正道，能与六四阴阳相合而获吉，所以说"悔厉，吉"。九三动变震为子，为喜笑，象嘻嘻；巽为妇。九三近比六二与六四，如果逸于二阴，宽松不治，放纵妇女孩子欢笑喜悦，最终会有恨惜，所以说"妇子嘻嘻，终吝"。功名宜缓；求财不利；婚姻可成；孕产生女；家宅治家有方；疾病凶危；征战不利。

六四爻辞

六四：富家，大吉。
象曰：富家大吉，顺在位也。

白话文解释

六四：富裕家庭，大吉大利。
《象辞》说：富裕家庭大吉大利，是因为六四阴柔顺承尊位阳刚。

滇元解卦

六四动变乾为富。六四阴居阴位，阴虚本不富，但柔顺得正，得九三亲比，下应初九，上承九五，大得阳刚富实，能富裕家庭，大吉大利，所以说"富家，大吉"。功名有成；求财大利；婚姻和合；孕产生女；家宅富家豪门；词讼和解；疾病多富贵病，调理可愈；征战国富兵强，吉无不利。

九五爻辞

九五：王假有家，勿恤，吉。
象曰：王假有家，交相爱也。

白话文解释

九五：君王降福于家，没有忧虑，吉利。
《象辞》说：君王降福于家，互相爱乐。

漠元解卦

假通嘏，福的意思。恤，为忧虑的意思。九五居尊为王，阳刚中正，为家人之主，能够降福于家，所以说"王假有家"。六二至六四互坎为恤，九五近比六四，远应六二，交相爱乐，没有忧虑，获得吉利，所以说"勿恤，吉"。功名有成；求财公门得利；婚姻和合；孕产生女；家宅富贵大吉；疾病肝火之症，调养可愈；征战大获全胜。

上九爻辞

上九：有孚，威如，终吉。
象曰：威如之吉，反身之谓也。

白话文解释

上九：有诚信，威严治家，最终吉利。
《象辞》说：威严治家带来的吉利，是因为上九能反省自身而严格要求自己。

溟元解卦

孚指诚信；威指威严。上九动变坎为孚，上九阳刚居上象威。上九阳刚处家人之终，居家人之上，既能心怀诚信，又能威严治家，所以说"有孚，威如"。诚信与威严并立，家道大成，最终获吉，所以说"终吉"。功名位高权重；求财得利；婚姻不利；孕产生女；家宅富贵；疾病可愈；征战大吉。

火泽睽

第三十八卦：睽卦（火泽睽）

睽：小事吉。

象曰：上火下泽，睽。君子以同而异。

白话文解释

睽卦：小事情吉利。

《象辞》说：上卦离为火，下卦兑为泽，上火下泽，乖背睽违，是睽卦的卦象。君子应当谋求大同而并存小异。

漠元解卦

下兑上离相叠。离为火，兑为泽，离火炎上，兑泽润下，相违不相济；离为中女，兑为少女，两女同居，志不同归，嫁不同行，两相乖离，道不同而不相为谋，所以称为"睽"。睽，为乖，背离，不和的意思。离为光明，兑为喜悦，喜悦依附着光明，阴柔而共同向上行进，六五居中与九二阴阳相应，阳大阴小，阴爻主事，因此小事情吉利，所以说"小事吉"。卦体火泽，炎上润下，功用各异；卦象皆女，同性异体，同为女而不同行，君子观此卦象，应当谋求大同而并存小异。

大象：离火炎上，兑泽润下，相违不济；二女同居，两相乖离，背道而驰。

运势：运势欠佳，诸事矛盾难成，可小事，不可大事，凡事宜求同存异。

天时： 时雨时阴。

事业： 反复难成，如果有吴姓、木姓偏旁人帮助能成就。

求财： 得利小，防有口舌。

婚姻： 彼此不了解，先同居后嫁娶，吉利。

胎孕： 生女，防产母多惊。

交易： 反复，若成必有是非。

出行： 去则利，回则难，利两人同行。

疾病： 胸口发闷，心腹疼痛，宜往东南方求医。

词讼： 得理后和解。

初九爻辞

初九：悔亡，丧马勿逐，自复。见恶人，无咎。

象曰：见恶人，以辟咎也。

白话文解释

初九：悔恨消除，丢失马匹不必追赶，自己会返回。遇见恶人，没有灾祸。

《象辞》说：遇见恶人，要避免灾难。

漠元解卦

初九处睽违之初，独立无应无比，会有悔恨；但初九阳居阳位，阳刚得正，悔恨容易消除，所以说"悔亡"。九四互坎，坎为失，象丧；坎又为马。初九与九四不能相应，不相应则不要追逐，喻指丢失了马匹不要去追赶，所以说"丧马勿逐"。初九动变坎，坎为马。丢失马匹，不用追赶，自己会返回，所以说"自复"。

兑为见，九二互离为恶人，初九遇九二同阳相见为敌，喻指遇见恶人。初九居位得正，九二与六五相应，不害初九，没有灾祸，所以说"见恶人，无咎"。功名不成；求财失而后得；婚姻先同居晚嫁娶吉利；孕产生女；家宅平顺；疾病凶危；词讼得理；失物复得；征战不利。

九二爻辞

九二：遇主于巷，无咎。

象曰：遇主于巷，未失道也。

白话文解释

九二：在巷道遇到了主人，没有灾祸。

《象辞》说：在巷道遇到了主人，是说九二没有失去宾主相合的准则。

漠元解卦

离为巷。六五为卦主居离，九二与六五相应，喻指在巷道遇到了主人，所以说"遇主于巷"。九二失位不正，本应有灾，但是居中有应，宾主相合，没有灾祸，所以说"无咎"。功名有成；求财合作得利；婚姻可成；孕产生女；家宅喜庆临门；疾病可愈；词讼凶；征战胜负不分。

六三爻辞

六三：见舆曳，其牛掣。其人天且劓，无初有终。

象曰：见舆曳，位不当也。无初有终，遇刚也。

白话文解释

六三：看见大车被拖拽难行，驾车的牛受到牵制。赶车的是烙额割鼻的人，开始不利，最终会有结果。

《象辞》说：看见大车被拖拽难行，是因为六三阴居阳位，居位不当。开始不利，最终会有好结果，因为六三阴柔遇到上九阳刚相应。

溪元解卦

曳，拖拽；掣，牵制；天，刑名，古代的墨刑，额头刺字的酷刑；劓，截鼻，古代割掉鼻子的酷刑。兑为见，六三互坎为舆，为曳，离为牛。六三阴柔失位，居于九二与九四两阳之间，欲正应上九，后面受到九二拖拽，前面受到九四牵制，喻指大车被拖拽难行，驾车的牛受到牵制，所以说"见舆曳，其牛掣"。六三动变乾为天；艮为鼻；离为艮象半见，无艮无鼻象劓。九二与六五正应，九四与六五亲比，九二与九四都不亲比六三，不比则伤，六三被九二与九四上下刑伤，喻指承受了烙额的天刑与割鼻的劓刑，所以说"其人天且劓"。六三失位不正，志应上九，开始不利，但是最终能够克服困难与上九阳刚相应，会有结果，所以说"无初有终"。求财不利，防官灾；婚姻先阻后成；孕产生女，防面部有伤；家宅不安，人口多损伤；词讼宜和；疾病可愈；征战不利。

九四爻辞

九四：睽孤，遇元夫。交孚，厉无咎。

象曰：交孚无咎，志行也。

白话文解释

九四：背离孤立，遇到大丈夫。诚信相交，虽然危险但是没有灾祸。

《象辞》说：诚信相交没有灾祸，是因为心志得行。

溟元解卦

孤，孤立；元为初，四阴位，初阳位，四以初为夫；元夫，大丈夫，指初九。九四与初九元夫不能相应，背离孤立，所以说"睽孤，遇元夫"。九四互坎为孚，九四亲比六五，能诚信相交，所以说"交孚"。九四不与初九相应而背离孤立，但能与六五诚信相交，虽然危险但是没有灾祸，所以说"厉无咎"。功名不显；求财利少；婚姻可成；孕产生女；家宅孤僻；疾病目疾可愈；词讼和解；征战不利。

六五爻辞

六五：悔亡，厥宗噬肤，往何咎？
象曰：厥宗噬肤，往有庆也。

白话文解释

六五：悔恨消除，宗族相亲，前往怎么会有灾祸呢？

《象辞》说：宗族相亲，前往会有喜庆。

溟元解卦

厥是语气助词；宗为同姓宗族，噬喻合，肤喻亲，噬肤是亲近的意思。六五阴居阳位，以柔居尊，居位不正，宜有悔恨，六五与九二相应，得九四比辅，悔恨得以消除，所以说"悔亡"。宗为九二，九二动变《火雷噬嗑》，其六二爻辞为"噬肤灭鼻，无咎"，所以这里说"噬肤"。六五与九二相应，为宗族相亲，前往怎么会有灾祸呢？所以说"厥宗噬肤，往何咎"？功名可成；求财先损耗后得利；婚姻可成；孕产生女；家宅祖屋居住大吉；疾病肌肤问题，可愈；征战大吉。

上九爻辞

上九：睽孤，见豕负涂，载鬼一车，先张之弧，后说之弧，匪寇婚媾。往遇雨则吉。

象曰：遇雨之吉，群疑亡也。

白话文解释

上九：背离孤立，见猪背负着东西在路上，拉着一车装扮奇怪的人，先搭弓欲射，后放下弓箭，不是寇盗，而是来婚嫁的。前往遇到下雨就会吉利。

《象辞》说：上九遇到下雨吉利，因为上九种种疑惧消失了。

澡元解卦

豕，为猪；负，背负；涂同途，道路的意思；弧为木弓。上九阳刚，处睽违之极，背离孤立，称为"睽孤"。上九居离，离为见；上九动变震为涂；上九与六三相应，六三互坎，坎数一，为豕，为鬼，为车，为弧；六三阴居阳位，受九二与九四两阳牵制，一时不能与上九相应。上九处于极其孤立状态，与六三背离过久，孤独烦躁，导致精神状态不佳，疑神疑鬼，出现种种幻觉，看见猪背负着东西在路上，拉着一车装扮奇怪的人，先搭弓欲射，后放下弓箭，所以说"见豕负涂，载鬼一车，先张之弧，后说之弧"。六三互坎为寇盗，六三终能与上九阴阳相应，而男婚女嫁，喻指不是寇盗，而是来婚嫁的，所以说"匪寇婚媾"。下卦兑为泽，泽气上升为雨，六三位于兑卦最上爻，为雨，上九前往与六三阴阳相合，而疑虑消失，喻指前往遇到下雨就会吉利，所以"往遇雨则吉"。功名不利；求财遇雨得利；婚姻先阻后成；孕产生女；家宅不安，遇喜转吉；出行不宜；疾病防心理疾病，调养可愈；征战预防偷袭。

䷦ 水山蹇

第三十九卦：蹇卦（水山蹇）

蹇：利西南，不利东北。利见大人，贞吉。

象曰：山上有水，蹇。君子以反身修德。

白话文解释

蹇卦：利于西南，不利于东北。利于拜见大人物，守正吉利。

《象辞》说：上卦坎为水，下卦艮为山，山上有水，是蹇卦的卦象。君子应当反省自身，修养德行。

漠元解卦

下艮上坎相叠。坎为水，为险；艮为山，为止。水在山上，水向下流淌，山向上阻止，险在前，见险能止，称为"蹇"。蹇为难的意思。西南坤位，和顺大地，东北艮位，大山险阻，所以说"利西南，不利东北"。蹇难当前，利于拜见大人物，共克险难，九五中正居尊，大德足以济蹇，能够团结众人共渡难关，所以说"利见大人"。处蹇之时，唯有守正，方能获吉，所以说"贞吉"。蹇难之际，君子观此卦象，应当反省自身，修养德行。

大象：山上有水，水向下流，山向上止，险在前，见险能止，蹇难不进。

运势：运势正当艰难，进退不定，宜坚守正道，不可妄动涉险，易招灾祸。

天时：即刻有雨。

事业： 有阻，宜容忍等待时机。

求财： 财运受阻，防是非口舌。

婚姻： 难成，成也不吉，虚多实少。

胎孕： 生男；如果生女，防有灾。

交易： 有阻能成。

出行： 动不成，不宜动，有病破财，利于延迟出行。

疾病： 有足疾，宜往西南方求医。

词讼： 宜回避，停止诉讼。

初六爻辞

初六：往蹇来誉。

象曰：往蹇来誉，宜待也。

白话文解释

初六：前往有难，回来有美誉。

《象辞》说：前往有难，回来有美誉，应当等待时机。

漠元解卦

坎为蹇，六四居坎，初六前往与六四不能相应而遭遇蹇难。艮为止，为名，象誉。初六前往有难，能够知难而退，回来居初停止不动，静待时机，获得美誉，所以说"往蹇来誉"。功名艰难可成；求财不利；婚姻不成；孕产生男；家宅不宜迁动；出行不利；疾病反复，调养可愈；征战宜退守，不宜进攻。

六二爻辞

六二：王臣蹇蹇，匪躬之故。

象曰：王臣蹇蹇，终无尤也。

白话文解释

六二：君王的臣子奋力济难，不是为了自身。

《象辞》说：君王的臣子奋力济难，最终没有过失。

渼元解卦

九五王位，六二臣位。六二互坎，九五居坎，坎为蹇。六二居中得正，突破万难，志与九五阴阳相应，喻指臣子能够辅佐君王奋力济难，所以说"王臣蹇蹇"。六二以阴从阳，忠心辅君，大公无私，不为自身，所以说"匪躬之故"。功名后世流芳；求财不利；婚姻夫贵妇荣；孕产生男；家宅风水环境不利；词讼未决；失物难寻；疾病未安；征战有凶。

九三爻辞

九三：往蹇来反。

象曰：往蹇来反，内喜之也。

白话文解释

九三：前往有难而返回。

《象辞》说：前往有难而返回，是因为亲比内卦六二会有喜庆。

渼元解卦

来反，是返回的意思。九三阳居内卦，前临坎险，如果前往外卦与上六相应，便会进入险难；九三居位得正，为艮卦主体，遇险能止，返回内卦亲比六二会有喜庆，所以说"往蹇来反"。功名有成；求财先损后得；婚姻先遇阻，后得良缘；孕产生男；家宅大吉；行人即日归来；失物可寻；疾病调养可愈；征战无功而返。

六四爻辞

六四：往蹇来连。

象曰：往蹇来连，当位实也。

白话文解释

六四：前往有难，回来也艰难。

《象辞》说：前往有难，回来也艰难，是因为六四虽然当位得正，但是阴柔不能独立济难。

渓元解卦

连，为艰难的意思。六四阴柔得位，困于两坎之间，前往上承九五，后退下乘九三，都是以阴从阳，不能独自济难，回来与初六同阴不能相应而遭遇艰难，进退两难，所以说"往蹇来连"。功名难升；求财有利；婚姻不吉；孕产生男；家宅气不流通；疾病不愈；词讼牵连，迟久可了；征战不利。

九五爻辞

九五：大蹇朋来。

象曰：大蹇朋来，以中节也。

白话文解释

九五：大难，朋友到来。

《象辞》说：大难，朋友到来，因为九五中正守节。

渓元解卦

九五尊居坎中，阳刚中正，为蹇卦之主，值大难之时，能得六二前来相应，得上六与六四上下比辅，群阴从阳，喻指朋友到来相助济难，所以说"大蹇朋来"。功名有成；求财得利；婚姻和合；孕产生男；家宅不安；疾病可愈；征战危难中，得援突围。

上六爻辞

上六：往蹇来硕，吉。利见大人。

象曰：往蹇来硕，志在内也。利见大人，以从贵也。

白话文解释

上六：前往有难，回来可建大功，吉利。利于拜见大人物。

《象辞》说：前往有难，回来可建大功，是因为上六的志向在于联合内卦九三共同济难。利于拜见大人物，是因为上六顺从于九五尊贵。

漠元解卦

硕，大，丰硕的意思，九三居艮为硕。上六居位得正，处蹇卦终极，前往有难，能知难而退，与九三相应，比辅于九五，喻指能联合九三辅助九五共建济难大功，获得吉利，所以说"往蹇来硕，吉"。九五居尊为大人，上六比辅于九五，喻指蹇难之时，利于拜见大人物，共同济难，所以说"利见大人"。功名有成；求财得利；婚姻夫贵妇荣；孕产生男；家宅大吉；疾病难安；失物难寻；征战有利。

雷水解

第四十卦：解卦（雷水解）

解：利西南。无所往，其来复吉。有攸往，夙吉。

象曰：雷雨作，解。君子以赦过宥罪。

白话文解释

解卦：利于西南方向。不前往，返回原处吉利。有所前往，早去吉利。

《象辞》说：上卦震为雷，下卦坎为雨，雷雨舒发生机，是解卦的卦象。君子应当赦免过失，宽仁罪恶。

漠元解卦

下坎上震相叠。震为雷，坎为水，雷动生发，水润万物，雷水能解天地郁结闭塞之气而生发万物；震为动，坎为险，险在内，动在外，内有险而动出，出于险外而难散，称为"解"。解为缓解、解除的意思。西南坤卦，坤为大地，雷雨交加能润泽大地，大地蓄水使雷雨有度，互相缓解，所以说"利西南"。蹇得解，难已平，无难则不前往，返回原处吉利，所以说"无所往，其来复吉"。如果再有蹇难，应有所前往，早去吉利，所以说"有攸往，夙吉"。震为缓，为宽仁；坎为罪，为失。雷雨舒发生机，恩泽万物，草木花果破壳萌发，君子观此卦象应当赦免过失，宽仁罪恶。

大象：雷动生发，水润万物，雷水解天地郁结闭塞之气而生发万物。

运势：宜把握良机，趁早解决先前遇到的问题，出外向西南方谋事吉利。

天时：连日有雨。

事业：名震万里，贵人相助，事业有成，宜西南方发展。

求财：财源滚滚，宜往西南方求财。

婚姻：反复终成，宜多交往接触。

胎孕：生男，或双生。

交易：终成。

出行：推迟出行，中途防口舌。

疾病：咽喉有疾，咳嗽呕吐，宜往西南方求医。

词讼：宽仁止讼，可无罪。

初六爻辞

初六：无咎。

象曰：刚柔之际，义无咎也。

白话文解释

初六：没有灾祸。

《象辞》说：初六与九四刚柔相济，理应没有灾祸。

澡元解卦

初六阴居阳位，虽然失位不正，但是能上应九四，亲比九二，有情于两刚，阴阳相合，因此没有灾祸，所以说"无咎"。功名守旧；求财利少；婚姻有成；孕产生男；家宅平安；词讼宜和解；失物可寻；出往吉利；征战不利。

九二爻辞

九二：田获三狐，得黄矢，贞吉。

象曰：九二贞吉，得中道也。

白话文解释

九二：田猎获得三只狐狸，并得到黄色箭头的赏赐，守正吉利。

《象辞》说：九二守正吉利，因为九二阳刚居得中道。

溪元解卦

九二动变为坤，坤为地，坎为水，水地为田；坎为狐，下卦共三爻所以说三狐；九二互离为黄矢。狐为隐伏之物，性格狡诈魅惑。九二阳刚居坎中，能上应六五之君，得初六与六三上下亲比，担任清除隐患的重任，喻指田猎获得了三只狐狸，并得到黄色箭头的赏赐，所以说"田获三狐，得黄矢"。九二阳居阴位，虽然失位不正，但是刚直处中，能清除隐患，获得赏赐，坚守正道，而得吉利，所以说"贞吉"。功名有成；求财厚利；婚姻和合；孕产生男；家宅阴气重，宜改善风水；疾病忧郁症，治疗可愈；征战有利。

六三爻辞

六三：负且乘，致寇至，贞吝。

象曰：负且乘，亦可丑也；自我致戎，又谁咎也。

白话文解释

六三：背物乘车，招致寇盗，守正也有恨惜。

《象辞》说：背物乘车，也可以算作丑事；自己的行为招来寇盗，又能归咎于谁呢？

272

溪元解卦

负，背负；乘，乘车。坎为车，为寇盗。六三阴居阳位，失位不正，上负九四，下乘九二，上负下乘，六三居坎上，喻指背物乘车，所以说"负且乘"。六三与上六不能相应而为敌，喻指招致寇盗，所以说"致寇至"。六三阴柔不正，凌驾于九二阳刚之上而攀附于九四，又与上六为敌，喻指小人窃居高位，处境不佳，即使坚守正道也会有恨惜，所以说"贞吝"。功名不吉；求财不利，防盗损；婚姻不正；孕产生男；家宅防盗；失物被盗难寻；疾病凶危；征战有凶。

九四爻辞

九四：解而拇，朋至斯孚。
象曰：解而拇，未当位也。

白话文解释

九四：解除大脚趾的束缚，朋友就能心怀诚信前来应和。
《象辞》说：解除大脚趾的束缚，是因为九四居位不当。

溪元解卦

拇，脚的大拇指；斯，连词，于是，就的意思；孚，诚信。九四动变坤为拇。九四阳居阴位，居位不当，下比六三，六三阴柔不正，九四易被六三纠缠，喻指大脚趾被束缚。九四阳刚居震，震动易解，能够解除大脚趾的束缚，所以说"解而拇"。九四上比六五之君，下与初六阴阳相应，喻指摆脱六三的纠缠束缚后，朋友能心怀诚信前来应和，所以说"朋至斯孚"。功名守旧；求财得利；婚姻可成；孕产生男；家宅风水不佳；疾病防足疾，可愈；征战先被困，后得援兵突围而解。

六五爻辞

六五：君子维有解，吉。有孚于小人。

象曰：君子有解，小人退也。

白话文解释

六五：君子能够解除险难，吉利。用诚信感化小人。

《象辞》说：君子解除险难，小人势力消退。

滉元解卦

六五柔中居尊为君子，得九四比辅，又与九二阴阳相应，得道多助，能够解除险难而获吉，所以说"君子维有解，吉"。九四能解六三小人而亲比六五君子，六五君子的诚信之德足以感化小人，所以说"有孚于小人"。功名有成；求财得利；婚姻和合；孕产生男；家宅平安大吉；疾病可愈；词讼散去；征战大吉。

上六爻辞

上六：公用射隼于高墉之上，获之，无不利。

象曰：公用射隼，以解悖也。

白话文解释

上六：王公用箭射下城墙上的鹰隼，获得它，没有不利。

《象辞》说：王公射下鹰隼，说明上六在于解除悖逆。

渎元解卦

隼，鹰隼，凶猛的鸟；墉为城墙。震为诸侯，象公；坎为弓弹，象射；上六动变离为隼；震为陵，指大土山，上六居震上，象高墉。上六与六三不应为敌，上六居解之极，居位得正，为解除险难的王公，六三失位不正，为小人窃位，犹如凶猛的鹰隼盘踞高墙上，上六能射下获得，消除祸害，没有不利，所以说"公用射隼于高墉之上，获之，无不利"。功名贵显；求财得利；婚姻可成；孕产生男；家宅高大；词讼和解；征战有利。

山泽损

第四十一卦：损卦（山泽损）

损：有孚，元吉，无咎，可贞，利有攸往。曷之用？二簋可用享。

象曰：山下有泽，损。君子以惩忿窒欲。

白话文解释

损卦：有诚信，大吉，没有灾祸，可以守正，利于有所前往。用什么？二簋就可以用于进献。

《象辞》说：上卦艮为山，下卦兑为泽，山下有泽，是损卦的卦象。君子应当抑止愤怒，闭塞欲望。

漠元解卦

下兑上艮相叠。艮为山，兑为泽，上山下泽，山下有泽，泽水自下往上渗透，滋润山上万物生长，泽水因此而减少，损下以益上，损兑益艮，称为"损"。损为减损的意思。艮为少男，兑为少女，山泽通气，男女有情，卦中六爻皆应，诚信相通，可得大吉，没有灾祸，可以守正，利于有所前往，所以说"有孚，元吉，无咎，可贞，利有攸往"。兑数二；簋，黍稷方器，互坤为方器，互震为百谷，象簋。损下益上，不必减损过甚而丰厚益上，下者用什么进献上者？二簋就可以用于进献，喻指只要心怀诚信，微薄之物足以奉献于上，所以说"曷之用？二簋可用享"。艮为止，互震为怒，互坤为闭，为欲。君子观此象，应当抑止愤怒，闭塞欲望。

大象： 山下有泽，损下益上，损兑益艮，六爻皆应，诚信相通，大吉无咎。

运势： 开始诸事不顺，损己利人，后面会有回报，因祸得福。

天时： 雨渐止，有阴云。

事业： 先难后易，损耗后可成就。

求财： 先损耗后得利，宜和气生财。

婚姻： 可成，恐有损。

胎孕： 单月生男，双月生女，头胎防克。

交易： 如果三人合作可成。

出行： 不宜出行，防有损失。

疾病： 四肢沉重，手脚活动不便，呕吐腹痛，宜往东南方求医。

词讼： 不贪财，忌斗气，宜和解。

初九爻辞

初九：已事遄往，无咎，酌损之。

象曰：已事遄往，尚合志也。

白话文解释

初九：事成以后就迅速前往，没有灾祸，适度减损自己。

《象辞》说：事成以后就迅速前往，是因为初九上与六四意志相合。

淏元解卦

已为成，遄为迅速，酌为适当。初九为损卦开始，阳居阳位，居位得正而有成，宜迅速前往上应六四，以阳应阴，损下而益上，损自己而成就六四，与六四意志相合，没有灾祸，喻指事成以后就迅速前往，没有灾祸，所以说"已事遄往，无咎"。初九居损卦之初，上应六四，损刚应柔，不可盲目自损刚质，以适度减损自己为宜，所以说"酌损之"。功名速求可得；求财先损后得；婚姻和合；孕产生女；家宅损耗宜迁；失物可寻；词讼宜和；疾病可愈；征战有利。

九二爻辞

九二：利贞，征凶。弗损，益之。

象曰：九二利贞，中以为志也。

白话文解释

九二：利于守正，前往凶险。不减损，而增益。

《象辞》说：九二利于守正，应当以坚守中道为志向。

漢元解卦

九二阳刚居中，志在自守，不宜妄进，利于守正，所以说"利贞"。九二互震为征，损卦是损下而益上，九二失位不正，上承众阴，若前往相应上卦六五，则九二受损会有凶险，所以说"征凶"。九二得六三比辅，同在兑泽，阴阳相合，不减损，而增益，所以说"弗损，益之"。功名宜守；求财得利；婚姻和合；孕产生女；家宅平安；词讼宜和；疾病可愈；征战坚守有利。

六三爻辞

六三：三人行则损一人，一人行则得其友。

象曰：一人行，三则疑也。

白话文解释

六三：三人同行则减损一人，一人独行则得朋友。

《象辞》说：一人独行，是因为三人同行则生疑惑。

漠元解卦

六三动变乾为人，为行。六三居兑极，欲前行相应于上九，喜悦相求，遇六四与六五阻滞生疑而受损，喻指六三、六四、六五三人同行而减损一人，所以说"三人行则损一人"。上九以六三为友，如果六三等待上九来应，上九则得其友，所以说"一人行则得其友"。功名独往可成；求财合伙不宜超过两人，获利多；婚姻可成；孕产生女；家宅平安；词讼宜和解；疾病可愈；征战有利。

六四爻辞

六四：损其疾，使遄有喜，无咎。

象曰：损其疾，亦可喜也。

白话文解释

六四：减损疾患，去除迅速有喜庆，没有灾祸。

《象辞》说：减损疾患，也是可喜之事。

漠元解卦

疾为疾患；遄为迅速。六四柔居阴位，以过度阴柔为疾患，得初九阳刚相应，可以减损疾患，所以说"损其疾"。疾患不宜久留，越快越好，去除迅速则有喜庆，没有灾祸，所以说"使遄有喜，无咎"。功名可成；求财得利；婚姻和合；孕产生男；家宅可居；疾病可愈；征战不利。

六五爻辞

六五：或益之十朋之龟，弗克违，元吉。

象曰：六五元吉，自上祐也。

白话文解释

六五：有人送来价值二十贝的大龟，不要违背，大吉。

《象辞》说：六五大吉，是来自上九的庇祐。

澳元解卦

双贝为朋，十朋价值二十贝；古代崇尚卜筮，龟为贵重物品；弗克违，不要违背。六五柔居尊位，与九二相应，得上九比辅，获益丰厚，喻指有人送来价值十朋的大龟，所以说"或益之十朋之龟"。六五尊居君位，对于九二与上九的增益，不要违背，可得大吉，所以说"弗克违，元吉"。功名可名利双全；求财自得大利；婚姻和合；孕产生男；家宅隆昌；疾病可愈；征战大吉。

上九爻辞

上九：弗损，益之，无咎，贞吉。利有攸往，得臣无家。

象曰：弗损益之，大得志也。

白话文解释

上九：不减损，而增益，没有灾祸，守正吉利。利于有所前往，驾临群臣，天下一家。

《象辞》说：不减损而增益，志向得到大的伸展。

280

溟元解卦

得，获得，引申为驾临。臣，喻指群臣；得臣无家，指驾临群臣，天下一家。上九处损卦终极，物极必反，转损为益，下应六三，则得其友，没有灾祸，所以"弗损，益之，无咎"。上九不损反益，守正得吉，所以说"贞吉"。上九比辅六五，下应六三，利于有所前往，所以说"利有攸往"。上九动变坤为臣，艮为家，艮动变坤，象"得臣无家"。上九阳刚居上，下临三阴，喻指驾临群臣，天下一家，所以说"得臣无家"。功名得志大吉；求财大利；婚姻和合；孕产生男；家宅兴旺隆昌；出往吉利；疾病可愈；征战大吉。

风雷益

第四十二卦：益卦（风雷益）

益：利有攸往，利涉大川。

象曰：风雷益。君子以见善则迁，有过则改。

白话文解释

益卦：利于有所前往，利于涉川历险。

《象辞》说：上卦巽为风，下卦震为雷，风势越强雷声越响，风雷交助增长，是益卦的卦象。君子应当见到好的要学习改进，有了错误要及时改正。

淏元解卦

下震上巽相叠。巽为风，震为雷，风雷激荡，风势越强雷声越发广远，雷激则风烈，风雷交助增长；震为长男，巽为长女，长男长女，夫妻正配，繁衍孕育，增益后代，称为"益"。益是增加，增益，增长，增足的意思。巽为入，为利；震为动，为行；自下而上，动而渐入，行而有利，利于有所前往，所以说"利有攸往"。巽为利，震为舟，互坤为水，互艮为山，为大川，风行雷厉，前往有利，利于涉川历险，所以说"利涉大川"。雷动人心奋发以迁善，风散人心荡涤以改过，益善改过，君子观此卦象，应当见到好的要学习改进，有了错误要及时改正。益卦是减损上面，增益下面，损上以益下，与损卦的损下益上相反，共同阐述着损益的原则。

大象： 风雷激荡，风雷交助增长。长男长女，夫妻正配，繁衍增益。

运势： 正值旺运，奋发进取，财名顺利，可得贵人帮助而成功。

天时： 风雷撼动。

事业： 奋发图强，大有作为，名利双全。

求财： 大得名利。

婚姻： 正配和合。

胎孕： 单月生男，双月生女，不久便产。

交易： 必成。

出行： 宜与人同行，通畅得利。

疾病： 肝阳上升或肝胆之疾，宜往东南方求医。

词讼： 自我反省，心平气和，争讼可结。

初九爻辞

初九：利用为大作，元吉，无咎。

象曰：元吉无咎，下不厚事也。

白话文解释

初九：利用于兴作大事，大吉，没有灾祸。

《象辞》说：大吉没有灾祸，是因为初九受益而不用承受厚重的压力。

漠元解卦

大作，指作大事；利用为大作，指利用于兴作大事。巽为利；震为作；阳大阴小，初九阳爻为大。初九阳居阳位，居位得正，得六二亲比，得六四相应，居下大获增益，可以利用于兴作大事，大吉，没有灾祸，所以说"利用为大作，元吉，无咎"。功名大有所成；求财大有所得；婚姻大吉大利；孕产生女；家宅宽敞大吉；词讼无碍；疾病调养可愈；征战大吉大利。

六二爻辞

六二：或益之十朋之龟，弗克违，永贞吉。王用享于帝，吉。
象曰：或益之，自外来也。

白话文解释

六二：有人送来价值二十贝的大龟，不要违背，永远守正吉利。君王用以祭献先帝，吉利。
《象辞》说：有人送来增益，是从外部得来。

漠元解卦

损卦六五也有这段爻辞，将损卦颠覆过来就是益卦，益卦六二相当于损卦六五。益卦六二居中得正，在上损下益之时，获九五中正相应，喻指以臣相应君王，受命荣居要职，被赐予了价值二十贝的大龟，不能违背，永远守正而得吉，所以说"或益之十朋之龟，弗克违，永贞吉"。享，祭献的意思。震为帝，为祭，六二居震中，得九五君王相应而获吉，喻指君王用以祭献先帝获得吉利，所以说"王用享于帝，吉"。功名荣显；求财得利丰厚；婚姻百年好合；孕产生男；家宅藏风聚气，大吉大利；祭祀吉；词讼宜和；疾病可愈；征战大利。

六三爻辞

六三：益之，用凶事，无咎。有孚中行，告公用圭。
象曰：益用凶事，固有之也。

284

白话文解释

六三：将增益用于拯救凶危，没有灾祸。有诚信而行中道，用符信上报王公。

《象辞》说：将增益用于拯救凶危，可以巩固原有的增益。

澡元解卦

六三阴居阳位，处震卦最上爻，震为动，欲动向上九求增益，所以说"益之"。六三互坤，坤为用，为死丧，为事，上九欲增益六三，被九五所阻为凶，须六三主动求益于上九，用于拯救凶危，没有灾祸，所以说"用凶事，无咎"。六三受益于上九为"有孚"，六三与六四同处内外卦之间为"中行"，有诚信而行中道，所以说"有孚中行"。震为告，为诸侯，诸侯为公，指六四，六三近六四，喻指能够上报王公。圭指天子所赐的符信，六四动变乾为圭，六四能够亲比九五，拥有符信，六三与六四上承九五，喻指六三上报六四王公执圭朝见九五，所以说"告公用圭"。功名险中求；求财险中得利；婚姻恐带孝婚嫁，没有灾祸；孕产生男；家宅不安，宜改善风水趋吉；疾病可愈；征战获救脱险。

六四爻辞

六四：中行，告公从，利用为依迁国。

象曰：告公从，以益志也。

白话文解释

六四：行中道，上报王公必能言听计从，利于依附君王迁都益民。

《象辞》说：上报王公必能言听计从，用于增益众人的心志。

溟元解卦

六三与六四同处内外卦之间，行中道，所以说"中行"。六四居位得正，上承九五之君，下应初九，有依附君主增益下民之象，因此六三上报六四王公益下，王公必能言听计从，所以说"告公从"。巽为利，互坤为国，震为动，有迁国之象，六四亲比九五之君，喻指利于依附君王而迁都益民，所以说"利用为依迁国"。功名不成；求财得利；婚姻另寻新爱；孕产生女；家宅宜迁；失物难寻；疾病未愈；征战不利。

九五爻辞

九五：有孚惠心，勿问元吉。有孚惠我德。

象曰：有孚惠心，勿问之矣。惠我德，大得志也。

白话文解释

九五：有诚信利民之心，不用占问就知大吉。会以诚信惠赠我的恩德。

《象辞》说：有诚信利民之心，是不需要占问的。惠赠我的恩德，志向得到大的伸展。

溟元解卦

九五之尊，居中得正，下应六二，得六四比辅，能损己益下，有诚信利民之心，不用占问就知大吉，所以说"有孚惠心，勿问元吉"。九五下乘众阴都能诚信相通，下位得到我的恩惠，也会以诚信惠赠我的恩德，所以说"有孚惠我德"。功名实至名归；求财财源滚滚；婚姻和合大吉；孕产生女；家宅德高望重；疾病可愈；征战大吉。

上九爻辞

上九：莫益之，或击之，立心勿恒，凶。

象曰：莫益之，偏辞也。或击之，自外来也。

白话文解释

上九：没有人增益，反而有人攻击，树立决心不坚定，凶险。

《象辞》说：没有人增益，是因为上九单方面求益的言辞。有人攻击，是来自外部的。

漢元解卦

上九阳刚居益卦之极，损上益下发展到了极至，极则生变。上九下应六三，遇九五阻滞为敌，喻指没有人增益，反而有人攻击，所以说"莫益之，或击之"。震为立；上九动变坎为心；巽为进退，为不果，象勿恒。上九阳居阴位，不中不正，为树立决心不能坚定而遭遇凶险，所以说"立心勿恒，凶"。功名凶危；求财得利有凶；婚姻成有凶；孕产生女；家宅不吉；失物难寻；疾病凶危；征战不利。

泽天夬

第四十三卦：夬卦（泽天夬）

夬：扬于王庭，孚号有厉。告自邑，不利即戎，利有攸往。

象曰：泽上于天，夬。君子以施禄及下，居德则忌。

白话文解释

夬卦：在朝廷上宣扬，诚信的呼号有危险。告知自己的侯国，不利于立即采取军事行动，利于有所前往。

《象辞》说：上卦兑为泽，下卦乾为天，泽水化气升腾于天，决降为雨，是夬卦卦象。君子应当福禄恩泽天下，切忌居德怠慢。

渼元解卦

下乾上兑相叠。乾为天；兑为泽，为附决。兑在乾上，一阴居五阳之上，势压五阳，五阳虽盛，不明其罪，不敢轻率妄动，请求决断，称为"夬"。夬，是决，决断，刚决，以刚决柔的意思。乾为王，兑为口，五阳决一阴，一阴消退，君子势盛，欲决阴小，必需师出有名，君子在朝廷上宣扬，诚信的呼号小人带来的危险，所以说"扬于王庭，孚号有厉"。一阴危而居上，刚盛柔衰，恃强凌弱胜之不武，因此告诫自己侯国的国人，刚决柔应以德裁决，不利于立即采取军事行动，所以说"告自邑，不利即戎"。刚长柔消，利于有所前往，所以说"利有攸往"。兑为泽，乾为天，为德，为禄，为施，为德，泽水化气升腾于天，决降为雨，君子观此卦象，应当福禄恩泽天下，切忌居德不施。夬又为消息卦，代表农历三月，建辰。

大象：一阴凌驾于五阳，五阳决去一阴。

运势：开始吉利，困难与凶危将要到来，宜提高警惕，防祸从口出。

天时：霜雪散，雨转晴。

事业：盈满招损，切忌气傲。

求财：得利丰厚，平均分配，否则易遭众怒。

婚姻：有阻，终成。

胎孕：生男，不久当产。

交易：难成。

出行：不利，作事反复多忧，宜守旧。

疾病：手脚疼痛或者肺部相关问题，宜往东南方求医。

词讼：宜急不宜缓，可了结罢讼。

初九爻辞

初九：壮于前趾，往不胜为咎。
象曰：不胜而往，咎也。

白话文解释

初九：前脚趾健壮，前往不能取胜而造成灾祸。
《象辞》说：不能取胜而急于前往，会有灾祸。

漠元解卦

初九在乾卦初爻，为夬卦开始，阳刚健壮，但居于下位，躁进前往，遇九二为敌，上又无应，心有余而力不足，喻指前脚趾健壮，前往不能取胜而造成灾祸，所以说"壮于前趾，往不胜为咎"。

功名不成；求财不利；婚姻不吉；孕产生男；家宅宜居不宜迁；行人至；失物难寻；词讼有凶；疾病防足部疾患；征战大败。

九二爻辞

九二：惕号，莫夜有戎，勿恤。

象曰：有戎勿恤，得中道也。

白话文解释

九二：忧伤呼号，夜晚有敌来犯，不必忧虑。

《象辞》说：有敌来犯不用忧虑，因为九二阳刚居得中道。

溴元解卦

惕，警惕；恤为忧。九二阳刚居中，上无相应，前后皆阳，进退两难，忧伤呼号之象，所以说"惕号"。莫同暮；莫夜，夜晚；戎指敌寇。九五居兑为月，象莫夜；九二动变离为戈兵，象戎。九二上与九五不应为敌，喻指夜晚有敌来犯，所以说"莫夜有戎"。九二刚居中位，只要安居慎防，就不必忧虑，所以说"勿恤"。功名不成；求财不利；婚姻可成；孕产生男；词讼宜和；家宅宜防火灾；疾病日轻夜重，调养可愈；征战不利。

九三爻辞

九三：壮于頄，有凶。君子夬夬独行，遇雨，若濡有愠，无咎。

象曰：君子夬夬，终无咎也。

白话文解释

九三：颧骨强盛怒容满面，有凶险。君子如果毅然决断独自前去，会遇上雨，全身淋湿会有怒气，没有灾祸。

《象辞》说：君子毅然决断独自前去，最终没有灾祸。

290

澳元解卦

頄，指颧骨。九三超过乾卦中位，阳刚过度，喻指颧骨强盛怒容满面，前遇九四与九五阳刚为敌有凶险，所以说"壮于頄，有凶"。乾为君子，九三上下皆阳无比，毅然决断独自前去与上六相应，所以说"君子夬夬独行"。兑为雨，上六居兑卦阴爻，九三与上六相应，喻指前行遇雨，所以说"遇雨"。乾为衣，上行遇雨淋湿象"濡"，九三欲与上六相应，前遇九四与九五阻滞，招致怨恨，喻指全身被雨淋湿有怒气，所以说"若濡有愠"。九三居位得正，上六终会主动来应，没有灾祸，所以说"无咎"。功名不吉，防有争讼；求财不利；婚姻先阻后成；孕产生男；家宅宜装修趋吉；疾病注意面部问题，可愈；词讼散去；征战不利。

九四爻辞

九四：臀无肤，其行次且。牵羊悔亡，闻言不信。

象曰：其行次且，位不当也；闻言不信，聪不明也。

白话文解释

九四：臀部没有皮肤，行动困难。牵系着羊悔恨消除，无奈听了告诫不能信从。

《象辞》说：行走困难，是因为九四阳居阴位，位置不当；听了告诫不能信从，是因为不能审明事理。

澳元解卦

九四动变坎卦，坎为臀，九四阳爻动变阴爻，阳实阴虚，喻臀部没有皮肤，所以说"臀无肤"。次且，指行动困难之状。九四互乾为行，九四阳居阴位，失位不正，无应无比，前后皆阳，行动

291

困难之状，所以说"其行次且"。兑为羊，牵羊是跟在羊的后面，让羊自有自在前行。九四如果能上借九五的助力像牵羊般来带领众阳爻共同决去上六阴爻，悔恨就会消除，所以说"牵羊悔亡"。兑为言，无应无比为不信。九四不中不正，无应无比，喻指听了告诫不能信从，所以说"闻言不信"。功名不成；求财不利；婚姻犹豫不成；孕产生女；家宅有路不正，但无灾；词讼有凶；疾病防皮肤病，凶危；征战有凶。

九五爻辞

九五：苋陆夬夬，中行无咎。
象曰：中行无咎，中未光也。

白话文解释

九五：苋陆柔脆易于决断，居中行正没有灾祸。
《象辞》说：居中行正没有灾祸，是因为九五的中正之道还没有光大。

漠元解卦

九五动变震，震为苋陆。苋陆即商陆，多年生草本，柔脆易折，这里喻指上六柔爻。九五阳刚中正居尊，近比上六阴柔，喻指能够像决断柔脆的苋陆一样裁决小人，所以说"苋陆夬夬"。九五居中得正，具有中正之德，对于阴柔小人，能够以德裁决，没有灾祸，所以说"中行无咎"。功名显达；求财得利；婚姻和合；孕产生女；家宅装修可居；疾病可愈；词讼获胜；失物难寻；征战有利。

上六爻辞

上六：无号，终有凶。

象曰：无号之凶，终不可长也。

白话文解释

上六：不用呼号，终有凶险。

《象辞》说：不用呼号的凶险，是因为弱阴终究不会长久。

淏元解卦

兑为口，象号；上六动变为乾，号无，象无号。上六一阴凌于五阳之上，居夬卦终极，被五阳所决，阳长阴消，势尽道废，不用呼号，终有凶险，所以说"无号，终有凶"。功名凶危；求财不利；婚姻不成；孕产生女；家宅凶险；词讼冤屈未能伸展；行人未至；疾病凶危；征战大凶。

 **天风姤**

第四十四卦：姤卦（天风姤）

姤：女壮，勿用取女。

象曰：天下有风，姤。后以施命诰四方。

白话文解释

姤卦：女子过于强盛，不适合娶为妻子。

《象辞》说：上卦乾为天，下卦巽为风，天下有风，是姤卦的卦象。君主应当发布命令，诏告四方。

渊元解卦

下巽上乾相叠。乾为天，巽为风。天下有风，风行天下，则与万物相遇，称为"姤"。姤为相遇的意思。一阴遇五阳，喻指一女五夫，女遇男过多而淫荡不贞，不适合娶为妻子，所以说"女壮，勿用取女"。乾为君主，为施；巽为命，为诰；风行天下，无所不至，君主观此卦象，应当发布命令，诏告四方。姤又为消息卦，代表农历五月，建午。

大象： 天下有风，风行天下，一阴遇五阳，一女五夫，以阴消阳。

运势： 阴伤阳，柔消刚，诸事阻滞不顺，防止桃色纠纷，宜谨慎防备。

天时： 晴有风。

事业： 反复，终成。

求财： 远方获利，宜求远方财。

婚姻： 再婚男女，有口舌，聘礼多可成，最终不利。

胎孕： 头胎生女；如果不是头胎，生男。

交易： 用心方成。

出行： 往北方出行有利，防女人勾引。

疾病： 肝病，多忧，惊风，四肢不遂，宜往北方求医。

词讼： 牵连广，女人在内，口舌迟连，有惊阻，但不为害。

初六爻辞

初六：系于金柅，贞吉。有攸往，见凶，羸豕孚蹢躅。

象曰：系于金柅，柔道牵也。

白话文解释

初六：约束于金属车刹，守正吉利。有所前往，会有凶险，柔弱的母猪也会相信而徘徊不进。

《象辞》说：约束于金属车刹，阴柔的美德会有所牵制。

漠元解卦

系，拴，绑，约束的意思；金柅，金属制的车刹。巽为绳，象系；乾为金，巽为木，金制木止，象金柅，指九四。初六阴柔居下，失位不正，以一柔上承五刚，媾合不专，如果顺从正应九四，坚守正道，可获吉利，喻指约束于金属车刹，守正吉利，所以说"系于金柅，贞吉"。羸豕，柔弱的母猪；孚，信的意思；蹢躅，徘徊不进的样子。巽为豕，初六阴爻，象羸豕；初六动变乾为信，象孚；巽为进退，象蹢躅。初六柔乘五刚，如果不顺从正应九四，而有所前往，将阴浸而长，阳道渐消，会有凶险，柔弱的母猪也会相信这个道理而徘徊不进，所以说"有攸往，见凶，羸豕孚蹢躅"。功名守旧；求财利静守，不宜远求；婚姻吉利；孕产生女；

家宅防家风不正；失物绳索所系，速寻可得，迟则丢失；行人在外女人牵连，迟归；疾病阴虚，宜静养；征战宜固守。

九二爻辞

九二：包有鱼，无咎，不利宾。
象曰：包有鱼，义不及宾也。

白话文解释

九二：娶有妻子，没有灾祸，不利于宾。
《象辞》说：娶有妻子，从道理上讲不利于宾。

漠元解卦

包，养，引申为娶；鱼，喻指妻子、女人；宾，这里指九四。九二与初六亲比，为娶有妻子，阴阳相合，没有灾祸，所以说"包有鱼，无咎"。九四欲应初六遇二阳阻滞，九二邻近亲比于初六，不利于九四，为不利于宾，所以说"不利宾"。功名有成；求财丰厚；婚姻可成；孕产生女；家宅女性当权；疾病虚惊；征战可破敌。

九三爻辞

九三：臀无肤，其行次且，厉，无大咎。
象曰：其行次且，行未牵也。

白话文解释

九三：臀部没有皮肤，行走困难，危险，但没有大的灾祸。
《象辞》说：行走困难，但仍可前进，不受牵制。

漠元解卦

"臀无肤，其行次且"。在《夬》卦九四爻辞出现过。《夬》卦反过来就是《姤》卦，《夬》卦九四相当于《姤》卦九三，都是动变成坎卦，坎为臀，姤卦九三阳爻变阴爻，阳实阴虚，喻臀部没有皮肤，所以"臀无肤"。次且，行动困难之状，九三互乾为行，九三无应无比，前后皆阳，行动困难遭遇危险，所以说"其行次且，厉"。九三阳居阳位，居位得正，不会有大的灾祸，所以说"无大咎"。这里借指臀部没有肉或臀部受伤，暗喻女子难产有危险，但没有大的灾祸。功名迟得；求财难得；婚姻迟可成；孕产生女，防难产；家宅凶危；失物已损坏，迟可找回；词讼有凶；疾病下体溃烂，宜急治；征战欲进不进，不能获胜。

九四爻辞

九四：包无鱼，起凶。
象曰：无鱼之凶，远民也。

白话文解释

九四：没有娶妻，会引起凶险。
《象辞》说：没有娶妻带来的凶险，是因为脱离了民众。

漠元解卦

包，养，引申为娶；鱼，喻指妻子、女人。包无鱼，指没有娶妻；起凶，会引起凶险。九四欲与初六相应，遇九三与九二两阳阻滞而遭遇凶险，初六亲比于九二，妻子被九二所娶，喻指九四没有娶到妻子，引起凶险，所以说"包无鱼，起凶"。功名不成；求财不利；婚姻不吉；孕产生女；家宅防不测之灾；词讼散；疾病凶危；征战主将不才，防止兵变。

九五爻辞

九五：以杞包瓜，含章，有陨自天。

象曰：九五含章，中正也；有陨自天，志不舍命也。

白话文解释

九五：杞柳包裹着瓜果，蕴藏美盛鲜明的文采，应天时而坠落。《象辞》说：九五蕴藏美盛鲜明的文采，是因为居中得正；应天时而坠落，是因为心志不违背天命。

漠元解卦

杞为杞柳，枝条柔软，可以用来编成器物，可以弯曲包物；瓜，草本蔓生植物，叶子像手掌，果实可以吃；含章，指蕴藏美盛鲜明的文采；陨，从高处掉下，坠落的意思。《姤》是五月卦，杞柳在五月茂盛，瓜在五月开花，上卦为乾为刚为瓜果，下卦为巽为柔为柳，杞柔瓜刚，柔包刚，杞柳能包瓜，而蕴藏瓜开花的美盛鲜明文采。九五上下皆阳，进退两难，只能含章自守，所以说“以杞包瓜，含章”。巽为陨落，乾为天，九五居中得正，蕴藏美盛鲜明的文采，不久阴消至九二，九五与之相应，会应天时而坠落，所以说“有陨自天”。功名显达；求财大利瓜果之财；婚姻虽反复，但终得佳偶；孕产生女；疾病可愈；征战大胜。

上九爻辞

上九：姤其角，吝，无咎。

象曰：姤其角，上穷吝也。

298

白话文解释

上九：遇到触角，恨惜，没有灾祸。

《象辞》说：遇到触角，是因为上九上升至顶点，处于穷困孤立的境地会有恨惜。

澳元解卦

角，动物头顶最坚硬的部位。乾为首，上九位于乾卦最上方，居于首上，为角。上九居姤卦终极，上升至顶点，处于穷困孤立的境地，不能与人遇合，会有恨惜，所以说"姤其角，吝"。没有相遇，独自悲恨而已，身处事外，不与人争，没有灾祸，所以说"无咎"。功名不利；求财不利；婚姻老夫少妻；孕产生男；家宅地势不宜居住过高；疾病多头部生疮或受伤，医治渐愈；征战不利。

泽地萃

第四十五卦：萃卦（泽地萃）

萃：亨，王假有庙，利见大人，亨，利贞。用大牲吉，利有攸往。

象曰：泽上于地，萃。君子以除戎器，戒不虞。

白话文解释

萃卦：亨通，君王到宗庙祭祀，利于拜见大人物，亨通，利于守正。进献大牲吉利，利于有所前往。

《象辞》说：上卦兑为泽，下卦坤为地，泽居地上，是萃卦的卦象。君子应当修治兵器，戒备不测。

漠元解卦

下坤上兑相叠。兑为泽，坤为地。泽能蓄水，地能蓄泽，积蓄成多，相遇后聚，称为"萃"。萃为聚，有聚集、团结、结盟的意思，与涣卦名称相反。兑悦坤顺，柔顺而和悦，彼此相得益彰，因此亨通，所以说"亨"。九五之尊为君王，坤为聚，互艮为宗庙，君王精诚聚于宗庙，能御众以治乱，所以"王假有庙"。九五中正居尊，得六二前来阴阳相应，聚集于尊贵，利于拜见大人物，后所行亨通，利于守正，所以说"利见大人，亨，利贞"。兑为羊，互巽为豕，坤为牛，为杀，聚于宗庙，杀牲结盟，进献大牲而获吉利，利于有所前往，所以说"用大牲吉，利有攸往"。

兑为金刃，为毁折，坤为器，有兵器之象。泽居地上，水满则溢，泛滥成灾，喻指兵变，君子观此卦象，应当修治兵器，戒备不测。

大象：泽在地上，泽能蓄水，地能蓄泽，积蓄成多，相遇后聚。柔顺而和悦，彼此相得益彰。

运势：吉运隆昌，贵人帮助，有利于事业财运发展。

天时：多阴雨。

事业：有贵人提携，利武职。

求财：得利丰厚。

婚姻：虽和合，但防有祸。

胎孕：多生女，产妇病多。

交易：可成。

出行：不宜动，动必有口舌，防破财。

疾病：主心腹痛，胸腹水胀，宜往东南方求医。

词讼：终胜讼。

初六爻辞

初六：有孚不终，乃乱乃萃。若号，一握为笑，勿恤，往无咎。

象曰：乃乱乃萃，其志乱也。

白话文解释

初六：诚信不能保持至终，引起纷乱聚集。如果顺从号令，握手而笑，不用忧虑，前往没有灾祸。

《象辞》说：引起纷乱聚集，是因为初六心志混乱。

淏元解卦

孚，诚信；号，号令的意思。坤为乱，为聚。初六与九四诚信相应，遇六二与六三阻滞，六三又上承九四，九四疑虑不专，诚信不能保持至终，引起纷乱聚集，所以说"有孚不终，乃乱乃萃"。九四互巽为号，互艮为握，初六动变震为笑，初六相应九四受阻，九四主动下来相应初六，初六如果顺从九四的号令，双方可以握手而笑，所以说"若号，一握为笑"。九四动变坎为恤，九四与初六阴阳相应，握手而笑，因此不用忧虑，前往没有灾祸，所以说"勿恤，往无咎"。功名不顺；求财不利；婚姻有阻，终合；孕产生女；家宅不旺，不能久居；疾病心神混乱，喜怒无常，尽快求医可愈；征战防兵变。

六二爻辞

六二：引吉，无咎。孚乃利用禴。
象曰：引吉无咎，中未变也。

白话文解释

六二：上有援引吉利，没有灾祸。只要心怀诚信可以利用薄祭。
《象辞》说：援引吉利没有灾祸，是因为六二居中守正没有改变。

溪元解卦

引，本义是开弓，这里是牵引，援引的意思；孚，诚信。九五互巽为绳，六二互艮为手，六二与九五为正应，有"引"象。六二柔顺中正，相应于九五，虽然暂时遭遇六三阻滞，但是六二与九五为正应，终能得到九五援引而聚集相应，吉利，没有灾祸，所以说"引吉，无咎"。六二动变坎为孚；禴为夏祭，巳月立夏，巳居巽，因此禴取巽象，这里指薄祭的意思。六二居中得正，心怀诚信可以利用薄祭，就能达到祭祀的效果，所以说"孚乃利用褵"。功名得人引荐，能升迁；求财宜合作得利；婚姻大吉；孕产生女；家宅安泰；疾病可愈；征战大吉。

六三爻辞

六三：萃如嗟如，无攸利。往无咎，小吝。

象曰：往无咎，上巽也。

白话文解释

六三：聚集不成生有叹息，没有利益。前往没有灾祸，小有恨惜。《象辞》说：前往没有灾祸，因为六三向上顺从阳刚。

漠元解卦

如，样貌；嗟，叹息。六三阴居阳位，失位不正，与上六不能相应，聚集不成生有叹息，没有利益，所以说"萃如嗟如，无攸利"。六三与九四亲比，前往没有灾祸，所以说"往无咎"。但是九四与初六相应，有相争之嫌，六三会小有恨惜，所以说"小吝"。功名不利，反遭羞鄙；求财不利；婚姻多得怨偶；胎孕生女；家宅口舌不睦，宜迁；词讼不利；行人可至；疾病胸腔病痛，医可愈；征战不利。

九四爻辞

九四：大吉，无咎。

象曰：大吉无咎，位不当也。

白话文解释

九四：大吉大利，没有灾祸。

《象辞》说：大吉大利，没有灾祸，九四虽然居位不当，但是可建聚众伟功。

淏元解卦

九四虽然阳居阴位，失位不正，但是下履众阴，能与初六相应，与六三阴阳相合，可建聚众伟功，大吉大利，没有灾祸，所以说"大吉，无咎"。功名显达，防德不配位；求财有利；婚姻和合；孕产生女；家宅人口兴旺；疾病可愈；征战大获全胜，防功高盖主而遭妒。

九五爻辞

九五：萃有位，无咎。匪孚，元永贞，悔亡。
象曰：萃有位，志未光也。

白话文解释

九五：聚集居于尊贵地位，没有灾祸。不能诚信相应，开始永久守正，悔恨消除。
《象辞》说：聚集居于尊贵地位，其志向还没有发扬光大。

淏元解卦

九五居中得正，聚集居于尊贵地位，没有灾祸，所以说"萃有位，无咎"。九五欲相应于六二，遇九四所阻，不能与六二诚信相应，所以说"匪孚"。九五居尊近得上六亲比聚集，开始永久守正，能以德援引六二主动来应，悔恨消除，所以说"元永贞，悔亡"。功名位高显达，宜修身养性；求财得利；婚姻大吉；孕产生女；家宅山环水聚，吉宅可居；行人至；词讼终胜；疾病心神不宁，调养可愈；征战大吉大利。

上六爻辞

上六：齎咨涕洟，无咎。

象曰：齎咨涕洟，未安上也。

白话文解释

上六：叹息痛哭流涕，没有灾祸。

《象辞》说：叹息痛哭流涕，不能安聚于上位。

漠元解卦

齎咨，叹息；涕，眼泪；洟，鼻涕。上六柔居阴位，处萃卦之极，下与六三不能相应，孤立无援，因此叹息痛哭流涕，所以说"齎咨涕洟"。上六亲比九五之尊，阴聚于阳，没有灾祸，所以说"无咎"。功名不成；求财不利；婚姻生离死别；孕产生女；家宅不安，呻吟叹息；疾病悲伤过度，调养可愈；征战军心涣散，有凶。

地风升

第四十六卦：升卦（地风升）

升：元亨。用见大人，勿恤，南征吉。

象曰：地中生木，升。君子以顺德，积小以高大。

白话文解释

升卦：大亨通。用于见大人物，不用忧虑，向南方光明前往吉利。

《象辞》说：上卦坤为地，下卦巽为木，地中生出树木，生长上升，是升卦的卦象。君子应当顺行向上的美德，由小积累而达到高大。

澳元解卦

下巽上坤相叠。坤为地，巽为风，风从地起，后升于上；坤为顺，巽为木，地中生木，柔顺向上成长，日渐高大，称为"升"。升是登、上、高的意思。坤巽和逊柔顺，九二与六五相应，阳气上升而大得亨通，所以说"元亨"。九二为大人，用其升于六五高位可见，所以说"用见大人"。大人得位，自然不用忧虑，所以说"勿恤"。互震为征；巽往坤，坤往巽，必经于离，离为南为光明，向南方光明前往吉利，所以说"南征吉"。坤为积，为小；巽为高，为长，积小而长高至大。巽升于坤，柔顺而上，君子观此卦象，应当顺行美德，由小积累而达到高大。

306

大象： 地中生木，柔顺向上成长，日渐高大。

运势： 名利双收，积极向上，宜向南方发展。

天时： 阴有风。

事业： 步步高升。

求财： 小求大得，积少成多，可成巨富。

婚姻： 多宠妾灭妻，再婚。

胎孕： 生女，宅居不宜修，防胎动。

交易： 可成，有利。

出行： 一帆风顺，宜出行南方，获利颇丰。

疾病： 头痛呕吐，或肝阳上升之症，宜往南方求医。

词讼： 宜进不宜退，终能胜讼。

初六爻辞

初六：允升，大吉。

象曰：允升大吉，上合志也。

白话文解释

初六：获信而上升，大吉大利。

《象辞》说：获信而上升带来的大吉大利，是因为初六上承顺合九二心志。

澳元解卦

允是信的意思。初六阴居阳位，上与六四不能相应，无力自升，但能顺承九二，阴阳相合而获得信任，下升上允，志同道合，为获信而上升，大吉大利，所以说"允升，大吉"。功名可进；求财大可获利；婚姻和合大吉；家宅乔迁大吉；失物高处寻；词讼继续上诉吉利；疾病腹泻问题，医治可愈；征战大获全胜。

九二爻辞

九二：孚乃利用禴，无咎。

象曰：九二之孚，有喜也。

白话文解释

九二：只要心怀诚信可以利用薄祭，没有灾祸。

《象辞》说：九二心怀诚信，会带来喜庆。

漠元解卦

孚为诚信，九二能与六五诚信相应为有孚；禴为夏祭，巳月立夏，巳居巽，因此禴取巽象，这里指薄祭的意思。《萃》卦反过来就是《升》卦，"孚乃利用禴，无咎"在《萃》卦六二出现过，《萃》卦六二以柔中与九五刚中相应，升卦以九二刚中相应六五柔中，都为诚信相应，因此利用薄祭就能达到祭祀的效果，没有灾祸，所以说"孚乃利用禴，无咎"。功名显达；求财诚信获利；婚姻和合；孕产单月生男，双月生女；家宅喜气盈门；出入吉；疾病可愈；征战取信则胜。

九三爻辞

九三：升虚邑。

象曰：升虚邑，无所疑也。

白话文解释

九三：上升至通畅的空虚侯国。

《象辞》说：上升至通畅的空虚侯国，没有疑虑。

澳元解卦

九三阳居阳位，阳刚得正，居巽卦终，上承六四，应于上六，将要上升至坤卦。坤为虚，为邑，象虚邑。邑指侯国。喻指九三上升至通畅的空虚侯国，所以说"升虚邑"。功名显达；求财有利；婚姻独守空房；孕产生男；家宅前低后高；失物难寻；词讼有凶；疾病阴虚之症，调养可愈；征战夺取空城之象。

六四爻辞

六四：王用亨于岐山，吉，无咎。

象曰：王用亨于岐山，顺事也。

白话文解释

六四：君王在岐山祭祀，吉利，没有灾祸。

《象辞》说：君王在岐山祭祀，是说六四要顺从君王之事。

澳元解卦

六四互震为王，为陵，为祭；坤为众，为臣，为大业；有王陵祭祀，众臣共谋大业之象。六四阴居阴位，居位得正，下与九三阴阳和合，诚信相通，能以德纳下，可建君王之功，自然吉利而没有灾祸，所以说"王用亨于岐山，吉，无咎"。功名荣显；求财获利；婚姻和合；孕产生女；家宅平安；词讼有理；疾病可愈；征战可胜。

六五爻辞

六五：贞吉，升阶。

象曰：贞吉升阶，大得志也。

白话文解释

六五：守正吉利，步步上升至尊位。

《象辞》说：守正吉利，步步上升至尊位，大得上升心志。

淏元解卦

升阶为步步上升。坤为阶，六五柔中居尊，与九二诚信相应，不独揽专权，因此能守正获吉，步步上升至尊位，所以说"贞吉，升阶"。功名显达；求财守正得利；婚姻攀结高亲；孕产生女；家宅居高处心情舒畅；失物阶梯间寻；词讼有凶；疾病加重难愈；征战大吉。

上六爻辞

上六：冥升，利于不息之贞。

象曰：冥升在上，消不富也。

白话文解释

上六：昏暗中不断上升，利于不停息的坚守正道。

《象辞》说：昏暗中不断上升，是说上六消弱不能富实。

淏元解卦

坤为冥，昏暗的意思。上六阴处坤极升终，有在昏暗中不断上升之象，所以说"冥升"。上六居位得正，得九三相应，只有不停息的坚守正道，才能有利，所以说"利于不息之贞"。功名晋升无位，宜守；求财不利，防人财两空；婚姻不能偕老；孕产生女，防难产；家宅家道中落，宅运已过；失物难寻；疾病大凶；征战不利。

泽水困

第四十七卦：困卦（泽水困）

困：亨，贞，大人吉，无咎。有言不信。
象曰：泽无水，困。君子以致命遂志。

白话文解释

困卦：亨通，守正，大人物吉利，没有灾祸。所说的话没有人会相信。

《象辞》说：上卦兑为泽，下卦坎为水，水在泽下，泽上无水，是困卦的卦象。君子宁可舍弃生命也要实现志向。

溟元解卦

下坎上兑相叠。兑为泽，坎为水，水在泽下，泽中干涸无水，困顿不济，万物不润，不能蓄养，称为"困"。困是穷困、困顿、困扰、疲乏、不通的意思。兑为悦，坎为险，陷入困境，才智难以施展，如果能坚守正道，自得其乐，必能摆脱困境而得亨通，所以说"亨，贞"。九五大人阳刚居中，亨通守正，能济于困，因此吉利无祸，所以说"大人吉，无咎"。困境之时，在于正己修身，保持缄默，所说的话没有人会相信，反而会令自己更加困顿，因此诫以"有言不信"。兑为毁折，互巽为命，互离为见通现，坎为志，水在泽下，泽竭无水，万物不养，君子观此卦象，在此穷困之时，宁可舍弃生命也要实现志向。

大象：泽中干涸无水，困顿不济，万物不润，不能蓄养。

运势：身陷困境，事不如意，宜正己修身，保持缄默，等待时机。

天时：雨。

事业：难成，防口舌是非。

求财：资金匮乏，恐陷经济纠纷。

婚姻：终成，其妇清秀，性直，后防男夭女寡，女守贞节成名。

胎孕：生男。

交易：不成，恐有事非。

出行：不宜出行，在外遭遇困难，防生命之忧。

疾病：四肢骨节疼痛，或肾水阴亏，病危，宜往西南方求医。

词讼：防牢狱枷锁之灾，防因讼丧命。

初六爻辞

初六：臀困于株木，入于幽谷，三岁不觌。

象曰：入于幽谷，幽不明也。

白话文解释

初六：困坐在木桩上，进入到昏暗的山谷，三年不能相见。

《象辞》说：进入到昏暗的山谷，昏暗不明。

漠元解卦

株木是树被砍后，留露在地面的树根和茎。坎为臀，为木；幽是昏暗的意思，取坎象；九四互巽为入，为谷；坎为三岁；九四互离为目，象觌，相见的意思；坎为疾，目有疾则不觌。初六不中不正，柔居坎下，卑困不安，喻指困坐在木桩上，所以说"臀困于株木"。初六欲与九四相应脱离险境，而困于九二的羁绊，不能出险，与九四应而难和，喻指进入到昏暗的山谷，三年都不能相见，所以说"入于幽谷，三岁不觌"。功名不显；求财不利；婚姻男方家境差，多悔恨；孕产生男；家宅宜深山隐士；行人未至；疾病阴寒之症，凶危；征战兵陷危险境地。

九二爻辞

九二：困于酒食，朱绂方来，利用享祀，征凶，无咎。
象曰：困于酒食，中有庆也。

白话文解释

九二：困扰于酒食，福庆即将到来，利用于祭祀，前往凶险，没有灾祸。

《象辞》说：困扰于酒食，是因为居中位而有喜庆。

渼元解卦

朱绂，古代贵族祭服上的红色饰带，这里喻指福庆。坎为酒，为食；九二互离为乾卦，乾为朱；九二动变坤为绂，为方；六三互巽为来。九二与九五不能相应，喻指困扰于酒食，但是九二阳刚居中，得初六与六三上下比辅，能够济困，喻指福庆即将到来，所以说"困于酒食，朱绂方来"。坎为酒为食为肉，巽为白茅，坤为器为躬，为祭祀之象。九二福庆到来，被委任主持祭祀大礼，以保佑能够尽快脱困，所以说"利用享祀"。九二与九五同阳不应为敌，前往凶险，但是九二阳刚居中，前往能得六三阴阳相合，没有灾祸，所以说"征凶，无咎"。功名遭遇困扰；求财获利；婚姻易成；孕产生男；家宅富贵不安；出往吉利；疾病淫乐醉饱，乐极生悲；征战大凶。

六三爻辞

六三：困于石，据于蒺藜。入于其宫，不见其妻，凶。

象曰：据于蒺藜，乘刚也。入于其宫，不见其妻，不祥也。

白话文解释

六三：被石头困住，依靠在蒺藜上。进入家中，见不到妻子，凶险。

《象辞》说：依靠在蒺藜上，是因为六三阴柔乘凌于九二阳刚。进入家中，见不到妻子，不吉祥。

溪元解卦

六三前面为兑，兑为刚卤，兑泽无水，有石象；坎为蒺藜。六三阴柔居坎，阴居阳位，失位不正，困于九四与九二两阳，喻指被石头困住，依靠在蒺藜上，所以说"困于石，据于蒺藜"。六三互巽为入，坎为宫，上六居兑为妻，六三欲上行相应上六，为"入于其宫"。上六与六三不能相应而失去匹配，喻指见不到妻子，遭遇凶险，所以说"不见其妻，凶"。功名凶危；求财不利；婚姻不吉；孕产生男；家宅地运落囚，宜改善风水；失物不得；词讼散去；疾病大凶；征战大凶。

九四爻辞

九四：来徐徐，困于金车，吝，有终。

象曰：来徐徐，志在下也，虽不当位，有与也。

白话文解释

九四：来时缓慢，被金车困阻，恨惜，最终会有结果。

314

《象辞》说：来时缓慢，志向在于应下，虽然位置不当，但是会得到帮助。

澳元解卦

兑为金，坎为车。九二居坎为金车。九四阳居阴位，失位不正，欲下来相应初六，初六困于九二的羁绊，不能与九四相应，喻指来时相应缓慢，被金车所困，会有恨惜，所以说"来徐徐，困于金车，吝"。九四与初六为正应，虽然开始遭遇艰难，但是终会相应，所以说"有终"。功名始困终通；求财不利；婚姻晚成；孕产生女；行人未至；失物遗落车中，寻可得；疾病大凶；征战不利。

九五爻辞

九五：劓刖，困于赤绂。乃徐有说，利用祭祀。

象曰：劓刖，志未得也。乃徐有说，以中直也。利用祭祀，受福也。

白话文解释

九五：用割鼻断足的威刑，因失去穿官服的人而困扰。慢慢可以摆脱困境，利用于祭祀。

《象辞》说：用割鼻断足的威刑，是说九五志向未能有所得。慢慢可以摆脱困境，因为九五刚中正直。利用于祭祀，可以承受祖先的福荫。

澳元解卦

劓刖，为割鼻断足之肉刑；赤绂，赤色敝膝，为古代大夫所穿。

兑为刑，九五动变震为足，震覆艮为鼻，九五处困之时，阳刚居尊，有过刚之嫌，九五欲与九二相应，九二不应，九五则对其使用割鼻断足的威刑，所以说"劓刖"。九二互离为乾卦为赤，九二动变坤为绂。九五之尊崇尚刑罚，臣不敢近，自己不能脱困，反而受困更重，因为失去九二而感到困扰，所以说"困于赤绂"。兑为说，通脱，摆脱的意思。上六亲比九五，阴阳相合，能辅助九五慢慢摆脱困境，所以说"乃徐有说"。九五动变震为祭，上六居九五之上为祖先，九五摆脱困境实受上六的福荫，所以说"利用祭祀"。求财不利；婚姻防对方有残疾，终可成；孕产生女；家宅业大，但注意家人鼻足之患；词讼防有刑狱，辩白可免；行人出外有灾；失物破损，久后可寻；疾病在鼻足，医治可愈；征战不利。

上六爻辞

上六：困于葛藟，于臲卼，曰动悔，有悔，征吉。
象曰：困于葛藟，未当也。动悔，有悔，吉行也。

白话文解释

上六：困在葛藟中，动摇不安，时时自警，动则难免有悔，虽有悔，但前往吉利。
《象辞》说：被困在的葛藟中，是因为上六所处位置不得当。动则难免有悔，虽有悔，但这是吉利的前行。

漠元解卦

葛藟，植物名，又名千岁藟，葡萄科葡萄属，蔓生藤本，有卷须；臲卼，动摇不安之状。六三互巽为葛藟。上六欲应六三，六三不应为敌，上六犹如被困在葛藟中，所以说"困于葛藟"。上六乘刚无应，居于极其穷困的境地，动摇不安，所以说"于臲卼"。兑为口，为说，象曰，喻指时时自警的意思。上六阴居阴位，居位得正，能时时自警，深知欲摆脱困境非动不可。上六动，欲相应六三，六三不应而有悔，喻指动则难免有悔，所以说"曰动悔"。上六亲比九五，能以阴从阳，辅助九五共同脱离困境，虽有悔，但前往吉利，所以说"有悔，征吉"。功名先困后成；求财先有阻后获利；婚姻遇阻后成；孕产生女；家宅破旧，宜装修；词讼反复牵连，继续上诉可以断结；失物不见；疾病神志不安，调养可愈；征战吉利。

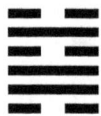

水风井

第四十八卦：井卦（水风井）

井：改邑不改井，无丧无得，往来井井。汔至亦未繘井，羸其瓶，凶。

象曰：木上有水，井。君子以劳民劝相。

白话文解释

井卦：侯国可以搬迁而井却无法搬迁移动，井水不会枯竭也不会溢满，侯国的人们往来汲用井水。水汲至井上还未离开井口，瓶覆水出，凶险。

《象辞》说：上卦坎为水，下卦巽为木，木上有水，津润上行，是井卦的卦象。君子应当慰劳民众并劝其互相帮助。

漠元解卦

下巽上坎相叠。坎为水，巽为木，木上有水，木体内有水份津润，从根茎向上运行，如同井水可以汲上养人，为"井"象。井为通用。侯国可以搬迁，井形态静止无法移动，喻指井德不变；井水不会枯竭也不会溢满，喻指井德有常；侯国的人们往来汲用井水，井以水养人，而取之不竭，喻指井有汲养之德，所以说"改邑不改井，无丧无得，往来井井"。井德宜善始善终，如果水汲至井上还未离开井口，瓶覆水出，徒劳无功，则会遭遇凶险，所以说"汔至亦未繘井，羸其瓶，凶"。坎水在上，巽木在下，水养木而津润上行，君子观此卦象，应当慰劳民众并劝其互相帮助。

大象： 木上有水，木体内有水份津润，从根茎向上运行，如同井水可以汲上养人。

运势： 静守有利，妄动则凶，宜修身养性，维持现状。

天时： 风起有雨。

事业： 功名可成。

求财： 可得厚利。

婚姻： 可成。

胎孕： 生男，防产妇有灾。

交易： 难成，即使成也不长久。

出行： 近行有利，不宜远行。

疾病： 血气攻心，呕吐，肾水疾病，宜往西方求医。

词讼： 因田土之事争讼，多人牵连。

初六爻辞

初六：井泥不食，旧井无禽。

象曰：井泥不食，下也。旧井无禽，时舍也。

白话文解释

初六：井底污泥不能饮用，旧井禽鸟不至。

《象辞》说：井底污泥不能饮用，是因为初六阴柔居下。旧井禽鸟不至，是因为随着时间的推移被舍弃了。

漠元解卦

初六阴柔居井卦最下方，喻井底污泥；坎为食，初六动变乾为旧，巽为鸿雁象禽，六四与初六不能相应为不食，为无禽，喻指井底污泥井水不能饮用，旧井禽鸟不至，所以说"井泥不食，旧井无禽"。功名不成；求财不利；婚姻不成；孕产生男，防难产；家宅荒废；词讼冤屈难伸；行人未至；疾病旧症难治；征战武器落后，难以制胜。

九二爻辞

九二：井谷射鲋，瓮敝漏。
象曰：井谷射鲋，无与也。

白话文解释

九二：投射井中小鱼，水罐碰破而漏水。
《象辞》说：投射井中小鱼，九二没有应与。

渼元解卦

井谷，泉穴，这里指井底积水低洼处；九二居巽，巽为鲋，鲋为小鱼；射鲋为捉鱼。九二阳刚居中，失位不正，为有水不能出之象；下比初六，喻指投射小鱼，所以说"井谷射鲋"。九二互兑，象瓮，指汲水器具；巽在下象底漏。九二与九五不应为敌，喻指水罐被碰破而徒劳无获，所以说"瓮敝漏"。功名虚名虚利；求财失利；婚姻不如意；孕产生男，防残疾；家宅井水不可食；失物毁坏；疾病腹泻，医治可愈；征战不利。

九三爻辞

九三：井渫不食，为我心恻。可用汲，王明，并受其福。
象曰：井渫不食，行恻也。求王明，受福也。

白话文解释

九三：水井修制洁净却不能取水饮用，使我感到悲伤。可以汲水使用，君王贤明，人们都会受益得福。

《象辞》说：水井修制洁净却不能取水饮用，这种行为使人悲伤。祈求君王贤明，是为了接受他的福泽。

渼元解卦

渫，挖出污泥使水洁净；恻，悲伤。坎为水，上六居坎，九三阳刚得位，欲与上六相应，遇九五阻隔而不能应，喻指水井修制洁净却不能取水饮用，而感到悲伤，所以说"井渫不食，为我心恻"。凡爻有正应，开始虽有阻，但是终会相应。九三与上六终究为正应，不会始终阻隔，上六水井修制洁净，九三可以汲水使用，所以说"可用汲"。九五中正，君王贤明不阻隔九三与上六汲引，人们也都因得到井水的汲养而受益得福，所以说"王明，并受其福"。功名怀才不遇；求财不利；婚姻两年后成；孕产生男；家宅宜修造，改善风水吉利；词讼有凶；行人至；疾病心神不安，饮井水可愈；征战缺少主将，凶险。

六四爻辞

六四：井甃，无咎。
象曰：井甃无咎，脩井也。

白话文解释

六四：用砖石砌好井壁，没有灾祸。
《象辞》说：用砖石砌好井壁没有灾祸，是修井带来的好处。

渼元解卦

甃是用砖石修理井的内壁。井卦三阴三阳，三阴为井，三阳为泉，初六为"泥"，上六为"收"，六四阴居阴位，居位得正，为

"甃"。六四比辅九五，井水污浊，六四能修，才有九五的寒泉养人，因此没有灾祸，所以说"井甃，无咎"。功名待时可得；求财旧业获利；婚姻待时；孕产生女；家宅宜装修翻新；疾病调养可愈；征战全军严阵以待。

九五爻辞

九五：井冽寒泉，食。

象曰：寒泉之食，中正也。

白话文解释

九五：井水清澈凉爽，可以饮用。

《象辞》说：清凉的泉水可以饮用，是因为九五居中得正。

漠元解卦

冽，清澈；寒，凉爽。九五为坎卦主体，坎为水，代表冬季，所以说"寒泉"。九五井卦居尊，阳刚中正，得上六与六四上下比辅，喻指井水清澈凉爽，可以饮用，所以说"井冽寒泉，食"。功名荣显；求财得利；婚姻大吉；孕产生女；家宅门风正；疾病外寒内热，医治无碍；征战有利。

上六爻辞

上六：井收勿幕，有孚元吉。

象曰：元吉在上，大成也。

白话文解释

上六：井成不覆盖井口，有诚信大吉。

《象辞》说：大吉在上，井功大成。

漠元解卦

收，成；幕，覆盖。上六阴居阴位，居位得正，处井卦之终，相应九三，亲比九五，井功大成之象。井以上出为用，出水为功，上六居坎卦之上，阴爻两开，喻指井口不加覆盖，所以说"井收勿幕"。上六与九三阴阳相应，诚信大吉，所以说"有孚元吉"。功名显达；求财得利；婚姻和合；孕产生女；家宅广招门客，大吉大利；疾病能愈；征战大获全胜。

泽火革

第四十九卦：革卦（泽火革）

革：己日乃孚。元亨，利贞。悔亡。

象曰：泽中有火，革。君子以治历明时。

白话文解释

革卦：己日开始有诚信。大亨通，利于守正。悔恨消除。

《象辞》说：上卦兑为泽，下卦离为火，泽中有火，是革卦的卦象。君子应当修订历法，明确时令变化。

淏元解卦

下离上兑相叠。兑为泽，离为火。泽水润下，离火炎上，火在泽下，火不能上炎，泽在火上，泽水不能润下，水火能成既济之功，又有未济之害，二者相生又相克，必然出现变革；兑为少女，离为中女，二女同居，少女在上，中女在下，位不当，兑水离火，性不同，心志不同必然生变，称为"革"。革是更改、变革、革命、革新、皮革的意思。离卦纳己，十天干戊己居中，戊居前中，己居后中，易以中和为贵，过则生变，因此己有变革的意思。己土主信，兑卦九五与离卦六二诚信相应，喻指己日开始会有诚信，所以说"己日乃孚"。兑为悦，离为明，革而有信，文明以悦，大得亨通，利于守正，所以说"元亨，利贞"。革新去故，诚信相通，坚守正道，悔恨消除，所以说"悔亡"。兑为月；离为日，

324

为暑；互乾为寒；日月交替，寒暑往来。君子观此卦象，应当修订历法，明确时令变化。

大象：泽上火下，泽水不能润下，火不能上炎，性不同，位不当，而生变革。

运势：革新去故，守正亨通，顺应变化，则大吉大利。

天时：久雨必晴，久晴必雨。

事业：更换行业，吉利。

求财：损耗变动。

婚姻：再婚再娶。

胎孕：当月生女，出月生男。

交易：开始有阻，更换环境再交易可成。

出行：与一人同往，防口舌牵连。

疾病：肝阳上升，咽喉肿痛，大小便不通，宜往东北方求医。

词讼：无中生有，多意外之灾，更改讼词可得胜。

初九爻辞

初九：巩用黄牛之革。

象曰：巩用黄牛，不可以有为也。

白话文解释

初九：用黄牛的皮革束紧加固。

《象辞》说：用黄牛的皮革束紧加固，不能有所作为。

澳元解卦

初九上承互卦巽为绳，动变艮为止，象巩，喻指用皮革束紧加固的意思；离为黄，为牛。初九内卦最下，与九四不相应，没有援助，其才德还不能胜任变革，喻指用黄牛的皮革束紧加固，不能躁急妄动，所以说"巩用黄牛之革"。功名待时，不宜急进；求财宜稳定；婚姻迟得；孕产生女；家宅稳如磐石；词讼牵连；疾病易患脾胃、黄疸症状，宜调养；征战宜固守。

六二爻辞

六二：己日乃革之，征吉，无咎。

象曰：己日革之，行有嘉也。

白话文解释

六二：己日进行变革，前往吉利，没有灾祸。

《象辞》说：己日进行变革，行动会有嘉庆。

漢元解卦

离纳己，为日。六二为离卦文明之主，柔顺中正，上应九五阳刚之君，明事理得权势，时机恰当，喻指可以在己日进行变革，所以说"己日乃革之"。六二前进遇九三阴阳相合，得九五阴阳相应，前往吉利，没有灾祸，所以说"征吉，无咎"。功名可成；求财得利；婚姻和合；孕产生女；家宅装修宜择己日；行人己日可归；词讼失理不利；疾病己日可愈；征战宜在己日行军接战可胜。

九三爻辞

九三：征凶，贞厉。革言三就，有孚。

象曰：革言三就，又何之矣？

白话文解释

九三：前往凶险，守正危险。变革的计划三度赞成，才能取得诚信。

《象辞》说：变革的计划三度赞成，又何必急于前行呢？

漠元解卦

九三动变震为征。九三阳居阳位，居位得正，前遇九四与九五两阳为敌，前进凶险，阳刚相敌，即使守正也会有危险，所以说"征凶，贞厉"。九三动变震为动，为言，象革言。革言，指谋划讨论变革之意，喻指变革的计划；离卦三爻，从初九至九三开始计划变革，为三就。就，符合，赞成的意思。九三居位得正，下得六二亲比，六二又得初九比辅，喻指九三变革的计划得到三度赞成，所以说"革言三就"。孚，诚信。九三前遇九四与九五为敌，不能相应上六，但是九三变革的计划得到多方赞成，变革已经势在必行，可得上六主动前来相应，而取得诚信，所以说"有孚"。功名最终可成；求财有信则利；婚姻终成；孕产生女；家宅三迁后可以安居；词讼三诉可胜；失物难寻；疾病可愈；征战得到将士信任，方利于出战。

九四爻辞

九四：悔亡，有孚改命，吉。
象曰：改命之吉，信志也。

白话文解释

九四：悔恨消除，怀有诚信改变政令，吉利。
《象辞》说：改变政令带来吉利，是因为九四有改革成功的信心与志向。

漠元解卦

孚，诚信；命指政令。九四阳居阴位，失位不正，宜有悔恨，与初九同阳不能相应，没有诚信，但是九四处上卦之下，卦已过中，水火之际，正可推行变革，因此悔恨消除，所以说"悔亡"。九四互巽为命；九四至上六巽覆，象改命。值变革之时，九四爻动，兑变为坎，水火能成既济之功，如果能怀有诚信改变政令，必获吉利，所以说"有孚改命，吉"。功名弃武从文，可成名；求财得利；婚姻再婚再嫁；孕产生女；家宅宜改造装修；词讼有理；失物可寻；疾病可愈；征战转败为胜。

九五爻辞

九五：大人虎变，未占有孚。
象曰：大人虎变，其文炳也。

白话文解释

九五：大人物威猛如虎的推行变革，不用占卜就知道拥有诚信。
《象辞》说：大人物威猛如虎的推行变革，说明九五文彩显著。

漠元解卦

兑为正西，白虎为西方星宿，所以九五有"虎"象，"虎变"喻指虎的皮毛变出纹理，越变越美。九五居尊为大人。九五居中得正，喻指大人物能威猛如虎的推行变革，所以说"大人虎变"。离为龟，可用于占卜；六二在离卦居中得正，能与九五诚信相应，喻指不用占卜就知道拥有诚信，所以说"未占有孚"。功名利武职；求财有利；婚姻同居再婚；孕产生男；家宅伤人口，宜修建右方白虎；疾病肝胆疾病，调理自愈；征战不战而胜。

上六爻辞

上六：君子豹变，小人革面。征凶，居贞吉。

象曰：君子豹变，其文蔚也。小人革面，顺以从君也。

白话文解释

上六：君子快速如豹顺行变革，小人物也改变态度。前往凶险，安居守正吉利。

《象辞》说：君子快速如豹推行变革，说明上六文采蔚然可观。小人也改变态度，是顺从君主变革。

渎元解卦

豹，哺乳动物，似虎圆纹而较小。兑为虎，为豹。上六动变乾为君子。上六居革卦之终，比辅九五，革道大成，喻指君子能快速如豹般顺行九五的变革，所以说"君子豹变"。上六阴爻称为小人；兑为辅颊，为面；上六动变为乾，兑象没有了象"革面"。喻指变革之后，小人物也会改变态度，所以说"小人革面"。上六居位得正，在变革成功，大局稳定之时，宜静不宜动，如果继续前往必遭凶险，安居守正则会吉利，所以说"征凶，居贞吉"。功名宜功成身退；求财名利双全；婚姻终成；孕产生女；家宅宜居不宜迁；失物难寻；疾病带病延年，宜调养；征战宜休兵停战。

火风鼎

第五十卦：鼎卦（火风鼎）

鼎：元吉，亨。

象曰：木上有火，鼎。君子以正位凝命。

白话文解释

鼎卦：大吉，亨通。

《象辞》说：上卦离为火，下卦巽为木，木上燃着火焰，是鼎卦的卦象。君子应当摆正位置，凝聚力量，完成使命。

漠元解卦

下巽上离相叠。巽为木，离为火，火上木下，木生火，有用鼎烹饪之象；主卦巽木、离火，互卦乾金、兑泽水，有木生火，熔金成水，铸鼎之象，称为"鼎"。鼎为烹饪调和的器物，卦象初六阴爻代表鼎足，九二、九三、九四三阳象中实，代表鼎腹，六五阴爻代表鼎耳，上九阳爻代表鼎铉。鼎为烹煮器物，代表养育、权利、贵重、显赫、盛大、王位、帝业、纳新等相关含义。木上燃着火焰，烹饪食物可以养人，革故取新，可得大吉，所以说"元吉"。外卦离为明，内卦巽为顺，内顺外明，可得亨通，所以说"亨"。鼎为容器，鼎体安稳，鼎形端正，可以供养，夏商周三代都以鼎为传国的重器，象征权利与使命。君子观此卦象，应当摆正位置，凝聚力量，完成使命。

大象： 火上木下，木上燃着火焰，烹饪养人，革故纳新。

运势： 木火通明，兴旺发达，宜合伙共事，能得到朋友帮助。

天时： 晴有风。

事业： 利于创立新事业，最宜餐饮相关行业，与人合伙多得助力。

求财： 财源滚滚，自然获利。

婚姻： 和合，夫唱妇随，多得内助。

胎孕： 生女；如果生男，恐母子不安，宜保。

交易： 必成。

出行： 宜与人同行。

疾病： 肝阳上升，或血光之灾，宜往西北方求医。

词讼： 因小是非引起，宜和解。

初六爻辞

初六：鼎颠趾，利出否。得妾以其子，无咎。

象曰：鼎颠趾，未悖也。利出否，以从贵也。

白话文解释

初六：鼎趾颠覆，利于清除残留秽物。娶妾生子扶作正室，没有灾祸。

《象辞》说：鼎趾颠覆，不违背常理。利于清除残留秽物，是顺从尊贵的安排。

漠元解卦

颠，覆，口朝下趾在上的意思；否，坏、恶，指残留、秽物。巽卦为股，初六在巽股最下，所以说"趾"。阳爻为实，阴爻为虚，初六阴居阳位，失位不正，以一阴上承三阳，下虚上实，有鼎趾颠覆之象，所以说"鼎颠趾"。鼎颠覆，残留秽物自出，利于清除，所以说"利出否"。鼎清除残留秽物之后，可以纳新，初六与九四都居位不正，但能阴阳相应，喻指能娶妾生子。娶妾之后，妾不是正室，妾如果成为室主，犹如将鼎倾覆，会有灾祸，如果妾生有贤子，母凭子贵，就可以扶作正室，去旧成新，没有灾祸，所以说"得妾以其子，无咎"。功名荣显；求财先小损后大发；婚姻娶妾生子；孕产生男，宜于庶出；家宅墙基破损，修造有喜；疾病腹胀，医治可愈；征战有利。

九二爻辞

九二：鼎有实，我仇有疾，不我能即，吉。
象曰：鼎有实，慎所之也。我仇有疾，终无尤也。

白话文解释

九二：鼎中有实物，我的配偶有疾患，不能与我靠近，吉利。
《象辞》说：鼎中有食物，要谨慎移动。我的配偶有疾患，最终没有过失。

澡元解卦

阳为实，阴为虚。九二以阳居中，阳刚充实，位于鼎腹，得初六亲比，喻指鼎中有实物，所以说"鼎有实"。仇，匹配，配偶，指六五；即，就，靠近，接触。九二上应六五，六五乘刚，九四与九三阻滞九二相应六五，喻指我的配偶有疾患，不能与我靠近，所以说"我仇有疾，不我能即"。九二鼎有实，复加就会溢出，但六五困于乘刚之疾，不能靠近九二，九二则鼎实不溢，没有过失，因此吉利，所以说"吉"。功名实至名归；求财得利，防盗损；婚姻不利；孕产生女；家宅富足，防盗；失物可寻；疾病为实热之疾，医治可愈；征战不利。

九三爻辞

九三：鼎耳革，其行塞，雉膏不食，方雨亏悔，终吉。

象曰：鼎耳革，失其义也。

白话文解释

九三：鼎耳发生变化，行动滞塞，肥美的山鸡也吃不上，刚好有雨悔恨减消，最终吉利。

《象辞》说：鼎耳发生变化，失去了虚中纳受的意义。

溪元解卦

九三动变成坎，坎为耳；互兑为毁折，有鼎耳革之象。鼎耳的用处是空以待铉，九三处巽卦上爻，阳居阳位，刚实不能虚中，好像鼎耳中空处变化堵塞，九三前后九二与九四承乘皆阳，行动滞塞，无法插杠抬鼎运行，所以说"鼎耳革，其行塞"。离为雉，九三动变坎为膏，为食，九三上无应为不食。九三与上九不能相应，既难行又无应援，虽然徒有鼎器但无法使用，肥美的山鸡也吃不上，所以说"雉膏不食"。九三互兑为雨。鼎耳发生变化，无法使用，刚好遇到下雨，又不能生火烹雉，因此悔恨减消。九三阳居阳位，居位得正，最终吉利，所以说"方雨亏悔，终吉"。功名不成；求财不利；婚姻恐有反悔；孕产生女；家宅有灾；疾病调理可愈；征战防有兵变。

九四爻辞

九四：鼎折足，覆公餗，其形渥，凶。

象曰：覆公餗，信如何也。

白话文解释

九四：鼎足折断，倾覆王公的美食，沾湿了形体，凶险。

《象辞》说：倾覆王公的美食，还怎么能受到信任呢？

澳元解卦

鍊为粹，八珍之膳，指鼎中美食；渥，沾湿。九四阳居阴位，不中不正，上承六五，下应初六，既承且施，不堪其重负，有行事不自量力之象，喻指鼎难承重荷，鼎足折断，所以说"鼎折足"。九三为公位，九四与九三不比为敌，喻指鼎足折断后，不能支撑鼎体而倾覆了王公的美食，沾湿了形体，遭遇凶险，所以说"覆公鍊，其形渥，凶"。功名不吉；求财人财两空；婚姻男女双方注意足疾，不利于家运；孕产生女，防有残疾；家宅凶；词讼有凶；疾病足疾难愈；征战损兵折将。

六五爻辞

六五：鼎黄耳金铉，利贞。

象曰：鼎黄耳，中以为实也。

白话文解释

六五：鼎配有黄耳，贯以金铉，利于守正。

《象辞》说：鼎配有黄耳，是说六五以虚中而获刚实之益。

澳元解卦

离火中虚，六五阴爻居离中象鼎耳，离为黄，为黄耳之象。动变乾为金；上九阳刚为铉，是指横贯鼎耳，用于抬鼎的器具。六五阴居阳位，得上九阳刚比辅，以柔纳刚，阴阳相合，喻指鼎器配有黄耳，贯以金铉，所以说"鼎黄耳金铉"。六五下乘三阳，与九二阳刚相应，以柔纳刚，利于守正，可以用于烹饪，以尽鼎之功用，所以说"利贞"。功名贵显；求财厚利；婚姻联姻豪门；孕产生女；家宅富贵；失物可寻；疾病可愈；征战获胜。

上九爻辞

上九：鼎玉铉，大吉，无不利。
象曰：玉铉在上，刚柔节也。

白话文解释

上九：鼎配有玉铉，大吉大利，没有不利。
《象辞》说：玉铉在六五之上，能金玉相配而刚柔适均。

溪元解卦

乾为玉，上九刚直为铉，象"玉铉"。上九与六五阴阳亲比，金玉相配，刚柔适均，大吉大利，没有不利，所以说"鼎玉铉，大吉，无不利"。功名大吉大利；求财得利；婚姻金玉良缘；孕产生女；家宅富贵；词讼散去；疾病防耳疾；征战攻无不克，战无不胜。

震为雷

第五十一卦：震卦（震为雷）

震：亨。震来虩虩，笑言哑哑。震惊百里，不丧匕鬯。

象曰：洊雷，震。君子以恐惧脩省。

白话文解释

震卦：亨通。雷声传来感到恐惧不安，然后笑语声声。雷声震惊百里，手中棘匕和香酒都没有失落。

《象辞》说：上下皆震，震为雷，叠连而作的雷，是震卦的卦象。君子应当有所恐惧而修身反省自己过错。

渼元解卦

下震上震相叠。震为雷，为动，两震相重，卦象一阳伏于二阴之下，阳气上升，震动为"雷"。震代表恐惧、威严、疾雷、震动等相关意思。震雷威动，阳气奋发，亨通无阻，所以说"亨"。"虩虩"，恐惧的样子；"哑哑"，欢笑的声音。震为笑，为言，震发于怒，则惧，震发于喜，则乐。雷声刚传来时会感到恐惧不安，等到雷止气和，万物得生，就会笑语声声，所以说"震来虩虩，笑言哑哑"。震为诸侯，古帝王制国，诸侯地方百里，震又为惊，所以说"震惊百里"。匕，指棘匕，棘木制的勺子；鬯，指香酒。震为祭，为鬯；互坎为棘匕。喻指祭祀的时候，要心怀虔诚，虽然雷声大作，也不能丧其手中所执有的棘匕和香酒，所以说"不丧匕鬯"。震雷叠连而作，无不惊惧其威，君子观此卦象，应当有所恐惧而修身反省自己过错。

大象：震雷叠连而作，先惊后喜。

运势：先苦后甜，大有作为，宜谨慎收敛，避免损失。

天时：雷鸣。

事业：春冬占，节节升高，大有作为；夏秋占，难求名声。

求财：得利，宜速。

婚姻：面长貌好，得佳偶。

胎孕：生男。

交易：宜与人合伙，可免是非。

出行：不宜独行，宜结伴而行。

疾病：骨节疼痛，血气攻上，肝阳上升，宜往西南方求医。

词讼：有惊，多反复，无大害，终和解。

初九爻辞

初九：震来虩虩，后笑言哑哑，吉。

象曰：震来虩虩，恐致福也。笑言哑哑，后有则也。

白话文解释

初九：雷声传来感到恐惧不安，然后笑语声声，吉利。

《象辞》说：雷声传来感到恐惧不安，是因为恐惧谨慎可以招致福佑。笑语声声，说明后来懂得了天地自然法则。

漠元解卦

虩虩，恐惧的样子；哑哑，欢笑的声音。初九与九四都阳刚居震，不应为敌，喻指雷声传来感到恐惧不安，所以说"震来虩虩"。

初九与六二阴阳亲比和乐，喻指后得笑语声声而获吉，所以说"后笑言哑哑，吉"。功名苦尽甘来；求财先难后易；婚姻先阻后成；孕产生男；家宅不安；失物可寻；疾病先危后福，调养可愈；征战转危为胜。

六二爻辞

六二：震来厉，亿丧贝，跻于九陵，勿逐，七日得。
象曰：震来厉，乘刚也。

白话文解释

六二：雷声传来有危险，预料会丧失财物，登上山陵，不用追赶，七天会失而复得。
《象辞》说：雷声传来有危险而损耗，六二下乘于初九阳刚可复得。

溪元解卦

亿通臆，有臆测、预料的意思；贝，为中国古代货币，喻指财物。二贝为朋，六二与六五不能相应而丧朋，为"丧贝"之象。六五居震，不与六二相应为敌，喻指雷声传来有危险，预料会丧失财物，所以说"震来厉，亿丧贝"。震为陵，初为阳九，象九陵。跻有登、升的意思。六二在初九之上，所以说"跻于九陵"。震为逐，追赶的意思；从六二至上六为五数，再从初九至六二为二数，象七日。六二下乘初九阳刚，阴阳亲比，喻指所丧财物，不用追赶，七天会失而复得，所以说"勿逐，七日得"。功名不成；求财得半；婚姻夫妻不睦，防携资潜逃，不用追究，自回；孕产生男；家宅预防盗损；失物七日内可寻；疾病七日可愈；征战不利。

六三爻辞

六三：震苏苏，震行无眚。

象曰：震苏苏，位不当也。

白话文解释

六三：雷动畏惧不安，警惧慎行没有灾害。

《象辞》说：雷动畏惧不安，是因为六三居位不恰当。

濮元解卦

苏苏，为畏惧不安的样子；震行，喻指警惧慎行。六三阴居阳位，居位不当，不能自安，所以说"震苏苏"。六三上承九四阳刚，能与九四阴阳相合，喻指能警惧慎行没有灾害，所以说"震行无眚"。功名不显；求财不利；婚姻门户不当；孕产生男；家宅惊恐不安；疾病可愈；征战凶险。

九四爻辞

九四：震遂泥。

象曰：震遂泥，未光也。

白话文解释

九四：雷坠入泥土中。

《象辞》说：雷坠入泥土中，是因为九四刚德还没有光大。

濮元解卦

遂，同坠。九四上体互坎为水，动变成坤为土，土与水混合为泥。九四以阳居阴位，不中不正，处上下四阴之中，与初九不能相应，喻指雷坠入泥土中，所以说"震遂泥"。功名宜退不宜进；求财得利，但不利于储蓄；婚姻可成，防同床异梦；孕产生男；家宅阳气闭塞，宜改善风水；疾病可愈；征战有凶。

六五爻辞

六五：震往来厉，亿无丧，有事。

象曰：震往来厉，危行也。其事在中，大无丧也。

白话文解释

六五：雷声往来有危险，预料没有损失，可以顺行祭祀盛事。

《象辞》说：雷声往来有危险，应当心怀警惧谨慎前行。六五处事能慎守中道，不会有大的损失。

淏元解卦

六五阴居震中，与上六不能亲比，与六二不能相应，往来皆敌，喻指雷声往来有危险，所以说"震往来厉"。六五尊位居中，能得九四比辅，虽然雷声往来会有危险，但是预料不会有损失，所以说"亿无丧"。有事，指祭祀之事。震为祭，为鬯。六五得中居尊，雷声往来，能心怀警惧而不丧匕鬯，可以顺行祭祀盛事，所以说"有事"。功名患难后成大功；求财厚利；婚姻防婚后丧事；孕产生贵子；家宅阴气重，宜改善风水；词讼两败俱伤，宜有人从中调和；迁移吉利；征战凶险。

上六爻辞

上六：震索索，视矍矍，征凶。震不于其躬，于其邻，无咎。婚媾有言。

象曰：震索索，中未得也。虽凶无咎，畏邻戒也。

白话文解释

上六：雷声使人恐惧颤抖，两目惊惧四顾，前往凶险。雷声没有震及自身，邻居遭遇到了，没有灾祸。婚配有言语争端。

《象辞》说：雷声使人恐惧颤抖，是因为上六位置没有居中。虽然凶险但没有灾祸，是因为畏惧邻居的遭遇而提前有所戒备。

漠元解卦

索索，恐惧颤抖的样子；矍矍，惊惧四顾的样子。上六阴处震极，与六三不应为敌，喻指雷声使人恐惧颤抖，两目惊惧四顾，前往会有凶险，所以说"震索索，视矍矍，征凶"。躬，指自身；邻，指六五。六五中而不正，与六二不应为敌，喻指遭遇雷震；上六阴居阴位，居位得正，能畏惧邻居六五的遭遇而提前戒备，雷声没有震及自身，没有灾祸，所以说"震不于其躬，于其邻，无咎"。上六无应无比，不能阴阳应和，婚配会有言语争端，所以说"婚媾有言"。功名宜急流勇退；求财宜见好就收，不宜再往；婚姻难成；孕产生男，防眼部问题；家宅防邻宅震动破损；疾病坐立不安，或视力问题，宜调养；征战有凶。

艮为山

第五十二卦：艮卦（艮为山）

艮：艮其背，不获其身。行其庭，不见其人。无咎。

象曰：兼山，艮。君子以思不出其位。

白话文解释

艮卦：止于背后，看不见前身。走进庭院，见不到人。没有灾祸。

《象辞》说：上下皆艮，艮为山，两山相兼，是艮卦的卦象。君子应当考虑问题不能超越本位。

溪元解卦

下艮上艮相叠。艮为山，二山相重，不相往来，卦爻不应，阴阳不能交感，静止之象，称为"艮"。艮代表静止、抑止、险阻、稳固等相关意思。艮卦和震卦相反，震一阳内起，艮一阳外塞，起于内则动，塞于外则止。艮为背，背是不见之物，艮是静止不相交感的卦象，止于背后，静止不见，为"艮其背"。止于背后，则看不见前身，所以说"不获其身"。艮为门庭，相背则不会相遇，不相遇必不能相见，喻指走进庭院见不到人，所以说"行其庭，不见其人"。见不到人，没有交际，就没有灾祸，所以说"无咎"。一山之外，还有一山，两山重叠，其势相连。艮为君子，互坎为思，互震为出，艮止为不出，艮为位。艮以山为止，人以位为止，君子观此卦象，应当考虑问题不能超越本位。

大象： 二山相重，静止相阻，抑止不进，卦爻不应，阴阳不交。

运势： 诸事不宜妄动，前路受阻，宜静待时机。

天时： 连日有雨，大风后晴。

事业： 宜守旧。

求财： 宜守本业，不能贪多；出外求财，易有波折。

婚姻： 贪富嫌贫，不定性，反复终成。

胎孕： 生男。

交易： 可成，有小是非，但无妨。

出行： 宜静不宜动，去不成，强去有险。

疾病： 头痛、脾胃病、浮肿、胀气，带病延年，宜往东北方求医。

词讼： 因小成大，宜和解。

初六爻辞

初六：艮其趾，无咎。利永贞。

象曰：艮其趾，未失正也。

白话文解释

初六：抑止脚趾，没有灾祸。利于永远守正。

《象辞》说：抑止脚趾，说明初六没有违失正道。

溟元解卦

艮为指，初六居艮下，相当于人的脚趾，人行动或停止，都由脚开始，脚趾停止，无法妄动，止得其所，因此没有灾难，所以说"艮其趾，无咎"。初六阴居阳位，失位不正，利于永远守正，才可以长保无咎，所以说"利永贞"。功名初成；求财见好就收；婚姻和合；孕产生女，防有足疾；家宅近山可久住；词讼有理；失物可往地下角落寻找；疾病防足部疾患；征战宜静守。

六二爻辞

六二：艮其腓，不拯其随，其心不快。

象曰：不拯其随，未退听也。

白话文解释

六二：抑止腿肚子，不能举足随从，心中不愉快。

《象辞》说：不能举足随从，也不听从后退停止。

漠元解卦

艮为腓，指腿肚子。六二阴居艮中，柔顺中正，外卦无应，喻指腿肚子被抑止，所以说"艮其腓"。拯同承，举的意思。六二互坎为心。六二欲上承九三阳刚，但腿肚子被抑止，不能自主，不能举足随从，心中不愉快，所以说"不拯其随，其心不快"。功名不前；求财不利；婚姻不成；孕产生女；家宅不安；疾病腿部疾患，凶危；征战恐陷入困境。

九三爻辞

九三：艮其限，列其夤，厉薰心。

象曰：艮其限，危薰心也。

白话文解释

九三：抑止腰部，分裂脊背，危险如心被烧灼。

《象辞》说：抑止腰部，危险如心被烧灼一样。

漠元解卦

限，身之中，喻指腰；九三处上下卦界限，居互卦坎中为腰。九三阳居阳位，阳刚躁进，上九不应，喻指腰部被抑止，所以说"艮其限"。夤为脊肉；列，同裂，分裂的意思。九三居上下四阴爻中，腰被抑止，欲动不能，形似将背部脊肉分裂，所以说"列其夤"。上九居艮，艮为火，象薰，烧灼的意思；九三互坎为心。九三与上九不应为敌，喻指九三危险如心被烧灼，所以说"厉薰心"。功名保守；求财不利；婚姻不成；孕产生女；家宅与外界隔绝，财路不通；词讼曲直难分，宜和解；疾病血脉不通，宜尽快治疗；征战凶险。

六四爻辞

六四：艮其身，无咎。
象曰：艮其身，止诸躬也。

白话文解释

六四：抑止上身，没有灾祸。
《象辞》说：抑止上身，是说六四能自我抑止。

溪元解卦

身，指躯干，身体上部。六四在九三腰部以上，象上身。初六不应，喻指上身被抑止，所以说"艮其身"。六四阴居阴位，居位得正，亲比于九三，不会躁动妄行，能当止则止，可以很好的自我约束，因此没有灾祸，所以说"无咎"。功名守旧；求财不利；婚姻可成；孕产生女；家宅安稳；失物身上可寻；词讼宜和解；疾病带病延年；征战不利。

六五爻辞

六五：艮其辅，言有序，悔亡。
象曰：艮其辅，以中正也。

白话文解释

六五：抑止辅颊，讲话有分寸和条理，悔恨消除。

《象辞》说：抑止辅颊，与上九阴阳相合以守中正。

淏元解卦

辅为辅颊，泛指上颌与面颊。六五动变巽，巽反为兑，兑为辅颊，辅颊反则止。六五柔居尊位，六二不应，喻指辅颊被抑止，所以说"艮其辅"。六五互震为言，喻指抑止了辅颊，讲话就会有分寸和条理，所以说"言有序"。六五中而不正，亲比于上九，能与上九阴阳相合，纠偏补正，使悔恨消除，所以说"悔亡"。功名可成；求财得利；婚姻不宜媒介，宜自由恋爱；孕产生女；家宅安稳；疾病面部问题，宜久治；征战号令严明，战无不胜。

上九爻辞

上九：敦艮，吉。

象曰：敦艮之吉，以厚终也。

白话文解释

上九：用厚德抑止，吉利。

《象辞》说：用厚德抑止带来的吉利，是因为上九能用厚重的品质持续到最后。

淏元解卦

敦，为厚。上九动变坤，坤为厚，象敦。上九阳处艮终，下与六五阴阳亲比，能厚德居上，抑止于终，喻指用厚德抑止，带来吉利，所以说"敦艮，吉"。功名可成；求财厚利；婚姻嫁娶富贵豪门；孕产生女；家宅风气忠厚；疾病不药自愈；征战大利。

风山渐

第五十三卦：渐卦（风山渐）

渐：女归吉，利贞。

象曰：山上有木，渐。君子以居贤德善俗。

白话文解释

渐卦：女子出嫁吉利，利于守正。

《象辞》说：上卦巽为木，下卦艮为山，山上生有树木，是渐卦卦象。君子应当逐渐积聚贤德，改善风俗。

漠元解卦

下艮上巽相叠。艮为山，为止；巽为风，为木。木生山上，风善入，木易长，有根进之象，山有所止而生长缓慢，称为"渐"。渐是渐进、渐成的意思。艮为少男，巽为长女，婚合之象，六二至九五各爻都刚柔得位，六二柔顺中正，与九五阴阳相应，象征女子品德纯正。山上有木，木以山为其所，女以夫为家，女子出嫁称为归，媒约之言，父母之命，纳礼以正，渐渐而成，所以说"女归吉，利贞"。艮为居，为贤；离为乾卦，乾为德，为善；巽为风俗。山上有木，木因山而渐高，山因木而得覆，彼此相得益彰，君子观此卦象，应当逐渐积聚贤德，改善风俗。

大象： 木生山上，以山为其所，山有止而木生长缓慢，渐进渐成。

运势： 诸事宜循序渐进，积少成多，合乎情理，逐渐而成。

天时： 风云蔽日，飞砂走石。

事业： 循序渐进可成。

求财： 逐渐得利。

婚姻： 虽年龄差距，女大男小，但也能夫唱妇随，和合之象。

胎孕： 秋冬生男，春夏生女。

交易： 多阻。

出行： 畅通无阻，宜往西北方。

疾病： 四肢沉重，身疼，头痛，宜往东南方求医。

词讼： 宜进不宜退，退则输，进则胜。

初六爻辞

初六：鸿渐于干，小子厉。有言，无咎。

象曰：小子之厉，义无咎也。

白话文解释

初六：大雁渐渐来到水边与小雁婚合，小雁危险。有媒约之言在先，没有灾祸。

《象辞》说：小雁的危险，理应没有灾祸。

漠元解卦

鸿，游禽，大雁，古代一般大的称为鸿，小的称为雁，古代婚礼用雁，因为雁是一夫一妻制的动物，飞行有序，失偶不会再配，以此来象征女子的忠贞。六二、九三、六四互坎为水，初六在坎下为"干"，干为水涯、水边。渐卦是讲女嫁的卦，上卦巽为长女，这里以"鸿"比喻，下卦艮为少男，以"小子"比喻。喻指大雁渐渐来到水边与小雁婚合，初六居艮阴柔失位，与居巽得位的六四不能相应，不应则敌，喻指小雁危险，所以说"鸿渐于干，小子厉"。古代婚前男女不能见面，全凭媒人说合，长女来与少男求婚合，在别人看来不属于正配，少男所以危险。有言，指有成言，有媒约之言。长女来与少年婚合，女大男小，看上去少男有危险，但是有媒约之言在先，只要以后渐渐磨合，就不会有灾祸，所以说"有言，无咎"。功名渐进亨通；求财先阻后得；婚姻女大男小，先阻终成；孕产生女；家宅小口不安；疾病可愈；征战危险。

六二爻辞

六二：鸿渐于磐，饮食衎衎，吉。

象曰：饮食衎衎，不素饱也。

白话文解释

六二：大雁渐渐处于磐石稳固之地，安享饮食，吉利。

《象辞》说：安享饮食，自食其力。

漠元解卦

磐，大石头，借指安稳，稳固；衎衎，和乐的样子。艮为石，象磐；六二互坎为饮食。六二阴居阴位，居中得正，上与九五阴阳相应，喻指大雁渐渐处于磐石稳固之地，安享饮食，夫唱妇随，和乐融融，因此吉利，所以说"鸿渐于磐，饮食衎衎，吉"。功名成就；求财厚利；婚姻和合；孕产生女；家宅一门和乐；疾病防饮食过度，治可愈；征战大吉。

九三爻辞

九三：鸿渐于陆，夫征不复，妇孕不育，凶。利御寇。

象曰：夫征不复，离群丑也。妇孕不育，失其道也。利用御寇，顺相保也。

白话文解释

九三：大雁渐渐落到高平地上，丈夫前往没有回来，妇女怀孕没有生育，凶险。利于抵御寇盗。

《象辞》说：丈夫前往没有回来，因为九三离开正配群体。妇女怀孕没有生育，说明违失夫妇相亲之道。利于抵御寇盗，可以和比相顺，互保平安。

溪元解卦

艮为山，九三居山上，象陆，指高平地，喻指大雁渐渐落到山顶高平地上，所以说"鸿渐于陆"。九三阳刚为夫，六四阴柔为妇，九三的正应为上九，上九同阳不能与他相应，只好去与六四亲比投合，乐而忘返，喻指丈夫前往没有回来，所以说"夫征不复"。九三互离为大腹，怀孕之象，互坎为险，为灾，孕而不育之象，夫乐于邪配，使妇非夫得孕，无颜生育，因此凶险，所以说"妇孕不育，凶"。互坎为寇盗。九三居位得正，若能谨慎自守，不为邪淫，则有利于抵御寇盗，所以说"利御寇"。功名武职成名；求财不利；婚姻始乱终离；孕产生女；家宅人丁不旺；疾病妇人生产不利；征战宜防不宜战。

六四爻辞

六四：鸿渐于木，或得其桷，无咎。

象曰：或得其桷，顺以巽也。

白话文解释

六四：大雁飞到树木上，取得椽子可以栖息，没有灾祸。

《象辞》说：取得椽子可以栖息，是说六四柔顺温逊。

淏元解卦

巽为木，六四居位得正，处巽卦之初，喻指大雁飞到树木上，所以说"鸿渐于木"。桷为榱，椽子。六四上承九五，以阴从阳，渐进不躁，喻指取得椽子可以栖息，因此没有灾祸，所以说"或得其桷，无咎"。功名不利；求财小利；婚姻破后终成；孕产生男；家宅阴盛阳衰，宜改善风水；疾病肝阳上升，易调养；征战敌势已衰。

九五爻辞

九五：鸿渐于陵，妇三岁不孕，终莫之胜，吉。
象曰：终莫之胜吉，得所愿也。

白话文解释

九五：大雁飞到山陵上，妻子三年不能怀孕，始终不能被战胜取代，吉利。
《象辞》说：始终不能被战胜取代而带来的吉利，是因为九五实现了与六二应和怀孕的愿望。

淏元解卦

陵为大阜，高于陆。九五巽中居尊，巽为高，喻指大雁飞到山陵上，所以说"鸿渐于陵"。六二互坎为三岁；九五互离为大腹，象孕妇，九五动变艮为止，止则"不孕"。九五与六二中正相应为夫妇，九五欲应六二遭九三阻隔，与六二不能阴阳相合，喻指妻子三年不能怀孕，但是九五与六二为正应，时间到了，九五终能战胜九三而与六二应合得孕，喻指自己始终不能被战胜取代，因此吉利，所以说"妇三岁不孕，终莫之胜，吉"。功名三年可成；求财不利；婚姻吉利，得子稍迟；孕产生男；家宅地势宜高；疾病凶危；征战宜养精蓄锐，三年再战。

上九爻辞

上九：鸿渐于陆，其羽可用为仪，吉。

象曰：其羽可用为仪吉，不可乱也。

白话文解释

上九：大雁渐渐飞到山顶平地上，羽毛可以用于婚礼仪式，吉利。《象辞》说：羽毛可以用于婚礼仪式吉利，是因为上九的高洁志向不能扰乱。

漠元解卦

上九与九三都居卦极，称为陆。巽为高，上九处巽上，位居九五陵上，比九三的"陆"要高，指高山顶，喻指大雁渐渐飞到山顶平地上，所以说"鸿渐于陆"。上九渐进上位，远居卦极，志向高洁，羽毛可以用于婚礼仪式，因此吉利，所以说"其羽可用为仪，吉"。功名可成；求财得利；婚姻和合；孕产生男；家宅富贵；失物可寻；疾病可愈；征战可胜。

雷泽归妹

第五十四卦：归妹卦（雷泽归妹）

归妹：征凶，无攸利。

象曰：泽上有雷，归妹。君子以永终知敝。

白话文解释

归妹卦：前往凶险，没有利益。

《象辞》说：上卦震为雷，下卦兑为泽，泽上有雷，是归妹卦的卦象。君子应当知道有衰败的道理而能持之以恒。

漠元解卦

下兑上震相叠。震为雷，为动；兑为泽，为悦。雷震于上，泽随雷动，阳动于上，阴悦而从，女从男之象；女以夫为家，女子出嫁称为归，古代诸侯娶妻，姐姐出嫁妹妹一起陪嫁，称为"归妹"。归妹代表婚媾、嫁女等相关意思。阴阳相交才能生育繁昌，阳应在上，阴应在下，卦中九二至六五，全都不当位，其势都为以柔乘刚，失正而进。震为长男，兑为少女，长男少女不正配，若以情悦相从，妄进求宠，必然凶险，没有利益，所以说"征凶，无攸利"。雷动泽感而荡漾，阴悦随阳，开始不正，终会有弊，君子观此卦象，应当知道有衰败的道理而能持之以恒。

大象： 以柔乘刚，失正而进。婚不正配，情悦相从，妄进求宠，凶无所利。

运势： 处事有违常理正道，灾祸牵连，宜修养德行，断绝妄念。

天时： 雷雨。

事业： 进展有阻，防有悔。

求财： 求小得大，终有损耗。

婚姻： 主夫大妻小，女有容貌，秀美，恐难长久。

胎孕： 生女。

交易： 有是非，不成就。

出行： 遇女人同行。

疾病： 病危、血光之灾，宜往东南方求医。

词讼： 因女人的事情起讼，暗昧难以表现，宜和解。

初九爻辞

初九：归妹以娣，跛能履，征吉。

象曰：归妹以娣，以恒也。跛能履吉，相承也。

白话文解释

初九：嫁女而将其妹妹一同陪嫁，如同跛足的人能走路，前往吉利。

《象辞》说：嫁女而将其妹妹一同陪嫁，姊妹共嫁一夫是古代贵族婚嫁的常规。跛足能走路带来的吉利，是因为可以互相帮助。

漠元解卦

归，女子出嫁，嫁女；妹，少女；妹随姐出嫁称为娣；履，行走。初九与九四同阳不能相应，只能跟随九二相应于六五，喻指妹妹随姐姐一同出嫁，姐姐做正室，妹妹做妾侍，共侍一夫，称为"归妹以娣"。震为足，兑为毁折，有跛足之象，喻指妹随姐出嫁如同跛足的人能走路，虽然偏斜不正，但是可以相互帮助，所以说"跛能履"。初九阳居阳位，居位得正，喻指女子有贞正的品德，能依礼而行，前往吉利，所以说"征吉"。功名异路成名；求财得利；婚姻可成；孕产生女，防足疾；疾病多足疾；失物可寻；词讼宜和解；征战可胜。

九二爻辞

九二：眇能视，利幽人之贞。
象曰：利幽人之贞，未变常也。

白话文解释

九二：睁一只眼闭一只眼，利于有贤德的少女坚守贞正。
《象辞》说：利于有贤德的少女坚守贞正，是因为九二没有改变恒常的品德。

淏元解卦

眇，指眼睛斜视，喻指睁一只眼闭一只眼，假装糊涂。九二互离为目，六五互坎为疾，目有疾，为"眇"象；九二阳居阴位，失位不正，上与阴柔不正的六五相应，喻指嫁夫不良，夫宠爱妾侍，自己平时只能睁一只眼，闭一只眼，所以说"眇能视"。幽人，指静女。九二虽失位不正，但在内卦居中不偏，为贤德静女，能坚守中道，安守本分，固守贞正，所以说"利幽人之贞"。功名清贵；求财有利；婚姻可成；孕产生女；家宅宜清净；失物可寻；词讼防有幽禁之灾，宜和解；疾病防眼部疾患；征战有利。

六三爻辞

六三：归妹以须，反归以娣。

象曰：归妹以须，未当也。

白话文解释

六三：嫁人作为正室仍要等待，归返以陪嫁妾侍身份再嫁。

《象辞》说：嫁人作为正室仍要等待，因为不当其时。

滉元解卦

须，等待。六三阴居阳位，失位不正，欲与上六相应成为正室，上六同阴不能相应，喻指嫁人作为正室仍要等待，所以说"归妹以须"。六三与上六不应，能归返亲比于九四，以阴从阳，喻指归返后以陪嫁妾侍身份再嫁，所以说"反归以娣"。功名卑微；求财不利；婚姻不是正娶；孕产生女；家宅人多屋小，宜改善；行人缓归；词讼宜和解；失物难寻；疾病可愈；征战重整旗鼓，待时再战。

九四爻辞

九四：归妹愆期，迟归有时。

象曰：愆期之志，有待而行也。

白话文解释

九四：少女延期了出嫁的年龄，晚些再嫁总有如愿之时。

《象辞》说：延期了出嫁年龄的心志，是等待有合适的再出嫁。

滉元解卦

愆，过；愆期为延期，延误。九四失位居震体，震为动，动则急于出嫁，但下与初九不能相应，喻指少女延期了出嫁的年龄，所以说"归妹愆期"。九四上承二阴，得六三亲比，动变为"临"卦，临有临近，将到，还没有到，但将来必然会到的意思，喻指晚些再嫁总有如愿之时，所以说"迟归有时"。功名不宜躁进；求财得利；婚姻待时必成；孕产生男；失物迟可寻；疾病调养可愈；征战宜审时度势，不可轻举妄动。

六五爻辞

六五：帝乙归妹，其君之袂不如其娣之袂良。月几望，吉。
象曰：帝乙归妹，不如其娣之袂良也。其位在中，以贵行也。

白话文解释

六五：帝乙嫁妹，正室的衣袖不如侧室的衣袖华丽。月亮接近圆满，吉利。
《像辞》说：帝乙嫁妹，虽然不如侧室的衣袖华丽。但是六五尊位居中，身份高贵却能行谦逊之道。

溟元解卦

袂指衣袖，这里指服饰嫁妆；良为华丽，好；几望，指农历月的十四日，月亮接近圆满的时候。帝乙是指中国古代商纣王的父亲，商王文丁儿子，文丁害死了文王的父亲季历，季历死后，周文王姬昌继位，文丁死后，帝乙继位，商朝经常与周边部落发生冲突，又曾与周族结怨，为了联姻，将妹妹下嫁给周文王姬昌，中国古代这一历史事件称为"帝乙归妹"。六五高居尊位，下与九二阴阳相应，六五尊位喻指帝乙的妹妹，帝乙的妹妹是商朝王室，地位尊贵，下嫁给了九二臣子文王。六五品德谦逊，位贵下嫁，以尊从卑不如以卑从尊，喻指虽为正室，但是衣袖俭朴，还不如侧室的衣袖华丽，所以说"帝乙归妹，其君之袂不如其娣之袂良"。六五互坎为月，六五阴柔居中，月亮至月中接近圆满，喻指文王娶妻，婚姻已经接近圆满，因此吉利，所以说"月几望，吉"。功名可成；求财有利；婚姻和合；孕产生男；家宅一门喜气；疾病可愈；征战身先士卒，大获全胜。

上六爻辞

上六：女承筐无实，士刲羊无血，无攸利。
象曰：上六无实，承虚筐也。

白话文解释

上六：年轻女子提的筐里面没有实物，年轻男子杀羊没有流出羊血，没有利益。
《象辞》说：上六阴虚不实，如同手捧着虚空的筐子。

漠元解卦

震为筐，兑为少女，少女在下，上承筐。震卦六五、上六阴爻虚而不实，上六与六三又不能相应，喻指年轻女子提的筐里面没有实物，所以说"女承筐无实"。刲是宰杀，刀刺的意思。震为士，兑为羊，上六动变离为火，为刀，为斩首，离火克兑金，喻以刀斩羊，象"士刲羊"。上六在下无应，喻指没有流出羊血，所以说"无血"。周初婚礼在宗庙举行，女持筐，出其实以献，男刺羊，洒其血而祭，适用于明媒正娶的正室。筐内无实，刺羊而无血，祭祀不成，喻指上六不能明媒正娶，没有利益，所以说"无攸利"。功名不成；求财不利；婚姻难成有凶；孕产生男；家宅不宁；疾病虚劳贫血难愈；失物难寻；征战大败。

雷火丰

第五十五卦：丰卦（雷火丰）

丰：亨。王假之，勿忧，宜日中。

象曰：雷电皆至，丰。君子以折狱致刑。

白话文解释

丰卦：亨通。君王将亲临，不要忧虑，适宜正午时分。

《象辞》说：上卦震为雷，下卦离为电，电闪雷鸣，光明威动，是丰卦的卦象。君子应当断决狱讼，施行刑罚。

漠元解卦

下离上震相叠。离为日，为明；震为雷，为动；雷动日暄，万物茂盛，光明而有所行动，称为"丰"。丰有大，盈足，财多德大的意思。财多足以济世，德大无所不容，顺通无碍，所行亨通，所以说"亨"。丰亨之道，王所崇尚，必能亲至，君临天下，光耀八方，不要忧虑，所以说"王假之，勿忧"。正午时分，太阳最强最烈，光明盛大，所以说"宜日中"。离为电，震为雷，雷电俱至，光明威动，君子观此卦象，应当以明断决狱讼，以威实施刑罚。

大象： 雷动日暄，万物茂盛，光明而有所行动，盛大丰收之象。

运势： 正当旺运，收获丰盛，知足常乐，不宜过贪，则能长保其丰。

天时： 雷电。

事业： 如日中天，名利双收。

求财： 财运旺盛，须防口舌。

婚姻： 头婚有克，再婚偕老。

胎孕： 单月生男，双月生女。

交易： 可成有利。

出行： 受阻，不可急动。

疾病： 寒热头痛，胸闷肌痛，肝阳上升，宜往东南方求医。

词讼： 先吉后凶，小事变大，多反复，宜和解。

初九爻辞

初九：遇其配主，虽旬无咎，往有尚。

象曰：虽旬无咎，过旬灾也。

白话文解释

初九：遇到与自己相匹配的人，虽然是由此开始但是没有灾祸，前往受到尊尚。

《象辞》说：虽然是由此开始但是没有灾祸，如果旬外上应九四相敌则有灾。

漠元解卦

配主指六二，初九上行与六二阴阳相合，喻指初九遇到与自己相匹配的人，所以说"遇其配主"。虽，虽然的意思；旬，表示由此开始。初九与九四同阳不能相应，能与六二配主阴阳亲比，丰道虽然由此开始，但是没有灾祸，所以说"虽旬无咎"。初九上遇六二阴阳相合，前往受到尊尚，所以说"往有尚"。功名有成；求财得利；婚姻可成；孕产生女；词讼尽快断结，迟则不利；失物速寻；疾病可愈；征战宜速战速决，迟则不利。

六二爻辞

六二：丰其蔀，日中见斗。往得疑疾，有孚发若，吉。

象曰：有孚发若，信以发志也。

白话文解释

六二：丰大草席遮蔽光明，正午看见北斗星。前往会有猜疑，发自内心的诚信，吉利。

《象辞》说：发自内心的诚信，是因为诚信可以助发丰大志向。

渎元解卦

六二互巽为草木，象蔀。蔀，草席，覆盖光明之物，引申为遮蔽。六二丰大之时，阴居阴位，阴暗不明，喻指丰大草席遮蔽光明，所以说"丰其蔀"。六二居离，离为日，为星，为斗。喻指正午昏暗看见北斗星，所以说"日中见斗"。六二欲上应六五，六五居阴不能相应，前往会有猜疑，所以说"往得疑疾"。六二居中得正，上与九三阴阳比和，诚信发自于内心，必可摆脱昏暗，获得吉利，所以说"有孚发若，吉"。功名有阻终成；求财不利；婚姻消除猜疑，最终和谐；孕产生女；家宅阴暗潮湿；疾病心理问题，宜疏导；征战先危后吉。

九三爻辞

九三：丰其沛，日中见沫，折其右肱，无咎。

象曰：丰其沛，不可大事也。折其右肱，终不可用也。

白话文解释

九三：丰大幡幔遮蔽光明，正午看见小星，损失辅佐，没有灾祸。

《象辞》说：丰大幡幔遮蔽光明，不可以担任大事。损失辅佐，最终无法有所作为。

漠元解卦

沛通旆，指幡幔，取巽象；沫即昧，指小星，取离象。九三居离，与上六相应，上六阴居阴位，昏暗不明，喻指光明被丰大的幡幔遮蔽，正午看见了小星，所以说"丰其沛，日中见沫"。互兑为右，为折；震覆艮为肱。右，指上的意思；肱，指君王的卿佐。六五君位，上六在六五之上为卿佐，因此"右肱"指上六，折其右肱喻指损失上六的辅佐。这里是说九三阳居阳位，居位得正，志与上六相应，相应后发现自身光明被上六所隐蔽，于是只能损失上六，以求自守，没有灾祸，所以说"折其右肱，无咎"。功名不成；求财不利；婚姻因婚耗损，分离；孕产生女；家宅荒废；疾病防右臂损伤；征战不利。

九四爻辞

九四：丰其蔀，日中见斗。遇其夷主，吉。

象曰：丰其蔀，位不当也。日中见斗，幽不明也。遇其夷主，吉行也。

白话文解释

九四：丰大草席遮蔽光明，正午看见北斗星。遇到平和的君主，吉利。

《象辞》说：丰大草席遮蔽光明，因为九四居位不当。正午看见北斗星，处在幽暗不明之中。遇到平和的君主，吉利前行。

溟元解卦

九四互巽为草木，象蔀。蔀，草席，覆盖光明之物，引申为遮蔽。九四阳居阴位，上承二阴，动变为坤，坤为晦，为冥，为暮夜，喻指光明被丰大的草席遮蔽，所以说"丰其蔀"。离为日，为星，为斗。九四居离卦之上，动变坤为明夷，离明入地之象，喻指正午昏暗看见北斗星，所以说"日中见斗"。夷，平和，平易；夷主，平和的君主。六五阴柔居中，为夷主。九四亲比六五，阴阳相通，喻指遇到平和的君主，获得吉利，所以说"遇其夷主，吉"。功名荣显；求财先阻后得；婚姻和合；孕产生男；家宅宜装修翻新；疾病注意眼疾，医治可愈；征战迷而复明。

六五爻辞

六五：来章，有庆誉，吉。
象曰：六五之吉，有庆也。

白话文解释

六五：招来美盛鲜明的文采，有喜庆美誉，吉利。
《象辞》说：六五的吉利，是因为会有吉庆。

溟元解卦

章通彰，指美盛鲜明的文采。六五阴柔居尊，得九四比辅，阴阳相合，丰大光明，喻指能招来美盛鲜明的文采，会得到喜庆美誉，获得吉利，所以说"来章，有庆誉，吉"。功名名利双收；求财厚利；婚姻天作之和，嫁妆丰厚；孕产得贵子；家宅富贵名门；词讼因讼得财；疾病可愈；征战不战而胜，得封赏。

上六爻辞

上六：丰其屋，蔀其家，窥其户，阒其无人，三岁不觌，凶。

象曰：丰其屋，天际翔也。窥其户，阒其无人，自藏也。

白话文解释

上六：丰大房屋，草席遮蔽家室，对着门户窥视，寂静无人，三年不见露面，凶险。

《象辞》说：丰大房屋，上六居高犹如飞翔在天际。对着门户窥视，寂静无人，是因为上六自蔽深藏。

溪元解卦

上六居震，反艮为居，为门庭，象屋、家、户。上六阴居阴位，重阴居卦极，有丰极而衰，明极生暗之象，喻指丰大房屋，用草席遮蔽家室，所以说"丰其屋，蔀其家"。艮为视，为观，象窥，视的意思；上六居震极，动极则止，象阒，寂静的意思；离为见，象觌，相见、露面的意思。上六居高深藏，不见其人，喻指对着门户窥视，寂静无人，所以说"窥其户，阒其无人"。九三"折其右肱"，不与上六相应，上六三年不见露面，高亢昏暗，自蔽深藏，遭遇凶险，所以说"三岁不觌，凶"。功名凶险；求财不利；婚姻不利；孕产生男，防不育；家宅败落；疾病凶危；征战不利。

火山旅

第五十六卦：旅卦（火山旅）

旅：小亨，旅贞吉。

象曰：山上有火，旅。君子以明慎用刑而不留狱。

白话文解释

旅卦：小亨通，旅行中守正吉利。

《象辞》说：上卦离为火，下卦艮为山，山上燃烧着火，是旅卦的卦象。君子应当明决审慎动用刑罚而不稽留狱讼。

澳元解卦

下艮上离相叠。艮为山，离为火，火在山上，逐草而行，势不久留，称为"旅"。旅有离开本居，寄居异乡，他乡做客，求取生存的意思。六二阴柔居中得正，与六五不能相应，阳大阴小，小得亨通，所以说"小亨"。艮为止，离为明，止则得其所，明则知其往，止而能定，明而能查，旅者不失其正，得其所安，能在旅行中守正而获吉，所以说"旅贞吉"。离为明，艮为君子，为慎，为狱，互兑为刑，为讼，离火焚山，过而不留，君子观此卦象，应当明决审慎动用刑罚而不稽留狱讼。

大象： 火在山上，逐草而行，势不久留，离开本居，他乡做客，求取生存。

365

运势： 旅行外出，奔波劳碌，小事亨通，大事不稳定，要时刻守正。

天时： 先雨后晴。

事业： 有进展，旅游、行商等相关行业吉利。

求财： 在外求财，宜慢不宜急，宜静求，有僧道之财。

婚姻： 用两姓为媒，或有两姓争婚，迟可成。

胎孕： 上半月生女，下半月生男。

交易： 宜缓，有贵人得力必成。

出行： 出行反复，目标不定。若两人同行，不可求财，防有丢失。

疾病： 心腹疼痛，肝阳上升，其病难愈，宜往南方求医。

词讼： 有理也宜和解，不和解，有灾。

初六爻辞

初六：旅琐琐，斯其所取灾。

象曰：旅琐琐，志穷灾也。

白话文解释

初六：旅途疑虑不定，离开居所自我招取灾患。

《象辞》说：旅途疑虑不定，是说初六意志穷迫自取灾患。

漠元解卦

琐琐，疑虑不定。初六阴柔处旅卦最下位，卑下不正，喻指旅途疑虑不定，所以说"旅琐琐"。初六离开居所上应九四，遇六二阻滞为敌，自我招取灾患，所以说"斯其所取灾"。功名卑微；求财不利；婚姻平常；孕产生男；家宅俭朴之家；行人必至；疾病凶危；征战必败。

六二爻辞

六二：旅即次，怀其资，得童仆贞。

象曰：得童仆贞，终无尤也。

白话文解释

六二：旅途到达住所，携带着钱财，得到忠实守正的童仆。

《象辞》说：得到忠实守正的童仆，最终不会有过失。

溪元解卦

即，到，到达的意思；次，指住所，取艮象。六二中正居艮，喻指旅途到达住所，所以说"旅即次"。资，指钱财。艮为童仆，离为资斧。六二柔顺中正，亲比九三，以虚承实，喻指携带着钱财，得到忠实守正的童仆，所以说"怀其资，得童仆贞"。功名可成；求财外出得利；婚姻可成；孕产生男；家宅一门和气；疾病调养可愈；征战吉利。

九三爻辞

九三：旅焚其次，丧其童仆，贞厉。

象曰：旅焚其次，亦以伤矣。以旅与下，其义丧也。

白话文解释

九三：旅途遇火烧毁住所，丧失童仆，守正也危险。

《象辞》说：旅途遇火烧毁住所，九三也因此遭受损伤。旅途中对待童仆刻薄无情，理应丧失。

367

溟元解卦

次，指住所。离为火，有焚象。九三出艮入离，遇九四为敌，喻指旅途遇火烧毁住所，所以说"旅焚其次"。艮为童仆，九三动变坤为丧。九三阳刚居内卦之上，虽然居位得正，但与上九不应为敌，喻指丧失童仆，即使守正也有危险，所以说"丧其童仆，贞厉"。功名不成；求财损耗；婚姻难成；孕产生男；家宅有灾；失物晚辈或下属处可寻；疾病自己可愈，晚辈凶危；征战不利。

九四爻辞

九四：旅于处，得其资斧，我心不快。

象曰：旅于处，未得位也。得其资斧，心未快也。

白话文解释

九四：旅途到达暂时栖息的居所，获得资财器用，我心中不愉快。

《象辞》说：旅途到达暂时栖息的居所，说明九四未能居得适当位置。虽然获得资财器用，但是心中还是不愉快。

溟元解卦

处，处所，地方，这里指暂时栖息的居所。九四阳居阴位，失位不正，喻指旅途不得安居，到达暂时栖息的居所，所以说"旅于处"。离为资斧，九四居离，上与六五亲比，阴阳互相资助，喻指获得资财器用，所以说"得其资斧"。九四欲应初六，遇九三所阻，不能与初六相应，喻指我心中不愉快，所以说"我心不快"。功名不成；求财小利；婚姻不正，可成；孕产生女；失物可寻；疾病心理忧郁问题，打开心结可愈；征战半吉半凶。

六五爻辞

六五：射雉，一矢亡，终以誉命。

象曰：终以誉命，上逮也。

白话文解释

六五：射获山鸡，失去一只箭，最终获得美誉和爵命。

《象辞》说：最终获得美誉和爵命，是说六五能上承上九。

溴元解卦

六五互兑为毁折，象射；离为雉，为矢。六五柔居离中，下比九四，行旅在外而有所得，喻指射获山鸡，所以说"射雉"。六五失位不正，与六二不能相应而有所失，喻指失去一只箭，所以说"一矢亡"。六五柔中居尊，上承上九阳刚，文明柔顺而得中道，行旅在外虽有损失，但最终能获得美誉和爵命，所以说"终以誉命"。功名显达；求财小失大得；婚姻和合；孕产生男；家宅和美；失物可寻；疾病凶险；征战大获全胜。

上九爻辞

上九：鸟焚其巢，旅人先笑后号咷。丧牛于易，凶。

象曰：以旅在上，其义焚也。丧牛于易，终莫之闻也。

白话文解释

上九：鸟巢被火烧掉，旅行在外的人先笑后哭。丧失牛而发生改变，凶险。

《象辞》说：旅居他乡而身处上位，理应会招致焚巢之灾。丧失牛而发生改变，最终也不会有人过问。

369

溟元解卦

离为鸟，为巢；上九动变小过卦，也有鸟象；离为火，动变震卦为木，木生火，有"鸟焚其巢"之象。上九阳居阴位，失位不正，喻指鸟的居处被火烧掉，所以说"鸟焚其巢"。上九动变震为笑，上九得六五亲比，阴阳相合而先笑；九三互巽为号咷，上九与九三不能相应，阳刚相敌而后号咷，所以说"旅人先笑后号咷"。易是改变，变化的意思。离为牛，上九动变称为"易"，上九动变离为震，离象破，牛象没，有"丧牛于易"之象。牛性温顺，上九阳居阴位，失位不正，处旅卦高危之地，物极必反之时，失去了应有的温顺谦和，而招致"焚巢"与"丧牛"之灾，喻指丧失牛而发生改变，遭遇凶险，所以说"丧牛于易，凶"。功名有凶；求财先小得后大失；婚姻先合后散；孕产生女，防难产；家宅凶危不安，防火灾；出行不利；疾病凶危；征战凶险。

巽为风

第五十七卦：巽卦（巽为风）

巽：小亨。利有攸往，利见大人。

象曰：随风，巽。君子以申命行事。

白话文解释

巽卦：小亨通。利于有所前往，利于拜见大人物。

《象辞》说：上下皆巽，巽为风，两风相随，是巽卦的卦象。君子应当重申教命，施行政事。

漠元解卦

下巽上巽相叠。巽为风，为入，两风相随，物无不顺，风行无所不入。巽下阴虚，二阳在上，一阴在下，阳实阴虚，虚则能入，以卑顺为体，容入为用，称为"巽"。巽为顺的意思。上下皆巽，命令可行，但是巽而又巽，太过卑顺，所成不大，九二与九五不能相应，只能小有亨通，所以说"小亨"。巽为进退，进即是往，风无往不入，利于有所前往，所以"利有攸往"。九五中正居尊，大人阳刚有德，巽体以阴柔顺从阳刚，喻指利于拜见大人物，所以说"利见大人"。巽为随，为风，为命令，为教命，互离为乾卦，乾为施为行。巽风前后相随，令出必行，君子观此卦象，应当重申教命，施行政事。

大象： 两风相随，物无不顺，风行无所不入，卑顺为体，容入为用。

运势： 运势起伏不定，要随机应变，谦逊行事，可得顺遂亨通。

天时： 风。

事业： 先难后易，利武职。

求财： 得利。

婚姻： 夫唱妇随，百年好合。

胎孕： 秋夏占多生男，春冬占多生女。

交易： 可以成就。

出行： 宜与人同行，急动无虑，迟缓有口舌是非，不利北方。

疾病： 足疾，风疾，心腹疾，腹部鼓胀，血毒，四肢沉重，宜往西南方求医。

词讼： 宜和解。

初六爻辞

初六：进退，利武人之贞。

象曰：进退，志疑也。利武人之贞，志治也。

白话文解释

初六：进而又退，利于勇武的人守正。

《象辞》说：进而又退，志向存在疑虑。利于勇武的人守正，是用刚猛决断的意志修治疑虑。

溪元解卦

初六失位不正，阴柔居下，过度柔顺，缺乏果断，能前进亲比九二，因此利于进。上与六四不能相应而生有疑虑，因此进而又退，所以说"进退"。初六动变为乾卦，乾为武人，巽为疑，乾金制巽木，喻指武人能修治疑虑。初六前行亲比于九二阳刚，可得武人之利，勇武守正，刚猛决断能使疑虑消除，所以说"利武人之贞"。功名利武职；求财不利；婚姻可成；孕产生女；家宅出入不便，宜改门换向；征战不利。

九二爻辞

九二：巽在牀下，用史巫纷若，吉，无咎。

象曰：纷若之吉，得中也。

白话文解释

九二：卑居牀下，让占卜祭祀的官员频繁的祷告，吉利，没有灾祸。

《象辞》说：频繁祷告的吉利，是因为九二居守中道。

溟元解卦

巽为牀。九二失位不正，阳刚居中，与九五不能相应，九三不能亲比，前行遇阻，而亲比于初六阴柔，喻指卑顺的居于牀下，所以说"巽在牀下"。史巫，祝吏与巫觋，指古代掌管占卜、祭祀的官员；纷若，频繁、反复的意思。九二动变艮为官，象史；九二互兑为巫，为附决；巽为疑；九二居巽兑之中，巽反为兑，兑反为巽，象纷若；兑金制巽木，喻指史巫占卜释疑。九二前行遇阻会有灾祸，但是九二阳刚居中，能得初六比辅获吉，而使灾祸消失，喻指让占卜祭祀的官员频繁的祷告，释疑禳灾，使吉祥顺利，灾祸消失，所以说"用史巫纷若，吉，无咎"。功名可成；求财得利；婚姻合婚吉；孕产生女；家宅多有宗教信仰；疾病可愈；征战吉利。

九三爻辞

九三：频巽，吝。

象曰：频巽之吝，志穷也。

白话文解释

九三：忧愁不乐的顺从，恨惜。

《象辞》说：忧愁不乐的顺从带来的恨惜，是因为九三心志窘困。

澳元解卦

频为频蹙之貌，忧愁不乐之状。九三阳刚得正，下乘九二阳刚，与上九不能相应，忧愁不乐的样子，被六四阴柔所乘，以阳刚顺从阴柔会有恨惜，所以说"频巽，吝"。功名卑微；求财不利；婚姻不吉；孕产生女；家宅屋小贫困；词讼因软弱而受气；疾病未愈；征战受辱不利。

六四爻辞

六四：悔亡，田获三品。

象曰：田获三品，有功也。

白话文解释

六四：悔恨消除，田猎获得可供祭祀、待客、自食的三类猎物。

《象辞》说：田猎获得可供祭祀、待客、自食的三类猎物，说明六四获有功赏。

澳元解卦

六四与初六不能相应而有悔恨，但是六四阴居阴位，居位得正，上与九五之尊阴阳亲比，悔恨消除，所以说"悔亡"。三品，指古代王公贵族田猎获得可供祭祀、待客、自食的三类猎物。田，是田猎的意思，六四互离为飞矢，为网，象田猎。离为雉；巽为豕；兑为羊，三指九三。六四阴柔凌乘于九三阳刚之上，喻指田猎获得可供祭祀、待客、自食的三类猎物，所以说"田获三品"。功名获赏成名；求财厚利；婚姻和合；孕产生女；家宅荣耀富贵；失物可寻；疾病可愈；征战军功赫赫。

九五爻辞

九五：贞吉，悔亡，无不利。无初有终，先庚三日，后庚三日，吉。

象曰：九五之吉，位正中也。

白话文解释

九五：守正吉利，悔恨消除，没有不利。没有好的开始，却有好的结果。庚日前三天丁日，庚日后三天癸日，吉利。

《象辞》说：九五的吉利，是因为所处位置居中得正。

漠元解卦

九五与九二不能相应而生有悔恨。九五中正居尊，下得六四比辅，能固守中正而获得吉利，使悔恨消除，没有不利，所以说"贞吉，悔亡，无不利"。庚，天干庚，有令前先行申述，下令必先庚的意思。"先庚三日"为丁，"后庚三日"为癸，九五动变成蛊卦，蛊卦有"先甲三日"为辛，"后甲三日"为丁。巽卦"先庚三日"之丁，为始于"丁"，而蛊卦"后甲三日"之丁，为终于"丁"，不开始于蛊卦"先甲三日"之辛，为"无初"，开始于蛊卦"后甲三日"之丁，为"有终"，喻指九五开始以刚直待物会发生蛊乱，持守中正则蛊乱消除，新令终会完成，象征着会在庚日前三天丁日发布新令，会在庚日后三天癸日施行新令，能够顺应这个规律是吉利的，所以说"无初有终，先庚三日，后庚三日，吉"。功名成就；求财得利；婚姻和合；孕产生女；家宅风水宝地；疾病癸日可愈；征战大吉大利。

上九爻辞

上九：巽在牀下，丧其资斧，贞凶。
象曰：巽在牀下，上穷也；丧其资斧，正乎凶也。

白话文解释

上九：卑居牀下，丧失资财器用，守正也有凶险。
《象辞》说：卑居牀下，说明上九已经穷途末路；丧失资财器用，说明即使守正也有凶险。

漠元解卦

巽为牀。上九失位不正，居上巽之极，欲应下巽九三，九三不应为敌，上九无应无比丧失辅助，已经穷途末路，喻指卑居牀下，丧失资财器用，即使守正也有凶险，所以说"巽在牀下，丧其资斧，贞凶"。功名有始无终；求财不利；婚姻妇夺夫权，难偕老；孕产生女；家宅有丧凶险；病危不死；征战大凶。

兑为泽

第五十八卦：兑卦（兑为泽）

兑：亨，利贞。

象曰：丽泽，兑。君子以朋友讲习。

白话文解释

兑卦：亨通，利于守正。

《象辞》说：上下皆兑，兑为泽，两泽相连，是兑卦的卦象。君子应当悦乐于聚集朋友，讲习道义。

漠元解卦

下兑上兑相叠。兑为泽，卦体一阴处于二阳上方，阳得阴而悦；二阳在下，上承一阴，如泽蓄水，润生万物，喜悦和乐，称为"兑"。兑为悦的意思。卦体以二五为中，三上为外，以九阳为刚，六阴为柔，兑卦九二与九五阳刚居中，六三与上六阴柔在外，刚中柔外，所行亨通，所以说"亨"。兑为口舌，取悦于物，恐陷于谄媚邪恶而招致口舌，利于守正而行，所以诫以"利贞"。兑为朋，为友，为讲习。两泽相连，互相泽益，君子观此卦象，应当以学而时习为悦，有朋自远方来为乐，聚集朋友，讲习道义。

大象：两泽相连，互相泽益，刚中而柔外，润生万物，喜悦和乐。

运势：双重喜悦，能得众心，坚守正道，亨通吉利。

天时：霖雨济物。

事业：有成，职位有权，朋友相助。

求财： 财上有喜，先难后易，防口舌。

婚姻： 有三人为媒可成。

胎孕： 生女。

交易： 有反复，尽力必成。

出行： 不宜同行，同行有口舌。

疾病： 手足痛，骨痛，寒热往来，宜往东南方求医。

词讼： 非大事，来往是非，有人和解。

初九爻辞

初九：和兑，吉。

象曰：和兑之吉，行未疑也。

白话文解释

初九：和颜悦色，吉利。

《象辞》说：和颜悦色的吉利，是说初九行为端正没有疑虑。

漠元解卦

初九阳居阳位，无应无比，但是阳刚得正，喻指行为端正，不靠奉承献媚妄求取悦，能和颜悦色待人，因此吉利，所以说"和兑，吉"。功名可成；求财得利；婚姻和合；孕产生女；家宅和气；词讼和解；行人即归；疾病可愈；征战大吉。

九二爻辞

九二：孚兑，吉，悔亡。

象曰：孚兑之吉，信志也。

白话文解释

九二：心悦诚服，吉利，悔恨消除。

《象辞》说：心悦诚服带来的吉利，是因为九二心志诚信。

渎元解卦

九二阳居阴位，失位不正，上与九五不能相应，会有悔恨，但是居位得中，前与六三阴阳比和，诚信相交，能令人心悦诚服而获吉，终使悔恨消除，所以说"孚兑，吉，悔亡"。功名有成；求财诚信获利；婚姻可成；孕产生女；家宅和乐；失物可得；疾病可愈；征战吉利。

六三爻辞

六三：来兑，凶。

象曰：来兑之凶，位不当也。

白话文解释

六三：来求喜悦，凶险。

《象辞》说：来求喜悦带来的凶险，是因为六三居位不当。

渎元解卦

六三阴居阳位，不中不正，与上六不能相应为敌，而来求和于九二阳刚，喻指阴柔小人，阿谀奉承，妄求喜悦，德不配位而遭遇凶险，所以说"来兑，凶"。功名不成；求财不利；婚姻先合后散；孕产生女；家宅凶危；词讼牵连；失物难寻；行人必至；疾病难安；征战大凶。

九四爻辞

九四：商兑未宁，介疾有喜。

象曰：九四之喜，有庆也。

白话文解释

九四：商度权衡喜悦的事情而没有结果，舍弃小问题会有喜庆。

《象辞》说：九四的喜事，是因为有值得庆贺的事情。

溪元解卦

商，商度权衡；未宁，没有结果。九四阳居阴位，失位不正，与初九不能相应，前遇九五阳刚，遇敌无援难以决断，喻指商度权衡喜悦的事情而没有结果，所以说"商兑未宁"。介，隔绝，喻指舍弃；疾，小毛病，喻指小问题。九四与初九不能相应而有疾，能与六三阴阳比和则有喜，喻指舍弃小的问题会有喜庆，所以说"介疾有喜"。功名先阻后成；求财先忧后喜；婚姻有喜；孕产生女；家宅不安，宜改善风水；疾病可愈；征战有利。

九五爻辞

九五：孚于剥，有厉。

象曰：孚于剥，位正当也。

白话文解释

九五：诚信被剥除，有危险。

《象辞》说：诚信被剥除，是因为九五居位正当得敌无助而亲近小人。

380

溪元解卦

九五中正居尊，九二不应，九四不比，喻指诚信被剥除，所以说"孚于剥"。九五亲比于上六，上六居悦极，为谄媚邪恶的阴柔小人，九五以中正尊贵之身而取悦于上六阴柔小人，会有危险，所以说"有厉"。功名有名无信；求财反复；婚姻妇夺夫权；孕产生女；疾病可愈；征战不利。

上六爻辞

上六：引兑。

象曰：上六引兑，未光也。

白话文解释

上六：招来喜悦。

《象辞》说：上六招来喜悦，不能光大。

溪元解卦

引本义为开弓，这里引申为招来。上六阴柔居兑卦终极，与六三不能相应取悦，而招来九五阴阳相悦，称为"引兑"。功名不成；求财得小利；婚姻非正式而成；孕产生女；家宅阴盛，宜改善风水；疾病可愈；征战不利。

风水涣

第五十九卦：涣卦（风水涣）

涣：亨，王假有庙。利涉大川，利贞。

象曰：风行水上，涣。先王以享于帝，立庙。

白话文解释

涣卦：亨通，君王到宗庙祭祀。利于涉川历险，利于守正。

《象辞》说：上卦巽为风，下卦坎为水，风行水上，是涣卦的卦象。先王应当享祭先帝，建立宗庙。

溪元解卦

下坎上巽相叠。坎为水，巽为风，风行水上，风吹水动，流散不聚，称为"涣"。涣有离散，流散等相关意思。九五之尊居中得正，德才兼备，能在涣散之时建功立德，离散灾难，解除危险，可得亨通，所以说"亨"。互艮为宗庙，互震为王，为祭。王能涣难，得到亨通，至临宗庙祭祀，祈求祖先庇佑，所以说"王假有庙"。坎为水，巽为木，喻指船，船在水上漂流，利于借力出击，涉川历险，战胜危难，所以说"利涉大川"。大难离散，坚守正道才能永保安全，所以说"利贞"。风吹在水面上，涣散分离，先王观此卦象应当享祭先帝，建立宗庙，凝聚人心。

大象： 风行水上，风吹水动，流散不聚，乘机观变，解除涣难。

运势： 开始不顺，最终运势亨通，忌任性散慢。

天时： 风行雨施。

事业： 艰难中成就。

求财： 利合伙求财。

婚姻： 中男长女，姻缘可成。

胎孕： 春夏生女，秋冬生男。

交易： 难成。

出行： 不宜远出，中途再回，路上有阻隔。

疾病： 心腹疼痛，上吐下泻，身体沉重，宜往东南方求医。

词讼： 宜缓不宜急，有人和解。

初六爻辞

初六：用拯马壮，吉。

象曰：初六之吉，顺也。

白话文解释

初六：骑上健壮的良马拯救涣散，吉利。

《象辞》说：初六的吉利，是因为顺承九二阳刚。

漠元解卦

拯，拯救；马壮，壮马。坎为马，又有九二阳刚互震为壮马。初六与九二亲比，阴柔顺承阳刚，喻指借助九二阳刚壮马的力量拯救涣散，可以获得吉利，所以说"用拯马壮，吉"。功名可成；求财得利；婚姻和合；孕产生男；词讼先有理，后宜和；失物不远可寻；疾病可医；征战装备精良。

九二爻辞

九二：涣奔其机，悔亡。

象曰：涣奔其机，得愿也。

白话文解释

九二：涣散时刻迅速转移至安定的地方，悔恨消除。

《象辞》说：涣散时刻迅速转移至安定的地方，九二得到与初六阴阳相合的愿望。

渊元解卦

奔，急速前进，喻指迅速转移；机，几案，一种用木做的矮桌，用来倚靠承物，喻指安定的地方。初六上承九二，初六为"机"。九二阳居阴位，失位不正，又在内卦坎险之中，与九五不能相应而有悔恨，但九二与初六阴阳相合，能固其根本，得其所安，使悔恨消除。喻指在涣散到来的时刻能迅速转移至安定的地方，能使悔恨得以消除，所以说"涣奔其机，悔亡"。功名必遂；求财得利；婚姻宜女大男小；孕产生男；家宅安稳；词讼有理；疾病可愈；征战不利。

六三爻辞

六三：涣其躬，无悔。

象曰：涣其躬，志在外也。

白话文解释

六三：涣散自身，没有悔恨。

《象辞》说：涣散自身，六三的志向在外。

渊元解卦

躬，指自身。六三互艮为躬。六三阴居阳位，失位不正，处坎卦之终，喻指还没有出险。但是六三能以阴柔顺从上九阳刚，可以

384

涣散自身，共克危难，没有悔恨，所以说"涣其躬，无悔"。功名流芳百世；求财得利；婚姻可成；孕产生男；家宅不安；行人未至；疾病可愈；征战不利。

六四爻辞

六四：涣其群，元吉。涣有丘，匪夷所思。
象曰：涣其群，元吉，光大也。

白话文解释

六四：涣散私党，大吉。涣散之时能盛大聚合，不是一般人所能想象的。

《象辞》说：涣散私党，大吉，光明正大。

渎元解卦

群，朋党，结党成群，这里指私党；丘，聚，高，这里喻指聚集的很多，盛大聚合的意思；匪夷所思，不是一般人所能想象的。六四居巽，在坎险之外，阴居阴位，居位得正，在内卦无应无比，喻指六四已经离开危险之地，具有柔顺谦恭的品德，能够涣散私党，不会成群结党，所以说"涣其群"。六四柔顺上承九五君王，与九五阴阳合志，可得大吉，所以说"元吉"。人心涣散，私党林立之时，六四能涣散私党，忠心辅佐九五君王，共济险难，实为盛大的聚合，不是一般人所能想象的，所以说"涣有丘，匪夷所思"。功名可成；求财散尽复得；婚姻终得佳偶；孕产生女；家宅平安大吉；失物难寻；词讼和解；行人未至；疾病自愈；征战大吉大利。

九五爻辞

九五：涣汗其大号，涣王居，无咎。

象曰：王居无咎，正位也。

白话文解释

九五：像涣散汗水一样发布盛大命令，涣散君王的积蓄，没有灾祸。

《象辞》说：涣散君王的积蓄没有灾祸，因为九五尊位得正。

澳元解卦

涣汗，涣散汗水，喻指出而不返，发而不收；居，居积，积蓄。坎为水，象汗；巽为号；九五居尊为王；互艮为居。九五阳刚中正居巽，九二居坎不应，下履二阴，能得六四贤臣相辅，也能以阳济阴，阴阳相辅相成共克涣难，喻指涣散之时，九五能像涣散汗水出而不返一样发布拯救涣难的盛大命令，并涣散自己的积蓄救助于民，能君民同心，共渡涣难，因此没有灾祸，所以说"涣汗其大号，涣王居，无咎"。功名功成名就；求财得利；婚姻和合；孕产生贵女；家宅富贵；失物难寻；行人未归；疾病可愈；征战有利。

上九爻辞

上九：涣其血，去逖出，无咎。

象曰：涣其血，远害也。

白话文解释

上九：涣散忧虑，除去惕惧，没有灾祸。

《象辞》说：涣散忧虑，是说上九已经远离伤害。

渠元解卦

血，通恤，指忧虑；逖，通惕，惕惧的意思。坎为血，为逖。上
九居涣卦终极，已经远离坎险与伤害，喻指能涣散忧虑，除去惕
惧，没有灾祸，所以说"涣其血，去逖出，无咎"。功名宜从军；
求财得利；婚姻远嫁；孕产生女；家宅防血光之灾；疾病气血淤
结，可愈；征战不利。

水泽节

第六十卦：节卦（水泽节）

节：亨，苦节不可贞。

象曰：泽上有水，节。君子以制数度，议德行。

白话文解释

节卦：亨通，过分节制会偏离正道。

《象辞》说：上卦坎为水，下卦兑为泽，泽中水满，是节卦的卦象。君子应当制定尊卑礼命的规范，商议道德行为的任用得宜。

漠元解卦

下兑上坎相叠。兑为泽，坎为水。泽容水有量，满则溢，自己有所限制，称为"节"。卦中三阴三阳，爻取阴阳适均，坎刚在上，兑柔在下，卦取刚柔相分，男女相别，上下不乱，可得亨通，所以说"亨"。行止有度，节制守中，如果矫枉过正，固执自守，为节过苦，会不堪忍受而偏离正道，所以说"苦节不可贞"。泽中水满，以泽为节，君子观此卦象，应当制定尊卑礼命的规范，商议道德行为的任用得宜。天地不节万物失序，国家不节动荡不安，饮食不节导致疾病，言语不节招惹祸端，用财不节家道贫穷，色欲不节伤身害体。如果矫枉过正，天地节制太过停止运行，国家节制太过民不聊生，饮食节制太过体弱无力，言语节制太过影响沟通，用财节制太过刻薄吝啬，色欲节制太过则无法延续生命与人类文明。四时有序，制度得中，节制有度，天地才能常新，国家才能安稳，个人才能完美。

大象： 泽容水有量，满则溢，自己有所限制，使行止有度，节制守中。

运势： 凡事安守节制，可得亨通。但是要节制适中，不宜过分。

天时： 雨霜雪。

事业： 耗财难成。

求财： 得利。

婚姻： 和合可成。

胎孕： 生男。

交易： 难成。

出行： 宜静不宜动。

疾病： 寒热、气急、心腹、腰肚疼痛疾病，宜往西北方求医。

词讼： 防女人，后必和解。

初九爻辞

初九：不出户庭，无咎。

象曰：不出户庭，知通塞也。

白话文解释

初九：不走出家宅内院，没有灾祸。

《象辞》说：不走出家宅内院，明白闭塞与通达的时势规律。

漠元解卦

户庭，指家宅内院。六四互艮为户庭，初九居位得正，位于节卦开始，向上应和六四，遭九二阳刚阻滞，初九受阻退守，喻指不走出家宅内院，自我节制，等待时机，没有灾祸，所以说"不出

389

户庭，无咎"。功名未成；求财不宜外出求财；婚姻可成；孕产生女；家宅安居吉；失物可得；疾病静养可愈；征战不利。

九二爻辞

九二：不出门庭，凶。

象曰：不出门庭凶，失时极也。

白话文解释

九二：不走出庭院，凶险。

《象辞》说：不走出庭院的凶险，是因为九二错失适当时机。

溟元解卦

门庭指门口和庭院。九二阳居阴位，失位不正，与九五不应为敌，退守拘于节制，当六三在前，可以亲比畅通之际，仍然怀有失正遇敌的忧虑，当出而不出，错失时机，喻指不走出庭院，遭遇凶险，所以说"不出门庭，凶"。功名不成；求财不利；婚姻不吉；孕产生女；家宅闭塞不通，宜改善风水；词讼防牢狱之灾；疾病凶危；征战凶危。

六三爻辞

六三：不节若，则嗟若，无咎。

象曰：不节之嗟，又谁咎也？

白话文解释

六三：不能节制，就会叹息感叹，没有灾祸。

《象辞》说：不能节制导致叹息感叹，又能归咎于谁呢？

溟元解卦

嗟，叹息感叹的意思。上六居坎为嗟。六三阴居阳位，失位不正，与上六不能相应节制，而叹息感叹，所以说"不节若，则嗟若"。六三能下比九二，阴柔顺从阳刚，没有灾祸，所以说"无咎"。功名不成；求财先损后得；婚姻防喜极生悲；孕产生女；家宅不安，宜改善风水；疾病可愈；征战不利。

六四爻辞

六四：安节，亨。
象曰：安节之亨，承上道也。

白话文解释

六四：安分节制，亨通。
《象辞》说：安分节制带来的亨通，是因为六四顺承九五王道。

溟元解卦

六四阴居阴位，柔顺得正，能够顺承阳刚中正的九五之尊，与九五刚柔相济，阴阳相合，能遵守一定的节度，没有非分之想，安分节制而获得亨通，所以说"安节，亨"。功名得贵人相助，功成名就；求财得利；婚姻和美；孕产生男；家宅大吉；词讼宜和；疾病可愈；征战有功。

九五爻辞

九五：甘节，吉，往有尚。
象曰：甘节之吉，居位中也。

白话文解释

九五：甜美节制，吉利，前往会受到赞许。

《象辞》说：甜美节制带来的吉利，是因为九五居位中正。

澳元解卦

甘，是甜美的意思。九五中正居尊，得六四比辅，行止有度，节制适中，能够甜美节制，因此吉利，所以说"甘节，吉"。九五向上得上六比辅，喻指前往受到赞许，所以说"往有尚"。功名荣显；求财得利；婚姻百年好合；孕产生男；家宅家风和正；疾病可愈；征战大胜。

上六爻辞

上六：苦节，贞凶，悔亡。

象曰：苦节，贞凶，其道穷也。

白话文解释

上六：痛苦节制，守正也有凶险，悔恨消除。

《象辞》说：痛苦节制，守正也有凶险，是因为上六过度节制而导致穷途末路。

澳元解卦

上六居节卦终极，居位得正，下与六三不应为敌而有悔恨，喻指过度节制而痛苦不堪，即使守正也有凶险，所以说"苦节，贞凶"。上六能亲比九五，如果以苦节修身，勤俭节约，不随便行事，则会使悔恨消除，所以说"悔亡"。功名不成；求财不利；婚姻彩礼过于节制，难成；孕产生男；家宅困顿；疾病凶危；征战大凶。

风泽中孚

第六十一卦：中孚卦（风泽中孚）

中孚：豚鱼，吉。利涉大川，利贞。

象曰：泽上有风，中孚。君子以议狱缓死。

白话文解释

中孚卦：诚信如同小猪与小鱼一样具有广度与深度，吉利。利于涉川历险，利于守正。

《象辞》说：上卦巽为风，下卦兑为泽，风行泽上，是中孚的卦象。君子应当慎议刑狱，宽缓死刑。

漠元解卦

下兑上巽相叠。巽为风，兑为泽，风行泽上，无孔不入，任何地方都可以到达，喻指诚信无所不至。卦象六三与六四阴柔居两体之内，为中虚，中虚则通，中虚为信之本；九二与九五阳刚各处上下卦中，象中实，中实则诚，中实为诚之质；柔内刚中，各当其所。兑为悦，巽为顺，下者欣悦，上者和顺，上下交孚，信发于内，称为"中孚"。豚为小猪，微贱之物，有广泛性；鱼为小鱼，幽隐之物，生活水中有深度。喻指诚信如同小猪与小鱼一样具有广度与深度，因而吉利，所以说"豚鱼，吉"。兑为泽，巽为木，木在泽上象征船，可以涉水历险，所以说"利涉大川"。诚信不失守正，所以说"利贞"。互艮为君子，为狱，为慎；互震为言，为缓，为宽仁；兑为刑人。君子观此卦象，应当慎议刑狱，宽缓死刑。

大象： 风行泽上，柔内刚中，各当其所，和顺欣悦，上下交孚，信发于内。

运势： 诚信正直待人，多得朋友帮助，运势亨通，心存邪念则凶。

天时： 雨雪。

事业： 显达。

求财： 无财可得。

婚姻： 因婚导致灾祸。

胎孕： 生男有虚惊。

交易： 宜速。

出行： 顺遂。

疾病： 男吉女凶，寒热腹胀，四肢无力，宜往东南方求医。

词讼： 宜快速了结，迟则不利。

初九爻辞

初九：虞吉，有它不燕。

象曰：初九虞吉，志未变也。

白话文解释

初九：安乐吉利，别有他求则不得安宁。

《象辞》说：初九安乐吉利，是因为没有改变自己的志向。

淏元解卦

虞通娱，安，安乐的意思；燕通宴，指安宁；有它，有应于他方，这里指六四。初九阳居阳位，居位得正，固守本位，可得安乐吉利，所以说"虞吉"。初九欲与六四相应，遇九二阻滞，喻指别有他求则不得安宁，所以说"有它不燕"。功名可成；求财得利；婚姻美满；孕产生女；词讼牵连；疾病凶危；征战可胜。

九二爻辞

九二：鸣鹤在阴，其子和之。我有好爵，吾与尔靡之。

象曰：其子和之，中心愿也。

白话文解释

九二：鹤在里面鸣叫，幼鹤在旁边附和。我有好鸟，我与你共同分享。

《象辞》说：幼鹤在旁边附和，这是发自心中的真诚意愿。

湨元解卦

九二动变震卦，震为鸣，为鹤，为"鸣鹤"。阴，里面隐藏的，不露在外面的。九二阳居阴位，为"在阴"。喻指鹤在里面鸣叫，所以说"鸣鹤在阴"。子指幼鹤，喻指六三。六三互艮，艮为少男，为子，这里代表九二的儿子幼鹤。六三居兑，兑为口，能应答，六三亲比九二，喻指幼鹤在旁边附和，所以说"其子和之"。爵通雀，一种鸟；兑为燕，象爵；我有好爵，指我有好鸟。靡，共，共同的意思。九二为我，六三为尔，九二与六三阴阳比和，共同分享，是诚信互通的表现，喻指我与你共同分享，所以说"吾与尔靡之"。这里"鸣鹤在阴，其子和之"讲的是看到自己所养的鸟"鹤鸣子和"的情景。"我有好爵，吾与尔靡之"，说的是好鸟不据为己有，分享给志同道合的人，以建立诚信互通。功名有成；求财得利；婚姻夫唱妇随；家宅贵显，子女贤孝；孕产生女；词讼宜和解；疾病传染，宜急治；征战有利。

六三爻辞

六三：得敌，或鼓或罢，或泣或歌。

象曰：或鼓或罢，位不当也。

白话文解释

六三：遇到敌人，或许击鼓进攻，或许鸣金撤退，或许惧敌反攻而悲泣，或许因敌不侵而欢歌。

《象辞》说：或许击鼓进攻，或许鸣金撤退，是因为六三阴居阳位，居位不当。

淏元解卦

鼓为击鼓进攻，罢为鸣金撤退。六三阴居阳位，欲与上九相应，前遇六四阻滞为敌，喻指遇到敌人，所以说"得敌"。六三下互震，震为鼓，上互艮，艮为止，止即罢。六三失位不正，遇六四阻滞为敌，有存心不诚躁动之象，欲击鼓进攻，但六四居位得正，六三不能取胜，只能鸣金撤退，所以说"或鼓或罢"。巽为号咷，象泣；兑为歌。六三居兑终，进攻六四至巽，害怕六四反击，难免忧惧悲泣；六四阴柔居位得正，不追加侵害，六三退回居兑无忧而欢歌，所以说"或泣或歌"。喻指六三失位不正，为了前往与上九相合，而与六四相敌，不能安定守信，而处于进退两难，悲喜交加的境地。功名不稳定；求财盈亏不定；婚姻反复不成；孕产生女；家宅不安，宜改善风水；失物防得而复失；疾病时好时坏；征战难胜。

六四爻辞

六四：月几望，马匹亡，无咎。

象曰：马匹亡，绝类上也。

白话文解释

六四：月亮接近圆满，马匹丢失，没有灾祸。

《象辞》说：马匹丢失，是说六四断绝匹配初九而上承九五。

溴元解卦

几望，指农历月的十四日，月亮接近圆满的时候。匹，匹配；马匹，指初九。兑为月，六四动变乾为马。六四居位得正，欲与初九匹配相应，遇六三阻滞，不能相应，这时唯有断绝匹配，亲比于九五，与九五阴阳相合，使孚信接近圆满则没有灾祸，喻指月亮接近圆满，马匹丢失，但是没有灾祸，所以说"月几望，马匹亡，无咎"。功名可成；求财得利；婚姻生离死别；孕产生女；家宅阴气过重，宜改善风水；疾病可愈；行人月中可归；征战获胜。

九五爻辞

九五：有孚挛如，无咎。

象曰：有孚挛如，位正当也。

白话文解释

九五：诚信相连，没有灾祸。

《象辞》说：诚信相连，是因为九五居位得正而恰当。

溴元解卦

挛，牵系，相连。九五刚健处尊，居中得正，为孚卦之主，与六四阴阳相合，诚信相连，没有灾祸，所以说"有孚挛如，无咎"。功名有成；求财得利；婚姻百年好合；孕产生女；家宅兴旺；词讼防官灾；失物难寻；疾病注意手足与肝，带病延年；征战有利。

上九爻辞

上九：翰音登于天，贞凶。

象曰：翰音登于天，何可长也？

白话文解释

上九：鸡的鸣叫声上达于天，守正也有凶险。

《象辞》：鸡的鸣叫声上达于天，怎么能长久呢？

漠元解卦

翰音，为鸡的代称，指鸡的鸣叫声。巽为鸡，为高，上九居巽在上象天。上九失位不正，居孚卦终，处信之极，信终则凶，喻指鸡的鸣叫声上达于天，华美外扬，虚声无实，即使坚守正道也有凶险，所以说"翰音登于天，贞凶"。功名不实；求财不利；婚姻不能偕老；孕产防不育，或生女多啼哭；家宅破败；疾病肝部疾病，凶危；征战大凶。

雷山小过

第六十二卦：小过卦（雷山小过）

小过：亨，利贞。可小事，不可大事。飞鸟遗之音，不宜上，宜下，大吉。

象曰：山上有雷，小过。君子以行过乎恭，丧过乎哀，用过乎俭。

白话文解释

小过卦：亨通，利于守正。适宜于小事，不适宜大事。飞鸟发出哀鸣的声音，不宜向上飞，宜向下飞，大吉大利。

《象辞》说：上卦震为雷，下卦艮为山，山上响雷，是小过的卦象。君子应当行为举止稍过恭敬，丧事稍过悲哀，日常用度稍过节俭。

漠元解卦

下艮上震相叠。艮为山，震为雷，雷在山上，山上响雷，声音超过寻常；卦象四阴包二阳，阴过于阳，阳大阴小，小过之象，称为"小过"。艮为止，震为动，动而过动，动即为过，止而过止，止也为过，过小为小过，不动不止，则可无过，无过也就没有亨通，唯独有过才有亨通，所以说"亨"。卦象四阴在外，二阳在内，柔弱无力，不足以堪当大任，因为亨通，所以只能从事力所能及的事情，所以说"可小事，不可大事"。二阳在内，象鸟身，上下各二阴，象鸟展翅飞翔。又艮为山，震为鹄，为鸟，为音，

399

鸟飞高于山，过高则危，哀鸣求救，下则安全，大吉大利，所以说"飞鸟遗之音，不宜上，宜下，大吉"。震为行；艮为恭，为俭；互兑为丧；互巽为哀。山上有雷，震动艮止，君子观此卦象，应当行为举止稍过恭敬，丧事稍过悲哀，日常用度稍过节俭。

大象：山上响雷，超出寻常，四阴包二阳，阴过于阳，阳大阴小，小过之象。

运势：小事亨通，不宜大事，利通讯信息，防止因小的过失，惹是非争讼。

天时：雨止天晴。

事业：难成，易招妒忌。

求财：不利。

婚姻：先阻后成。

胎孕：生男，注意安胎。

交易：难成。

出行：有忧疑，破财后方可行动；在外有阻，做事反复。

疾病：心腹痛，宜往东南方求医。

词讼：宜和解。

初六爻辞

初六：飞鸟以凶。

象曰：飞鸟以凶，不可如何也。

白话文解释

初六：飞鸟好高骛远向上强飞带来凶险。

《象辞》说：飞鸟好高骛远向上强飞带来凶险，是说明初六无可奈何。

淏元解卦

艮为鸟。初六阴柔居下，失位不正，欲上与九四相应，遇六二阻滞为敌，遭遇凶险，喻指飞鸟好高骛远向上强飞带来凶险，所以说"飞鸟以凶"。功名卑微；求财不利；婚姻门当户对吉，攀结高亲凶；孕产生男；家宅低小不安；疾病凶危；征战不利。

六二爻辞

六二：过其祖，遇其妣。不及其君，遇其臣，无咎。
象曰：不及其君，臣不可过也。

白话文解释

六二：越过祖父，遇到祖母。不能求见君主，遇到臣子，没有灾祸。
《象辞》说：不能求见君主，因为臣子不能越位。

淏元解卦

过，越过的意思；遇，遇到的意思。祖为祖父，为始，指初六；妣为祖母，指六二，居中得正，已过初六，来到六二，喻指越过祖父，遇到祖母，所以说"过其祖，遇其妣"。六二为臣位，六五为君位，六二与六五同为阴爻不能相应，安于臣位，喻指不能求见君主，遇到臣子，所以说"不及其君，遇其臣"。六二居中得正，上承九三，阴阳相和，没有灾祸，所以说"无咎"。功名有成；求财得利；婚姻不吉；孕产生男；家宅不安；词讼失理；出往不利；疾病未愈；征战有利。

九三爻辞

九三：弗过防之，从或戕之，凶。

象曰：从或戕之，凶如何也？

白话文解释

九三：不能越过应加强防范，追随可能会被杀害，凶险。

《象辞》说：追随可能会被杀害，九三的凶险该怎么办呢？

漠元解卦

九三居内卦艮终，阳刚得正，欲越过卦中上行与上六相应，遇九四阻滞，下得六二阴阳相守，喻指不能越过，而利于加强防范，所以说"弗过防之"。戕，杀害。九三互兑为刑人，象戕。九三如果追随相应上六，会遇九四阻滞为敌，遭遇凶险，喻指追随可能会被杀害，所以说"从或戕之，凶"。功名不得；求财不利；婚姻不吉；孕产生男，防难育；家宅防凶祸；行人未至；疾病凶危，防刀伤或手术；征战大凶。

九四爻辞

九四：无咎，弗过遇之，往厉必戒，勿用，永贞。

象曰：弗过遇之，位不当也。往厉必戒，终不可长也。

白话文解释

九四：没有灾祸，不能越过相遇，前往危险必须戒备，不可用，应该永久守正。

《象辞》说：不能越过相遇，因为九四阳居阴位，居位不当。前往危险必须戒备，最终不会长久。

滉元解卦

九四亲比六五，阴阳相合，没有灾祸，所以说"无咎"。九四失位不正，欲下应初六，相遇九三阻滞为敌，不能越过相遇的九三，前往有危险必须戒备，不可用，应该永久守正，所以说"弗过遇之，往厉必戒，勿用，永贞"。功名宜自然而成，不宜妄求；求财见好就收；婚姻有成；孕产生男；家宅宜安居；疾病调养可愈；征战不利。

六五爻辞

六五：密云不雨，自我西郊。公弋取彼在穴。
象曰：密云不雨，已上也。

白话文解释

六五：阴云密布没有下雨，从西郊压过来。王公带着绳箭到穴中捉捕它。
《象辞》说：阴云密布没有下雨，是说六五阴气已经聚集在上。

滉元解卦

六五互兑为密，为云，为雨，为西。六五阴居尊位，下与六二同阴不能应合，阴无阳不能化雨，喻指阴云密布没有下雨，从西郊方向压过来，所以说"密云不雨，自我西郊"。六五居震为诸侯，为公；弋，指绳箭。互兑为金刃，互巽为绳，象弋；六二居艮为取，为穴。六五与六二不应为敌，喻指王公带着绳箭到穴中捉捕它，所以说"公弋取彼在穴"。功名淡泊名利；求财小利；婚姻不宜强求；孕产生男；家宅恐阴暗潮湿；疾病可愈；征战时机不宜。

上六爻辞

上六：弗遇过之，飞鸟离之，凶，是谓灾眚。

象曰：弗遇过之，已亢也。

白话文解释

上六：不能相遇而越过，飞鸟离开，凶险，是称作灾殃祸患。

《象辞》说：不能相遇而越过，上六已居亢极之位。

漠元解卦

上六居震卦之上，处小过之极，飞翔过高，欲下与九三相应，遇六五阻滞为敌，不能相应九三而离开，喻指不能相遇而越过，飞鸟离开，所以说"弗遇过之，飞鸟离之"。上六因为高飞过极，招致凶险，是自取灾殃祸患，所以说"凶，是谓灾眚"。功名不成；求财不利；婚姻防阴谋骗婚；孕产生男；家宅居高不安，有凶；疾病凶危；征战不利。

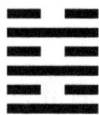

水火既济

第六十三卦：既济卦（水火既济）

既济：亨小，利贞。初吉，终乱。

象曰：水在火上，既济。君子以思患而豫防之。

白话文解释

既济卦：柔小者也得亨通，利于守正。起初吉利，最后将发生混乱。

《象辞》说：上卦坎为水，下卦离为火，水上火下，水火相济，各得其用，是既济的卦象。君子应当居安思患，防范于未然。

漠元解卦

下离上坎相叠。坎为水，离为火，水在火上，坎水润下，离火炎上，水火相交，水得火不寒，有滋生之力，火得水不燥，有烹饪之功，刚柔正而位当，得以相济，称为"既济"。既济是完成、成功的意思。卦中六爻都当位有应，万事皆济，柔小者也得亨通，所以说"亨小"。卦中刚柔居位得正，喻指既济之时利于守正，所以说"利贞"。既济之初，虽小亦通，万物得以相济，喻指开始吉利，所以说"初吉"。凡事物极必反，既济之终，则为未济，如果不能长久守正，则亨通不久，最终将发生混乱，所以说"终乱"。水火既济互卦火水未济；水性润下，火性炎上，水在火上，互为体用，可成生化之功，如果水过旺则火会被浇灭，火过旺则水会干涸，既济之中，隐藏着不济的危险，君子观此卦象应当居安思患，防范于未然。

大象：坎上离下，水性润下，火性炎上，阴阳相合，水火相济，功德圆满。

运势：万事顺遂，事业有成，居安思危，退守吉，前进凶，防止物极必反，初吉终乱。

天时：不测风云，时晴时雨。

事业：功成名就，居安思危。

求财：求财得利，见好就收。

婚姻：百年好合。

胎孕：春夏生女，秋冬生男。

交易：贵人得力可成。

出行：宜与人同行，不宜求财。

疾病：防腰部血光，脾胃，或吐泻疾患，宜往西北方求医。

词讼：有虚惊，宜和解。

初九爻辞

初九：曳其轮，濡其尾，无咎。

象曰：曳其轮，义无咎也。

白话文解释

初九：牵引车轮，沾湿尾巴，没有灾祸。

《象辞》说：牵引车轮，理应没有灾祸。

漠元解卦

曳，为拖，牵引；濡，为沾湿。六四居坎为曳，为轮，为濡。初九居位得正，处既济之初，能谨慎守成，不急于上应六四，喻指牵引车轮，不使急行，所以说"曳其轮"。初九为尾，六二至六四互坎为水，在初九尾巴之上，喻指沾湿尾巴，不使速进，所以说"濡其尾"。初九得六四相应，事成之初，能慎守已成，没有灾祸，所以说"无咎"。功名未成；求财得利；婚姻吉利；孕产生女；家宅破损，宜择日修造；失物难寻；疾病可愈；征战获胜。

六二爻辞

六二：妇丧其茀，勿逐，七日得。
象曰：七日得，以中道也。

白话文解释

六二：妇人丢失了车上的布帘，不用追寻，七天就能复得。
《象辞》说：七天就能复得，因为六二居得中正之道。

淏元解卦

离为妇；坎为失，象丧；茀，遮阳车帘，中国古代妇人乘车不露，车的前后设置车帘用来隐蔽车内，称为茀，离卦初九与九三象车前后，六二中虚阴爻象"茀"。既济之时，离卦初吉，坎卦终乱，六二居离，九五居坎，六二上应九五，置身于乱，喻指妇人丢失了车上的布帘，所以说"妇丧其茀"。六二居中守正，不去追逐上应九五，喻指妇人乘车用茀，为不露于外以显尊贵，如果下车捡，有失身份与礼制，丢失可以再换，不用追寻，所以说"勿逐"。离为日；从六二至上六为五数，再从初九至六二为二数，共七数。六二居中守正，不去追逐上应九五，待九五主动来与己相应，喻指七天就能复得，所以说"七日得"。功名可成；求财先损后得，宜谨慎投资；婚姻迟缓可成；孕产生女；家宅破损宜修；失物可寻；词讼反复；疾病可愈；征战不利。

九三爻辞

九三：高宗伐鬼方，三年克之，小人勿用。

象曰：三年克之，惫也。

白话文解释

九三：殷商高宗讨伐鬼方部落，耗时三年打败对方，小人不可用。

《象辞》：耗时三年打败对方，是因为九三不懈努力已经极度疲乏。

漠元解卦

高宗指中国古代商朝商王武丁的庙号；鬼方，中国古代西北地区部落之一。《竹书纪年》有载："武丁三十二年伐鬼方，三十四年王师克鬼方"。九三动变震为帝，象高宗；离为甲胄，为戈兵，有"伐"象；坎为鬼方，为三岁，象三年；九三居离，前往坎与上六相济，喻指殷商高宗讨伐鬼方部落，耗时三年打败对方，所以说"高宗伐鬼方，三年克之"。上六阴柔濡首，为小人，居既济之极，既济过后就是未济，初吉终乱，不能任用，这里喻指成功之时，还有余患，仍然需要谨慎防备，才能最终成功，如果任用阴柔小人，必然会发生混乱，所以诫以"小人勿用"。功名终成；求财宜迟；婚姻迟缓；孕产生女；家宅阴气太重，宜改风水；词讼长时间不结案，三年终；疾病可愈；征战虽胜亦疲。

六四爻辞

六四：繻有衣袽，终日戒。

象曰：终日戒，有所疑也。

白话文解释

六四：细密华贵的新衣都穿成了破絮旧衣还没有脱下，是因为整天保持戒备。

《象辞》说：整天保持戒备，是因为六四心中有所疑虑。

漠元解卦

繻，细密的缯，这里指用细密丝织品做成的衣服。六四动变兑卦，兑为密，互卦离，离为文明，为美，象"繻"。袽同絮，指破旧如絮的衣服。六四在坎卦，坎为破，象"袽"。六四柔顺得正，居坎卦之始，初吉终乱，既济将要发生转化，喻指细密华贵的新衣都穿成了破絮旧衣，还没有脱下来，所以说"繻有衣袽"。六四在坎为夜，居互卦离为日，日夜相连为"终日"；坎为疑，为惕，为忧虑，忧虑害怕就会有所戒备，象"戒"。正值既济转化之时，六四居坎卦与互坎之间，处于多惧之地，成功不可自满，应当守正防患，居安思危，整天保持戒备，所以说"终日戒"。功名起落；求财迟得；婚姻有阻，终成；孕产生男；家宅惊惧不安，宜改善风水；疾病可愈；征战胜后宜终日戒备。

九五爻辞

九五：东邻杀牛，不如西邻之禴祭，实受其福。

象曰：东邻杀牛，不如西邻之时也。实受其福，吉大来也。

白话文解释

九五：东邻杀牛盛祭，不如西邻薄祭，确实受到福佑。

《象辞》说：东邻杀牛盛祭，不如西邻依时薄祭。确实受到福佑，将有大的吉庆降临。

渓元解卦

先天八卦，离位东，为东邻，指六二；坎位西，为西邻，指九五；九五动变坤为杀，为牛；禘为夏祭，午月夏季，午居离，禘取离象；离为乾卦，乾为实，为福。既济之时，离卦初吉，坎卦终乱，九五居坎，六二居离，六二来上应九五置身于乱，不如九五下应六二获得福佑，喻指东邻杀牛盛祭，不如西邻薄祭，确实受到福佑，所以说"东邻杀牛，不如西邻之禘祭，实受其福"。功名有成；求财西方得利；婚姻勤俭持家；孕产生男；词讼无忧；行人未至；疾病可愈；征战武统不如德统，实受其福。

上六爻辞

上六：濡其首，厉。
象曰：濡其首厉，何可久也？

白话文解释

上六：沾湿头部，危险。
《象辞》说：沾湿头部的危险，怎么会长久呢？

渓元解卦

既济之极，则为未济，离卦初吉，坎卦终乱。上六居坎为濡；九三居离为乾卦，乾为首。上六下应九三，喻指沾湿头部，遭遇危险，所以说"濡其首，厉"。功名有失；求财得利；婚姻生离死别，再嫁再娶；孕产生男；家宅长房不利；失物难寻；疾病头面危险；征战大凶。

火水未济

第六十四卦：未济卦（火水未济）

未济：亨。小狐汔济，濡其尾，无攸利。
象曰：火在水上，未济。君子以慎辨物居方。

白话文解释

未济卦：亨通。小狐狸快要渡过河，沾湿尾巴，没有利益。
《象辞》说：上卦离为火，下卦坎为水，火在水上，火水不相交，是未济卦的卦象。君子应当审慎分辩物类，使其各得其所。

渎元解卦

下坎上离相叠。离为火，坎为水，火上水下，离火炎上，坎水润下，火水不相交，失火则水寒，失水则火燥，刚柔失位，不能相济，称为"未济"。未济是没有完成，尚未成功的意思。卦中三阴承阳有应，互为既济，所行亨通，所以说"亨"。坎为狐，为濡。未济并非不济，为侍时而济，卦中六爻失位不正，如果处事不够谨慎，如同小狐狸快要渡过河，却沾湿尾巴，不能成济而没有利益，所以说"小狐汔济，濡其尾，无攸利"。火在水上，炎上润下，水火各异，物类不同，失位不济，君子观此卦象，应当审慎分辩物类，使其各得其所。

大象：火在水上，火性炎上，水性润下，火水不相交，刚柔失位，尚未成功之象。

运势： 运气阻滞，初凶后吉，经历艰难，终可成功。

天时： 不测风云，时晴时雨。

事业： 经历困难，方可成就。

求财： 先难后易，得利少。

婚姻： 先难后易，门户不合，防妇淫乱。

胎孕： 上半月生女，下半月生男。

交易： 先难后易。

出行： 不宜远行。

疾病： 先寒后热，吐泻不能进食，宜往东北方求医。

词讼： 自己有理，最终和解。

初六爻辞

初六：濡其尾，吝。

象曰：濡其尾，亦不知极也。

白话文解释

初六：沾湿尾巴，恨惜。

《象辞》说：沾湿尾巴，是说初六也不知道已经到达穷尽。

漠元解卦

坎为狐，为濡；初六居坎下为尾。初六未济开始，居坎险下，阴居阳位，失位不正，急于同九四相应，不自量力而强行用事，喻指狐狸急于过河，沾湿了尾巴，带来恨惜，所以说"濡其尾，吝"。功名不成；求财不利；婚姻不合；孕产生男；家宅不安；疾病下体疾患，难愈；征战不利。

九二爻辞

九二：曳其轮，贞吉。

象曰：九二贞吉，中以行正也。

白话文解释

九二：牵引车轮，守正吉利。

《象辞》说：九二的守正吉利，是要居中而能行事端正不偏。

漠元解卦

曳，为拖，牵引。坎为曳，为轮。九二阳刚居中，失位不正，处未济之时，虽然与六五相应，但是还没有出险，谨慎不敢妄进，喻指牵引车轮，不使急行，能坚守正道，可获吉利，所以说"曳其轮，贞吉"。功名吉利；求财满载而归；婚姻和合；孕产生男；家宅隆昌；疾病胸腹问题，调理自愈；征战有利。

六三爻辞

六三：未济，征凶，利涉大川。

象曰：未济征凶，位不当也。

白话文解释

六三：没有成功，前往凶险，利于涉川历险。

《象辞》说：没有成功而前往凶险，因为六三居位不恰当。

漠元解卦

六三阴居阳位，失位不正，柔居坎卦与互坎之间，处于多惧之地，进退两难，无力自济，前往也有凶险，所以说"未济，征凶"。

六三身处险境，是要警戒不能妄动，并不是退缩不前，六三居内外卦之交，正当利涉之时，如果现在不前往既济，则会终生不济，这时只要上承九四与相应上九阳刚，刚柔相济，就能够涉川历险，所以说"利涉大川"。功名有阻；求财海运得利；婚姻先阻后成；孕产生男；疾病服药可愈；征战不利。

九四爻辞

九四：贞吉，悔亡，震用伐鬼方，三年有赏于大国。

象曰：贞吉，悔亡，志行也。

白话文解释

九四：守正吉利，悔恨消除，以雷震之威势讨伐鬼方部落，耗时三年功成而被封赏为大国诸侯。

《象辞》说：守正吉利，悔恨消除，志愿得到实行。

漠元解卦

九四阳居阴位，失位不正易生悔恨，但能与六五刚柔相济，如果坚守正道，获得吉利，就可以使悔恨消除，所以诫以"贞吉，悔亡"。震，喻指雷霆之威势；鬼方，中国古代西北地区部落之一；大国，指中国古代的殷商。九二为阳，六三为阴，九四阳变阴，有震象；离为甲胄，为戈兵，有伐象；坎为鬼方，为三岁，象三年；六三为阴，九四阳动变阴，六五为阴，有坤象，坤为国。九四居离，前往坎与初六刚柔相济，喻指以雷震之威势讨伐鬼方部落，耗时三年功成而被封赏为大国诸侯，所以说"震用伐鬼方，三年有赏于大国"。功名成就；求财得利；婚姻终成；孕产生女；家宅隆昌；疾病可愈；征战军功赫赫。

六五爻辞

六五：贞吉，无悔。君子之光，有孚，吉。

象曰：君子之光，其晖吉也。

白话文解释

六五：守正吉利，没有悔恨。君子的光辉，有诚信，吉利。

《象辞》说：君子的光辉，是指六五的光彩照耀带来吉利。

淏元解卦

六五居离卦文明之中，得九四与上九亲比，能坚守正道，获得吉利，没有悔恨，所以说"贞吉，无悔"。六五动变乾卦，乾为君子，离为光，六五尊位居中，喻指焕发君子的光辉，所以说"君子之光"。六五与九二阴阳相应，喻指有诚信可以获得吉利，所以说"有孚，吉"。功名成就；求财得利；婚姻和合；孕产生贵女；家宅大吉；疾病可愈；征战大利。

上九爻辞

上九：有孚于饮酒，无咎。濡其首，有孚失是。

象曰：饮酒濡首，亦不知节也。

白话文解释

上九：带着诚信饮酒，没有灾祸。沾湿头部，有诚信但有失正道。

《象辞》说：饮酒沾湿头部，说明上九也太不知道节制了。

淏元解卦

坎为酒。上九居未济之终，亲比六五，下履重坎，喻指已经脱离坎险，而带着诚信饮酒庆祝，没有灾祸，所以说"有孚于饮酒，无咎"。六三居坎为濡；上九居离为乾卦，乾为首。上九失位不正，下与六三诚信相应，喻指沾湿头部，虽有诚信但有失正道，所以说"濡其首，有孚失是"。功名切忌高傲，否则有失；求财得利；婚姻不正；孕产生女；行人未至；失物难寻；疾病控制饮食可愈；征战有利。

六十四卦爻象全图

乾宫八卦属金

乾为天
父母壬戌土、世

兄弟壬申金

官鬼壬午火

父母甲辰土、应

妻财甲寅木

子孙甲子水

天风姤
父母壬戌土

兄弟壬申金

官鬼壬午火、应

兄弟辛酉金

子孙辛亥水

父母辛丑土、世

天山遯
父母壬戌土

兄弟壬申金、应

官鬼壬午火

兄弟丙申金

官鬼丙午火、世

父母丙辰土

天地否
父母壬戌土、应

兄弟壬申金

官鬼壬午火

妻财乙卯木、世

官鬼乙巳火

父母乙未土

风地观
妻财辛卯木

官鬼辛巳火

父母辛未土、世

妻财乙卯木

官鬼乙巳火

父母乙未土、应

山地剥
妻财丙寅木

子孙丙子水、世

父母丙戌土

妻财乙卯木

官鬼乙巳火、应

父母乙未土

火地晋
官鬼己巳火

父母己未土

兄弟己酉金、世

妻财乙卯木

官鬼乙巳火

父母乙未土、应

火天大有
官鬼己巳火、应

父母己未土

兄弟己酉金

父母甲辰土、世

妻财甲寅木

子孙甲子水

417

兑宫八卦属金

兑为泽

父母丁未土、世

兄弟丁酉金

子孙丁亥水

父母丁丑土、应

妻财丁卯木

官鬼丁巳火

泽水困

父母丁未土

兄弟丁酉金

子孙丁亥水、应

官鬼戊午火

父母戊辰土

妻财戊寅木、世

泽地萃

父母丁未土

兄弟丁酉金、应

子孙丁亥水

妻财乙卯木

官鬼乙巳火、世

父母乙未土

泽山咸

父母丁未土、应

兄弟丁酉金

子孙丁亥水

兄弟丙申金、世

官鬼丙午火

父母丙辰土

水山蹇

子孙戊子水

父母戊戌土

兄弟戊申金、世

兄弟丙申金

官鬼丙午火

父母丙辰土、应

地山谦

兄弟癸酉金

子孙癸亥水、世

父母癸丑土

兄弟丙申金

官鬼丙午火、应

父母丙辰土

雷山小过

父母庚戌土

兄弟庚申金

官鬼庚午火、世

兄弟丙申金

官鬼丙午火

父母丙辰土、应

雷泽归妹

父母庚戌土、应

兄弟庚申金

官鬼庚午火

父母丁丑土、世

妻财丁卯木

官鬼丁巳火

418

离宫八卦属火

离为火
兄弟己巳火、世
子孙己未土
妻财己酉金
官鬼己亥水、应
子孙己丑土
父母己卯木

火山旅
兄弟己巳火
子孙己未土
妻财己酉金、应
妻财丙申金
兄弟丙午火
子孙丙辰土、世

火风鼎
兄弟己巳火
子孙己未土、应
妻财己酉金
妻财辛酉金
官鬼辛亥水、世
子孙辛丑土

火水未济
兄弟己巳火、应
子孙己未土
妻财己酉金
兄弟戊午火、世
子孙戊辰土
父母戊寅木

山水蒙
父母丙寅木
官鬼丙子水
子孙丙戌土、世
兄弟戊午火
子孙戊辰土
父母戊寅木、应

风水涣
父母辛卯木
兄弟辛巳火、世
子孙辛未土
兄弟戊午火
子孙戊辰土、应
父母戊寅木

天水讼
子孙壬戌土
妻财壬申金
兄弟壬午火、世
兄弟戊午火
子孙戊辰土
父母戊寅木、应

天火同人
子孙壬戌土、应
妻财壬申金
兄弟壬午火
官鬼己亥水、世
子孙己丑土
父母己卯木

震宫八卦属木

震为雷
妻财庚戌土、世
官鬼庚申金
子孙庚午火
妻财庚辰土、应
兄弟庚寅木
父母庚子水

雷地豫
妻财庚戌土
官鬼庚申金
子孙庚午火、应
兄弟乙卯木
子孙乙巳火
妻财乙未土、世

雷水解
妻财庚戌土
官鬼庚申金、应
子孙庚午火
子孙戊午火
妻财戊辰土、世
兄弟戊寅木

雷风恒
妻财庚戌土、应
官鬼庚申金
子孙庚午火
官鬼辛酉金、世
父母辛亥水
妻财辛丑土

地风升
官鬼癸酉金
父母癸亥水
妻财癸丑土、世
官鬼辛酉金
父母辛亥水
妻财辛丑土、应

水风井
父母戊子水
妻财戊戌土、世
官鬼戊申金
官鬼辛酉金
父母辛亥水、应
妻财辛丑土

泽风大过
妻财丁未土
官鬼丁酉金
父母丁亥水、世
官鬼辛酉金
父母辛亥水
妻财辛丑土、应

泽雷随
妻财丁未土、应
官鬼丁酉金
父母丁亥水
妻财庚辰土、世
兄弟庚寅木
父母庚子水

巽宫八卦属木

巽为风
兄弟辛卯木、世
子孙辛巳火
妻财辛未土
官鬼辛酉金、应
父母辛亥水
妻财辛丑土

风天小畜
兄弟辛卯木
子孙辛巳火
妻财辛未土、应
妻财甲辰土
兄弟甲寅木
父母甲子水、世

风火家人
兄弟辛卯木
子孙辛巳火、应
妻财辛未土
父母己亥水
妻财己丑土、世
兄弟己卯木

风雷益
兄弟辛卯木、应
子孙辛巳火
妻财辛未土
妻财庚辰土、世
兄弟庚寅木
父母庚子水

天雷无妄
妻财壬戌土
官鬼壬申金
子孙壬午火、世
妻财庚辰土
兄弟庚寅木
父母庚子水、应

火雷噬嗑
子孙己巳火
妻财己未土、世
官鬼己酉金
妻财庚辰土
兄弟庚寅木、应
父母庚子水

山雷颐
兄弟丙寅木
父母丙子水
妻财丙戌土、世
妻财庚辰土
兄弟庚寅木
父母庚子水、应

山风蛊
兄弟丙寅木、应
父母丙子水
妻财丙戌土
官鬼辛酉金、世
父母辛亥水
妻财辛丑土

坎宫八卦属水

坎为水
兄弟戊子水、世
官鬼戊戌土
父母戊申金
妻财戊午火、应
官鬼戊辰土
子孙戊寅木

水泽节
兄弟戊子水
官鬼戊戌土
父母戊申金、应
官鬼丁丑土
子孙丁卯木
妻财丁巳火、世

水雷屯
兄弟戊子水
官鬼戊戌土、应
父母戊申金
官鬼庚辰土
子孙庚寅木、世
兄弟庚子水

水火既济
兄弟戊子水、应
官鬼戊戌土
父母戊申金
兄弟己亥水、世
官鬼己丑土
子孙己卯木

泽火革
官鬼丁未土
父母丁酉金
兄弟丁亥水、世
兄弟己亥水
官鬼己丑土
子孙己卯木、应

雷火丰
官鬼庚戌土
父母庚申金、世
妻财庚午火
兄弟己亥水
官鬼己丑土、应
子孙己卯木

地火明夷
父母癸酉金
兄弟癸亥水
官鬼癸丑土、世
兄弟己亥水
官鬼己丑土
子孙己卯木、应

地水师
父母癸酉金、应
兄弟癸亥水
官鬼癸丑土
妻财戊午火、世
官鬼戊辰土
子孙戊寅木

艮宫八卦属土

艮为山
官鬼丙寅木、世
妻财丙子水
兄弟丙戌土
子孙丙申金、应
父母丙午火
兄弟丙辰土

山火贲
官鬼丙寅木
妻财丙子水
兄弟丙戌土、应
妻财己亥水
兄弟己丑土
官鬼己卯木、世

山天大畜
官鬼丙寅木
妻财丙子水、应
兄弟丙戌土
兄弟甲辰土
官鬼甲寅木、世
妻财甲子水

山泽损
官鬼丙寅木、应
妻财丙子水
兄弟丙戌土
兄弟丁丑土、世
官鬼丁卯木
父母丁巳火

火泽睽
父母己巳火
兄弟己未土
子孙己酉金、世
兄弟丁丑土
官鬼丁卯木
父母丁巳火、应

天泽履
兄弟壬戌土
子孙壬申金、世
父母壬午火
兄弟丁丑土
官鬼丁卯木、应
父母丁巳火

风泽中孚
官鬼辛卯木
父母辛巳火
兄弟辛未土、世
兄弟丁丑土
官鬼丁卯木
父母丁巳火、应

风山渐
官鬼辛卯木、应
父母辛巳火
兄弟辛未土
子孙丙申金、世
父母丙午火
兄弟丙辰土

坤宫八卦属土

坤为地
子孙癸酉金、世
妻财癸亥水
兄弟癸丑土
官鬼乙卯木、应
父母乙巳火
兄弟乙未土

地雷复
子孙癸酉金
妻财癸亥水
兄弟癸丑土、应
兄弟庚辰土
官鬼庚寅木
妻财庚子水、世

地泽临
子孙癸酉金
妻财癸亥水、应
兄弟癸丑土
兄弟丁丑土
官鬼丁卯木、世
父母丁巳火

地天泰
子孙癸酉金、应
妻财癸亥水
兄弟癸丑土
兄弟甲辰土、世
官鬼甲寅木
妻财甲子水

雷天大壮
兄弟庚戌土
子孙庚申金
父母庚午火、世
兄弟甲辰土
官鬼甲寅木
妻财甲子水、应

泽天夬
兄弟丁未土
子孙丁酉金、世
妻财丁亥水
兄弟甲辰土
官鬼甲寅木、应
妻财甲子水

水天需
妻财戊子水
兄弟戊戌土
子孙戊申金、世
兄弟甲辰土
官鬼甲寅木
妻财甲子水、应

水地比
妻财戊子水、应
兄弟戊戌土
子孙戊申金
官鬼乙卯木、世
父母乙巳火
兄弟乙未土

纳甲定位

爻　辰

爻辰是以乾、坤两卦十二爻当十二辰，分为一年十二个月，是依据生律规则与"天左旋，地右动"的规则确立起乾、坤两卦六爻纳支的法则，是八卦纳支的重要依据。

乾卦

初九爻当"子"，为十一月；九二爻当"寅"，为正月；

九三爻当"辰"，为三月；九四爻当"午"，为五月；

九五爻当"申"，为七月；上九爻当"戌"，为九月。

坤卦

初六爻当"未"，为六月；六二爻当"巳"，为四月；

六三爻当"卯"，为二月；六四爻当"丑"，为十二月；

六五爻当"亥"，为十月；上六爻当"酉"，为八月。

浑天甲子定局

乾

壬戌土　壬申金　壬午火（上卦）

甲辰土　甲寅木　甲子水（下卦）

坎

戊子水　戊戌土　戊申金（上卦）

戊午火　戊辰土　戊寅木（下卦）

艮

丙寅木　丙子水　丙戌土（上卦）

丙申金　丙午火　丙辰土（下卦）

震

庚戌土　庚申金　庚午火（上卦）

庚辰土　庚寅木　庚子水（下卦）

（以上四宫属阳，皆从顺数）

巽

辛卯木　辛巳火　辛未土（上卦）

辛酉金　辛亥水　辛丑土（下卦）

离

己巳火　己未土　己酉金（上卦）

己亥水　己丑土　己卯木（下卦）

坤

癸酉金　癸亥水　癸丑土（上卦）

乙卯木　乙巳火　乙未土（下卦）

兑

丁未土　丁酉金　丁亥水（上卦）

丁丑土　丁卯木　丁巳火（下卦）

（以上四宫属阴，皆从逆数）

八卦纳干

乾纳壬、甲，坤纳癸、乙，震纳庚，巽纳辛，坎纳戊，离纳己，艮纳丙，兑纳丁。如乾卦上卦三爻天干为壬，下卦三爻为甲；震卦上面三爻为庚，下卦三爻为庚，以此类推。

八卦纳支

乾、震、坎、艮为阳卦，地支是从初爻至上爻，由下往上隔位顺排。如乾卦初爻子水，二爻寅木，三爻辰土，四爻午火，五爻申金，上爻戌土，其他阳卦余仿此。坤、巽、离、兑为阴卦，地支是从初爻至上爻，由下往上隔位逆排。如坤卦初爻未土，二爻巳火，三爻卯木，四爻丑土，五爻亥水，上爻酉金，其他阴卦余仿此。知道各爻的五行排列，就能正确掌握阴阳五行生克制化的法则，是起卦断卦的重要环节。

纳支方法

根据十二爻辰的原则，乾卦为阳卦，初爻起子，隔位顺排爻支；坤卦为阴卦，初爻起未，隔位逆排爻支。

乾卦统领震、坎、艮三男。震卦长男取乾卦初爻子水为初九爻，坎卦中男取乾卦二爻寅木为初六爻，艮卦少男取乾卦三爻辰土为初六爻。三阳分别从初爻至上爻，由下往上隔位顺排。

坤卦统领兑、离、巽三女。兑卦少女取坤卦初爻未土为上六爻，离卦中女取坤卦二爻巳火为上九爻，巽卦长女取坤卦三爻卯木为上九爻，三阴分别从上爻至初爻，由上往下隔位顺排（即：由下往上隔位逆排）。

歌诀

乾震子午坎寅申，艮上辰戌顺行真，

巽得丑未离卯酉，坤未丑兑巳亥循，

乾震坎艮隔位装，坤巽离兑逆隔排。

释义

乾震两卦装地支，内卦从子起，外卦从午起；坎卦装地支，内卦从寅起，外卦从申起；艮卦装地支，内卦从辰起，外卦从戌起；前两句乾、坎、艮、震阳卦的排法，由下往上隔位顺排。巽卦装地支，内卦从丑起，外卦从未起；离卦装地支，内卦从卯起，外卦从酉起；坤卦装地支，内卦从未起，外卦从丑起；兑卦装地支，内卦从巳起，外卦从亥起；后两句是巽、离、坤、兑阴卦的排法，由下往上隔位逆排。

安 六 亲

六亲

父母、兄弟、子孙、妻财、官鬼。

六亲关系

生我者为父母，我生者为子孙，克我者为官鬼，我克者为妻财，比和者为兄弟。

安六亲方法

确定得出的卦所在宫的五行，以卦宫所属五行为"我"，依据六爻所纳地支的五行，用"生我者父母，我生者子孙，克我者官鬼，我克者妻财，相同者兄弟"的关系来定出卦爻的六亲。卦中的六亲代表预测的对象，是预测时取"用神"进行断卦的关键。

乾、兑宫五行属金：金爻为兄弟、土爻为父母、木爻为妻财、火爻为官鬼、水爻为子孙。

震、巽宫五行属木：木爻为兄弟、水爻为父母、土爻为妻财、金爻为官鬼、火爻为子孙。

坤、艮宫五行属土：土爻为兄弟、火爻为父母、水爻为妻财、木爻为官鬼、金爻为子孙。

离宫五行属火：火爻为兄弟、木爻为父母、金爻为妻财、水爻为官鬼、土爻为子孙。

坎宫五行属水：水爻为兄弟、金爻为父母、火爻为妻财、土爻为官鬼、木爻为子孙。

安 世 应

一卦六爻中，有世爻和应爻，世爻代表问卦人自己，应爻代表问卦人所要测的人或事。

安世应歌诀

世应永隔两爻装，八卦之首世六当，后五初爻轮上扬，

游魂八宫四爻立，归魂八卦三爻详。

释义

此歌诀是六爻卦装世爻和应爻的爻位的规定。即：世爻与应爻永远相隔两个爻位；八宫的首卦，世爻装在第六爻，应爻装在三爻；第二卦世爻装在初爻，应爻装在四爻；第三卦世爻装在二爻，应爻装在五爻；第四卦世爻装在三爻，应爻装在六爻；第五卦世爻装在四爻，应爻装在初爻；第六卦世爻装在五爻，应爻装在二爻；第七卦【游魂】世爻装在四爻，应爻装在初爻；第八卦【归魂】世爻装在三爻，应爻装在六爻。余卦仿此。

以乾宫八卦为例

第一卦《乾为天》，世爻装在六爻，应爻装在三爻；第二卦《天风姤》世爻装在初爻，应爻装在四爻；第三卦《天山遁》世爻装在二爻，应爻装在五爻；第四卦《天地否》世爻装在三爻，应爻装在六爻；第五卦《风地观》世爻装在四爻，应爻装在初爻；第六卦《山地剥》世爻装在五爻，应爻装在二爻；第七卦《火地晋》为游魂卦，世爻装在四爻，应爻装在初爻；第八卦《火天大有》为归魂卦，世爻装在三爻，应爻装在六爻。余卦仿此。

游魂卦与归魂卦

　　六十四卦中每宫有八个卦，在每个宫第七卦称为游魂卦，第八卦称为归魂卦。

　　游魂卦有火地晋、雷山小过、天水讼、泽风大过、山雷颐、地火明夷、风泽中孚、水天需，共八个卦。

　　归魂卦有火天大有、雷泽归妹、天火同人、泽雷随、山风蛊、地水师、风山渐、水地比，共八个卦。

　　游魂卦和归魂卦在预测中不起到决定吉凶的作用，但可以为预测事物的发展状态提供参考，如果用的恰到好处，可以使预测达到一定的深度，往往出现惊人的准确断语。游魂卦多主事物处于不稳定的状态，主人心绪不宁，思虑不安，精神状态不佳，发呆，魂不守舍，向外、变化、分离、梦游等含义；归魂卦与游魂卦相反，为安定、保守、心安、回来、在家、出不去、苏醒等含义。必须与卦中五行生克结合在一起来看，根据所测的内容不同，要灵活应用。

游魂歌诀

　　所测图谋非长远，动而不定常更迁，

　　身命无有安业处，行人游荡且忘返。

　　出行无踪不思归，家宅此卦多变迁，

　　坟冢之灵不安宁，祸福再以用神参。

归魂歌诀

归魂游魂意相反，心有定向不更变。

新事拘泥而难行，旧事章程仍依然。

出行难动行人归，坟冢风水鬼神安。

爻变规律

游魂卦，八纯卦中五爻变，内卦为错卦（变为相反爻的卦）即是。

归魂卦，八纯卦的五爻变即是。

安 六 神

六神

青龙、朱雀、勾陈、腾蛇、白虎、玄武。

六神属性

青龙东方木，代表春，为青色，司甲乙寅卯。

朱雀南方火，代表夏，为红色，司丙丁巳午。

白虎西方金，代表秋，为白色，司庚辛申酉。

玄武北方水，代表冬，为黑色，司壬癸亥子。

勾陈中央土，代表四季末，为黄色，司戊丑戌。

腾蛇本属火，配土作用，遇水难伤，逢木不克，司己辰未。

六神与天文星宿

青龙：角、亢、氐、房、心、尾、箕。

白虎：奎、娄、胃、昂、毕、嘴、参。

朱雀：井、鬼、柳、星、张、翼、轸。

玄武：斗、牛、女、虚、危、室、壁。

勾陈位于紫微星垣的中央，称为北辰，即现在的北极星。

腾蛇隶属北方七宿，由 22 颗星组成，居于造父五星南，室宿北。

十天干起六神

甲乙起青龙	丙丁起朱雀	戊日起勾陈
己日起腾蛇	庚辛起白虎	壬癸起玄武

若甲日或乙日预测，卦的初爻为青龙，二爻为朱雀，三爻为勾陈，四爻为腾蛇，五爻为白虎，六爻为玄武，余仿此。

六神主事

青龙主管文事。应吉利于文章、酒食宴乐、喜庆等事；应凶代表文章惹祸、酒色成灾，乐极生悲等事。

朱雀主管封章弹谏文学。应吉利于工作、功名、文书有喜等事；应凶代表口舌是非、诉讼争辩等事。

勾陈主管土地实务。应吉代表笃实诚信、利于土地、实务等事；应凶代表迟缓延误、忧田土、牢役等事。

腾蛇主管阴私虚务。应吉利于阴私、宗教等事；应凶代表多忧疑恐惧、虚惊怪异等事。

白虎主管武备事务。应吉利于掌管刑杀职权、武职等事；应凶代表凶伤孝服、血光等事。

玄武主管计谋筹划技巧事务。应吉代表足智多谋，利于出谋划策、投机取巧、水利等事；应凶代表盗贼暗损、奸邪等事。

六神在六爻预测中不起到决定吉凶的作用，只为预测事物的发展状态提供参考。

卦　位

两卦相叠分上下，上为上卦，下为下卦。

两卦相叠分内外，内为内卦，外为外卦。

两卦相叠分刚柔，刚为阳卦，柔为阴卦。

两卦相叠分远近，远为外卦，近为内卦。

两卦相叠分前后，前为上卦，后为下卦。

异卦相叠分阴阳，阴为阴卦，阳为阳卦。

两卦相叠分动静，动为动卦，静为静卦。

两卦相叠分往来，由内卦到外卦为往，由外卦到内卦为来。

卦　气

卦就是八卦的基础卦象及其上下相叠而生成的六十四卦，是周易的本质单位，象征自然事物表象的符号，与自然物质元素以及事物变化规律存在着相互对应的关系；气是指同一事物阴与阳的两种对立属性。卦气合起来就是运用周易八卦配合节气时间，来推断事物的阴阳对立的静态属性和消长的动态属性。

八卦旺衰

震卦与巽卦

旺于春，相于冬，休于夏，囚于四季末（辰戌丑未月），死于秋。

离卦

旺于夏，相于春，休于四季末（辰戌丑未月），囚于秋，死于冬。

乾卦与兑卦

旺于秋，相于四季末（辰戌丑未月），休于冬，囚于春，死于夏。

坎卦

旺于冬，相于秋，休于春，囚于夏，死于四季末（辰戌丑未月）。

艮卦与坤卦

旺于四季末（辰戌丑未月），相于夏，休于秋，囚于冬，死于春。

六十四卦气

正月建寅，立春节，雨水中：

地天泰、泽山咸、天火同人、山风蛊、

雷风恒、风山渐、水火既济、火天大有。

二月建卯，惊蛰节，春分中：

雷天大壮、雷山小过、天水讼、火地晋、

泽风大过、火泽睽、泽火革、天雷无妄。

三月建辰，清明节，谷雨中：

泽天夬、风水涣、水风井、天泽履。

四月建巳，立夏节，小满中：

乾为天、艮为山、巽为风、离为火。

五月建午，芒种节，夏至中：

天风姤、雷地豫、火山旅、泽水困。

六月建未，小暑节，大暑中：

天山遯、水雷屯、风火家人、泽地萃。

七月建申，立秋节，处暑中：

天地否、地水师、山泽损、雷泽归妹、

风雷益、火水未济、泽雷随、水地比。

八月建酉，白露节，秋分中：

风地观、地火明夷、水山蹇、地风升、

山雷颐、山水蒙、水天需、风泽中孚。

九月建戌，寒露节，霜降中：

山地剥、雷火丰、火雷噬嗑、地山谦。

十月建亥，立冬节，小雪中：

坤为地、兑为泽、震为雷、坎为水。

十一月建子，大雪节，冬至中：

地雷复、水泽节、山火贲、风天小畜。

十二月建丑，小寒节，大寒中：

地泽临、山天大畜、雷水解、火风鼎。

六十四卦当中，地天泰代表正月、雷天大壮代表二月、泽天夬代表三月、乾为天代表四月、天风姤代表五月、天山遯代表六月、天地否代表七月、风地观代表八月、山地剥代表九月、坤为地代表十月、地雷复代表十一月、地泽临代表十二月，其中由"复"到"乾"为阳长阴消，由"姤"到"坤"为阳消阴长。

卦气在实际预测应用过程中，是依据起出卦象的时间来判断卦的旺衰，卦气旺则有利，相反则不利。在预测中不起到决定最终吉凶的作用，但是可以为预测事物的发展状态提供一定的参考。

爻　象

爻象为爻本身的物象，是卦爻本身吉凶的标志，也是卦象的基础，先有爻象，然后有卦象，基本爻象只有两种，就是组成八卦的基本符号：**阴（- -）爻、阳（一）爻。**

阳爻者，为天、为君、为大人、为君子、为父、为男、为奇数、为阳性之物、为刚、为健、为大、为动、为积极事物等。

阴爻者，为地、为臣、为小人、为民、为母、为女、为偶数、为阴性之物、为柔、为顺、为小、为静、为消极事物等。

爻　数

一卦六爻，从下往上的排列，分别为初爻、二爻、三爻、四爻、五爻、上爻。

爻分阴阳，以"一"代表阳爻，以"- -"代表阴爻，阴阳爻为八卦的基本符号。

五行先天生数：水一、火二、木三、金四、土五，也叫小衍之数。其中一、三、五为奇数为阳，和为九，所以用"九"代表阳爻；二、四为偶数为阴，和为六，所以用"六"代表阴爻。

阳爻称为初九、九二、九三、九四、九五、上九；

阴爻称为初六、六二、六三、六四、六五、上六。

乾卦多一爻为"用九"，坤卦多一爻为"用六"。这两爻为无形之爻，在一卦六爻之外，因为乾卦变坤卦时，要以用九的爻辞来确定吉凶；坤卦变乾卦时，要以用六的爻辞来确定吉凶。

爻 位

爻位是卦爻所居的位次。六十四卦，每个卦有六个爻，也就有六个爻位。爻位由下往上排，依次是初爻、二爻、三爻、四爻、五爻、上爻。

天、人、地三才

三画卦：上爻为天，中爻为人，下爻为地。

六画卦：五爻、上爻为天，三爻、四爻为人，初爻、二爻为地。

阳位、阴位

初、三、五爻为阳位，二、四、上爻为阴位。

正位

乾以九五为正位，坤以六二为正位，震以初爻为正位，离以二爻为正位，艮以三爻为正位，巽以四爻为正位，坎以五爻为正位，兑以上爻为正位。

同位

初爻居内卦之下，四爻居外卦之下位，是为同在下位；二爻居内卦之中位，五爻居外卦之中位，是为同在中位；三爻居内卦之上，上爻居外卦之上，是为同在上位。

上位、中位、下位

一卦之上爻为上位，上卦之中爻和下卦之中爻为中位，初爻为下位。

尊卑等级

五位为尊位，为君；二位为卑位，为臣。

初位为元士、二位为大夫、三位为公、四位为诸侯、五位为天子、上位为宗庙。

得位、失位

阳爻居阳位、阴爻居阴位，为得位，或者称为当位、位正、在位、得正。

阳爻居阴位、阴爻居阳位，为不得位，或者称为失位、不当位、位不正、失正。

得位象征人所处的地位、环境有利，人的才德与职位相当，或人行事与职位相当，否则为不当与不利。得位者，有利之象；不得位者，不利之象。

得中

二爻为下卦中位，五爻为上卦中位，两者象征事物保持中道，不偏不倚，称为得中、居中。

中正

阴爻居二位，阳爻居五位，称为中正、得中得正。象征刚中之德与柔中之德，中正尊贵之象。

比应

比为亲，是指相邻两爻阴阳比和，因此称为近比；如果相邻两爻同阴或者同阳，则为阻滞不能亲比。

应为同，为与，是指初爻与四爻，二爻与五爻，三爻与上爻，分别一阴一阳，相应相合。内卦与外卦之爻相应，相隔较远，因此也称为远应。如果相对应两爻同阳或者同阴，则为不应不和而为敌。

乘承

以上爻言下爻，称为乘；以下爻言上爻，称为承。

阴爻在阳爻上面，是阴柔乘凌阳刚之象，如女欺男、臣欺君等，多凶。

阳爻在阴爻上面，为阴柔顺承阳刚之象，如女人顺从男人，臣民顺从君主等，多吉。

刚胜柔：下五爻为刚，上爻为柔，一柔乘五刚，如泽天夬☱卦，为刚胜柔、刚能制柔。

柔胜刚：下五爻为柔，上爻为刚，众阴上承一刚，如剥☶卦，为柔胜刚、柔能制刚。

五柔应一刚：一卦六爻，九五阳刚中正居尊，上下五阴归顺，有众阴从阳之象。如水地比☵卦，众阴顺从九五之尊，象征众心归附，有大得诚信与威权之象。

渼元周易文化创始人：渼元（马鲁伟）先生

象数易理预测法

起卦方法

时间起卦法

先天为体，后天为用。起卦的卦数是以先天八卦数定上卦和下卦的。余数 1 为乾☰，2 为兑☱，3 为离☲，4 为震☳，5 为巽☴，6 为坎☵，7 为艮☶，8 为坤☷。

上卦：用起卦时农历年、月、日三数之和除以 8，得余数为上卦。余 1 为乾卦，余 2 为兑卦……，被整除，则以 8 数作坤卦。

下卦：用起卦时农历年、月、日、时四数之和除以 8，得余数为下卦。余 1 为乾卦，余 2 为兑卦……，被整除，则以 8 数作坤卦。

动爻：用起卦时农历年、月、日、时四数之和除以 6，得余数作为动爻。余 1 为一爻动，余 2 为二爻动……，被整除，则为六爻动。

年与时数按子 1、丑 2、寅 3、卯 4、辰 5、巳 6、午 7、未 8、申 9、酉 10、戌 11、亥 12。

月数按正月 1、二月 2、三月 3、四月 4、五月 5、六月 6、七月 7、八月 8、九月 9、十月 10、十一月 11、十二月 12。

日数按初一为 1 数、初二 2 数……直至三十日为 30 数。

时间起卦中特别值得注意的是：用农历时间计数，年月起卦数不受节令交节影响，断卦时月令的旺衰，以月令交节为准。晚上23点以前按当天亥时计算，23点开始以后按第二天子时计算。

例如：公历2013年2月4日

农历2012年12月24子时起卦。这一天00：13开始立春。

00：13以前记作：

壬辰 癸丑 辛丑 戊子

00：13开始记作：

癸巳 甲寅 辛丑 戊子

断卦旺衰以月令交节为主，起卦不受节令影响，都以壬辰年12月24子时来计算。

上卦：5+12+24=41÷8=5 余1，为 乾☰卦。

下卦：5+12+24+1=42÷8=5 余2，为兑☱卦。

动爻：5+12+24+1=42÷6=7 被整除无余数，为六爻动。

起出的卦就是《天泽履》☱变《兑为泽》☱卦。

注：实践证实，如果中国以外其他国家有人问卦，或者身在中国以外其他国家起卦，必须依据中国北京时间，转换成中国干支历法进行起卦、断卦，否则不准确。

时间起卦法蕴含着宇宙的时间与空间信息，反映了事物的演化秩序，是笔者在实践过程中最为常用，并且准确率最高的方法。以下方法可作为参考。

数目起卦法

数目起卦法也是一种简便而准确率极高的起卦方法。可以用于电话微信远程问卦，当有人求测某事时，可以其随意说出两个数，第一个数取为上卦，第二个数取为下卦，两数之和加时数除以 6，余数为动爻。或者可以随便借用其他能得到两数的办法起卦，如：拈米起卦法也是比较常用的起卦方法，先选择颗粒较大与大小平均之米粒，置于盒内，自己有事起卦，或他人来求占，可以拈米的方式，第一把米数除以 8 为上卦，第二把米数除以 8 为下卦，所拈出米的总数加时数除以 6 为动爻。

物卦起例法

物卦起例，又称端法后天起卦，是以"八卦万物属类为上卦，以后天八卦方位为下卦"，即以物或人所取之象为上卦，以其所在后天八卦方位之卦为下卦，以上、下卦数加时数除以 6，余数取动爻。例如：有一位老妇午时从西北方位来，可起《地天泰》䷊四爻动变《雷天大壮》䷡卦。

声音起卦法

凡闻声音，数得声数起为上卦，加时数配为下卦。如动物鸣叫声，叩门声，别人说话声皆可起卦。若所闻声音中有一间隔，可以把间隔前声数取作上卦，把间隔后声数取作下卦，以上下卦数加时数取动爻。

汉字起卦法

汉字起卦就是以求测者写出自己心想的汉字或辞句，依据汉字的笔画数、字音声调、字数进行起卦。

凡见字数，如停匀，即平分一半为上卦，一半为下卦。如字数不匀，即少一字为上卦，取天轻清之义；以多一字为下卦，取地重浊之义。

一字时：为太极未判。如果字迹潦草，混沌不明，不能起卦。如果楷书，则取字画起卦，字为上下结构，以上半为阳画，笔画数为上卦，下半为阴画，笔画数为下卦；字为左右结构，左边为阳画，笔画数为上卦，右边为阴画，笔画数为下卦。一字阴阳笔画总数加时数取动爻。如：巳时书写"卜"字，左边阳画 1，为乾☰，右边阴画 1，为乾☰，字笔画总数加时数共 8 数，除以 6 余 2，二爻动，得《乾》☰卦变《同人》☲卦。如果不能分出上下及左右者，不能起卦。

二字时：为阴阳平分。以一字笔画数为上卦，另一字笔画数为下卦，两字笔画总数加时数取动爻。

三字时：为三才。以第一字笔画数为上卦，后二字笔画数为下卦，三字笔画总数加时数取动爻。

四字时：为四象。平分上下为卦。以前二字笔画数为上卦，后二字笔画数为下卦，四字笔画总数加时数取动爻。

四字以上，不必数笔画数起卦，依据平、上、去、入四声起卦。平声为一数，上声为二数，去声为三数，入声为四数。

五字时：为五行，以前二字的四声数为上卦，后三字的四声数为下卦，五字四声总数加时数取动爻。如：巳时书写"天子圣哲吉"，天为平声 1 数，子为上声 2 数，共 3 数得离☲为上卦，圣为去声 3 数，哲为入声 4 数，吉为入声 4 数，共 11 数除以 8 余 3 数得离☲为下卦，四声总数加时数共 20 数，除以 6 余 2，二爻动，得《离为火》☲变《火天大有》☲卦。

六字时：为六爻集。平分上下为卦，以前三字的四声数为上卦，后三字的四声数为下卦，六字四声总数加时数取动爻。

七字时：为齐七政。以前三字的四声数为上卦，后四字的四声数为下卦，七字四声总数加时数取动爻。

八字时：为八卦定位。平分上下为卦，以前四字的四声数为上卦，后四字的四声数为下卦，八字四声总数加时数取动爻。

九字时：为九畴。以前四字的四声数为上卦，后五字的四声数为下卦，九字四声总数加时数取动爻。

十字时：为成数。平分上下为卦，以前五字的四声数为上卦，后五字的四声数为下卦，十字四声总数加时数取动爻。

十一字以上至百余字，都可以起卦。但是十一字以上，不再用平、上、去、入四声起卦。只用字数，如果字数均平，以一半为上卦，一半为下卦，两卦总数加时数取动爻；如果字数不均平，以少一字为上卦，多一字为下卦，两卦总数加时数取动爻。

丈尺寸起卦法

凡数都可以起卦，丈尺，尺寸都为数，都可以起卦。

丈尺计量的物品，以丈数为上卦，尺数为下卦，丈、尺合数加时数除以 6 取动爻。寸数不用。

尺寸计量的物品，以尺数为上卦，寸数为下卦。尺、寸合数加时数除以 6 取动爻。分数不用。

加数起卦法

按年月日时起卦，一个时辰当中，只有某一特定的卦象，在同一时辰内，可能有多人来占问，不能以同一卦象断事，或有多人同来问同一件事者，也不能以同一卦象来看。为解决这一问题，可用加姓氏笔划数的方法，进行起卦推断。例如：寅年正月初一午时，张女士问卦，寅年 3 数，正月与一共 2 数，加张姓 10 画得 15 数，除以 8 余 7，艮☶为上卦；又加午时 7 数，共 22 数，除以 8 余 6，坎☵为下卦；22 除以 6 余 4，四爻动，得《山水蒙》☶☵变《火水未济》☲☵卦，互为《地雷复》☷☳卦。

物数起卦法

凡见有可数的事物，以此物数起为上卦，物数加时数配为下卦，物数加时数的总数除以 6 取动爻。

形物起卦法

凡见物形，可以起卦。如物圆者属乾，刚者属兑，方者属坤，柔者属巽，仰者属震，覆者属艮，长者属巽，中刚外柔者属坎，内柔外刚者属离，干燥枯槁者属离，有文彩者也属离，用阻碍之势、物有残破的属兑。

为人预测起卦

凡是为人预测，其例不一。或听语声起卦，或观其人品，或取诸身，或取诸物，或因其服色、触其外物，或者以年、月、日、时起卦。

听其说话声音，如说一句，即用其字数分开起卦。如说两句，就用开始一句为上卦，后面一句为下卦。说话多，则用开始听到的一句，或最后所听到的一句，余句不用。

观其人品，如老男为乾，老母为坤，少女为兑之类。

取其诸身，如头动为乾，足动为震，目动为离之类。

取其诸物，如人手中握有何物，如金玉及圆物属性为乾，土瓦及方物属性为坤，刚物有缺属性为兑之类。

取其服色，如其人绿衣为震，红衣为离，黑衣为水之类。

触其外物，起卦的时候见水为坎卦，见火为离卦之类。

以年、月、日、时，即以求问时间的年月日时起卦。

自己预测起卦

凡是自己预测，以年、月、日、时，或闻有声音，或观察当时有所接触的外物，都可以起卦。

预测动物起卦

凡预测成群的动物，不能起卦。凡预测一物，则就此动物为上卦，动物来的方位为下卦，动物卦数及方位卦数，加时数除以6取动爻，以此卦总断其物。如后天测牛鸣鸡叫之类。又凡牛、马、犬、猪之类，可以用开始出生时的年、月、日、时起卦。如果是购买的此物，也可以用开始购买的时间起卦。

预测静物起卦

凡预测静物，有如江河山石，不能起卦。屋宅树木之类，则屋宅下基的时间，树木购买的时间，都可以起卦；至于器物，则以置成的时间起卦，如桌椅碗盘之类。凡是静物，没有原因都不预测。

大衍筮法

系辞曰："大衍之数五十，其用四十有九。分而为二以象两，挂一以象三，揲之以四以象四时，归奇于扐以象闰，五岁再闰，故再扐而后挂。天一地二，天三地四，天五地六，天七地八，天九地十。天数五，地数五，五位相得而各有合。天数二十有五，地数三十，凡天地之数五十有五，此所以成变化而行鬼神也。乾之策二百一十有六，坤之策百四十有四，凡三百有六十，当期之日。二篇之策，万有一千五百二十，当万物之数也。是故四营而成易，十有八变而成卦。八卦而小成。引而伸之，触类而长之，天下之能事毕矣，显道神德行，是故可与酬酢，可与祐神矣"。

"大衍之数五十"的来历自古至今争论已久，至今没有定论，以下仅是笔者从预测的实用角度，而总结出来的个人观点，供朋友们参考。

河图天一地二，天三地四，天五地六，天七地八，天九地十，天数，亦称阳数，共二十五数；地数，亦称阴数，共三十数；河图天地阴阳数共五十五数。

洛书九宫数，以一、三、五、七、九为奇数，亦称阳数，共二十五数；以二、四、六、八为偶数，亦称阴数，共二十数；洛书阴阳数共四十五数。

河图五十五数，洛书四十五数，共一百数，其中阳数五十，阴数五十。孤阳不生，独阴不长，阴阳和合，万物生成，阴数五十与阳数五十阴阳相合组成五十个阴阳数，称为"大衍之数五

452

十"。笔者认为这就是"大衍之数五十"的由来。

大衍筮法是周易系辞记载的最原始的蓍草占筮的方法，这个方法所用起卦的工具为蓍草。因为蓍草在如今现实中不太常见，并且蓍草占筮起卦方法繁琐，所以使用者较少。为了弘扬中国周易预测文化，将此法整理如下，供感兴趣的朋友们学习实践。

大衍之数五十，其用四十有九

取蓍草五十根，从五十根蓍草中拿出一根，占筮过程中始终不用，为"不易"，象征天地未开之前的"太极"，只用剩余的四十九根进行"变易"，称为"大衍之数五十，其用四十有九"。

四营而成易

一变四营分为：分而为二以象两、挂一以象三、揲之以四以象四时、归奇于扐以象闰四个环节。

分而为二以象两

手握四十九根蓍草，意念集中，心想要占问的事情，然后将剩余四十九根蓍草任意分成两份，象征"两仪"，左手与右手各持一份，左手持的这份象征天，右手持的这份象征地，称为"分而为二以象两"。

挂一以象三

左为天，右为地，地生人，所以先从右手的蓍草中抽出一根，夹在左手小指与无名指之间，三为三才，指天地人三才，这里象征天地化生出人，因此称为"挂一以象三"。

揲之以四以象四时

将左手与右手的蓍草分为四根一组，来象征春夏秋冬一年四季，称为"揲之以四以象四时"。

归奇于扐以象闰

简称归奇。奇，指剩余的蓍草；扐，指手指间。用剩余手指间蓍草的余数来象征闰月，称为"归奇于扐以象闰"。"五岁再闰，故再扐而后挂"，是指两个余数象征五年中的两个闰月，要再重复分而为二、挂一象三、揲之以四、归奇于扐的过程，共三变成一爻，完成一次演变过程。

作者蓍占像

具体方法

第一变： 取蓍草五十根，从五十根蓍草中抽出一根，占筮过程中始终不用，手握四十九根蓍草，意念集中，心想要占问的事情，然后将四十九根蓍草任意分成两份，左手与右手各持一份，从右手的蓍草中抽出一根，夹在左手小指与无名指之间，然后以四根为一组，先数左手的那一份，再数右手的那一份，余下来的蓍草夹在左手中指与食指之间，这时左手夹的蓍草合在一起不是五根，就是九根，剩下的蓍草不是四十根，就是四十四根，完成第一变。注：左天和右手地必须要有余，如果余数为零则取四余。

第二变： 将第一变余下的九根或五根蓍草放到一边，再将剩余的四十或四十四根蓍草合在一起，同样任意分成两份，左手与右手各持一份，同样由右手取出一根夹在左手的小指与无名指之间，然后同样先左后右以四根为一组的数，左右手余下的加上小指的一根，合起来一定是八根或四根，剩余的蓍草必定是三十二根、或三十六根，或四十根，完成第二变。

第三变： 将第二变余下的八根或四根蓍草放到一边，再将剩余的四十根，或三十六根，或三十二根蓍草再合在一起，同样任意分成两份，左手与右手各持一份，同样由右手取出一根夹在左手的小指与无名指之间，然后同样先左后右以四根为一组的数，左右手余下的加上小指的一根，合起来又形成八根或四根，剩余的蓍草必定是二十四根、或二十八根、或三十二根、或三十六根，完成第三变。

这四种结果是由第一变时一分为二的偶然性决定的，占筮者无法事先选择其结果。二十四根、或二十八根、或三十二根、或三十六根，再以四除之，结果六、八偶数为阴，七、九奇数为阳，初爻既定。其中 36÷4 = 9 为老阳，记作 "○"； 32÷4 = 8 为少阴，记作 "- -"； 28÷4 = 7 为少阳，记作 "—"； 24÷4 = 6 为老阴，记作 "✖"。少阳七、少阴八不变化，称为静爻；老阴六、老阳九会发生变化，称为动爻，动爻变阴为阳，变阳为阴，构成变卦，用来作为预测参考。

十八变六爻成卦：通过三变得到一爻，一卦六爻，"十有八变而成卦"，同样的方法共操作六次，经过十八变，依次得出初爻、二爻、三爻、四爻、五爻、上爻，成为一卦。

起出卦后，依据卦象、卦辞、爻辞、旺衰、六爻作用规律等方法进行断卦，预测出所占问事情的吉凶状态。

卦变成象

象数易理预测源于中国北宋易学家邵雍先生的梅花易数，其主要是依据先天八卦之理，以体卦、用卦、主卦、互卦、变卦、动爻为主要架构，遵循自然阴阳变化之道，参照四时旺衰，运用五行生克来进行预测事物的发展变化规律。

体卦

主卦上下两卦中没有动爻的那个卦，叫体卦，也叫静卦。如果上卦没有动爻，上卦为体卦；下卦没有动爻，下卦为体卦。体卦为自己，为求测人，为事物的主体。体卦代表的是要测的事情，或者问事人。体卦宜旺象有气，不宜休囚死绝。用卦生体卦，用卦旺象有力，事情易成。

用卦

主卦上下两卦中有动爻的那个卦，叫用卦，也叫动卦。如果上卦有动爻，上卦为用卦；下卦有动爻，下卦为用卦。用卦为他人，为对方，为事物外部因素对体卦的作用影响关系。用卦代表的是所预测的人或所预测的事情。

主卦

主卦是指预测时所起出的由上卦和下卦而组成的卦。有动爻的那个卦叫用卦，没有动爻的那个卦叫体卦。主卦代表事物初始、开始阶段的信息，或目前的状态。

互卦

互卦是指主卦舍弃初爻与上爻，由中间四个爻组合而成的卦。也就是说，互卦是由主卦变化来的。主卦三、四、五爻组成上互卦，二、三、四爻组成下互卦。有体互与用互之分。体互，指由体卦中的两个爻与用卦中的一个爻所组合而成的卦。用互，指由用卦中的两个爻与体卦中的一个爻所组合而成的卦。例如：《风雷益》☶卦五爻动，上卦巽☴下卦震☳。五四三爻组成上互卦艮卦☶，二三四爻组成下互卦坤卦☷，互卦就为《山地剥》☶卦，上艮☶下坤☷，用互艮☶，体互坤☷。互卦代表事物发展的中间过程。

变卦

变卦是指主卦因为有动爻发生变化而变出的卦。主卦如果有动爻，必然会发生阴阳互变，阴爻变阳爻，阳爻变阴爻，又另成一个卦。例如：《风雷益》☶卦五爻动，上卦巽☴为用卦，下卦震☳为体卦。五爻动，则上卦巽☴变出艮卦☶，下卦震☳不变，《山雷颐》☶卦就为变卦。变卦代表事物后期、最终结果。

动爻

主卦中，静卦除外，动卦的爻会发生阴阳变动，由阴爻 - - 变成阳爻 —— ，或由阳爻 —— 变成阴爻 - - ，发生变动的爻，就称为动爻。

动爻是区别和确定体卦、用卦的主要标志。一卦有上下之分，有动爻的卦为用卦，没有动爻的卦为体卦。动爻在下卦者，下卦为用；动爻在上卦者，上卦为用。体卦为自己，用卦为他人或事。

动爻是变卦的主要标志。 有动则有变，阳爻动则变为阴，阴爻动则变为阳，爻变则卦也变。

动爻是问事或判断吉凶的标志。 卦成之后，虽用五行和体用来决断吉凶，但也要参考卦中爻辞，哪一爻动就看哪一爻的爻辞。例如：起得《乾》☰卦九五爻动，爻辞为"飞龙在天，利见大人"，则可断为时机成熟，可以大有作为。

动爻是事情变好或变坏，即变生或变克、变比和、变泄气的主要标志。 例如：起得《乾》☰卦，九二动，是上乾☰为体，下乾☰为用，本来是比和之卦，顺遂吉利，但九二动，就变为《天火同人》☲卦，上卦乾☰体为金，下卦离☲用为火，是火克金，用克体，可断为此事先吉后凶。

动爻是行人去向和方向变化的主要标志。 例如：预测行人，起得《天风垢》☴卦，九三爻动，下卦巽☴为用卦，代表行人，代表东南方，因九三动，巽☴变为坎☵，坎☵代表北方，可断为其人先去东南方后来又去北方了。

体用生克

卦成之后，首先看周易爻辞吉凶，再看卦象五行生克旺衰。体克用吉，用克体凶，体用比和吉。

体克用诸事吉

如用卦为震卦，五行属木，体卦为乾卦，五行属金，乾金克震木，体卦克用卦，为我胜对方，则吉。

用克体诸事凶

如用卦是离卦，五行属火，体卦为乾卦，五行属金，离火克乾金，用卦克体卦，为对方胜我，则凶。

体生用有损耗祸患

如用卦是坎卦，五行属水，体卦为乾卦，五行属金，乾金生坎水，体卦生用卦，为我泄气于对方，则有损耗祸患。

用生体有进益吉庆

如用卦是坤卦，五行属土，体卦为乾卦，五行属金，坤土生乾金，用卦生体卦，为我得益于对方，则有进益吉庆。

体用比和，百事顺遂

如用卦为乾卦，五行属金，体卦为兑卦，五行属金，乾金与兑金五行同性，比和帮扶，则百事顺遂。

比和卦有：乾、坎、艮、震、巽、离、坤、兑、履、夬、谦、剥、恒、益共十四卦。

主卦用生体，变卦体生用，先进益后损耗

例如：《地天泰》䷊卦五爻动，主卦用卦为坤卦，体卦为乾卦，坤卦土生乾卦金，用生体有进益之喜；但变卦《水天需》䷄卦，乾卦金生坎卦水，体生用有损耗之忧，为先进益后损耗。

主卦体生用，变卦用生体，先损耗后进益

例如：《地天泰》䷊卦二爻动，主卦体卦为坤卦，用卦为乾卦，坤卦土生乾卦金，体生用有损耗之忧；但变卦《地火明夷》䷣卦，离卦火生坤卦土，用生体有进益之喜，为先损耗后进益。

主卦吉，变卦凶，先吉后凶

主卦用生体或体克用都主吉，而变卦用克体主凶，从吉凶上断，可断先吉后凶。例如：《山天大畜》䷙卦四爻动，主卦的用卦为艮卦，体卦为乾卦，艮卦土生乾卦金，用生体为吉；但是变卦《火天大有》䷍卦，离卦火克乾卦金，用克体为凶，此为主卦吉，变卦凶，可断先吉后凶。

主卦凶，变卦吉，先凶后吉

主卦用克体主凶，而变卦用生体或体克用都主吉，从吉凶上断，可断先凶后吉。例如：《火天大有》䷍卦四爻动，主卦的用卦为离卦，体卦为乾卦，离卦火克乾卦金，用克体为凶；但是变卦《山天大畜》䷙卦，艮卦土生乾卦金，用生体为吉，此为主卦凶，变卦吉，可断先凶后吉。

主卦凶，变卦亦凶，凶上加凶

主卦用克体主凶，变卦用克体亦主凶，从吉凶上断，为凶上

加凶。例如：《地水师》䷆卦六爻动，主卦的用卦为坤卦，体卦为坎卦，坤卦土克坎卦水，用克体为凶；变卦《山水蒙》䷃卦，艮卦土克坎卦水，用克体亦为凶，可断凶上加凶，大凶之象。

得此处生，受他处克，生中有克

与"主卦吉，变卦凶，先吉后凶"性质相同，只是断事不同，一个论吉凶，一个论生克而已。

受此处克，得他处生，克中有生

与"主卦凶，变卦吉，先凶后吉"性质相同，也是所断的事情有别，说法不同而已，关键在于有救还是无救，受克逢生为有救，受克无生为无救。

生体多者愈吉，克体多者则愈凶

在有互卦变卦的总和平衡下，体卦遇生体的卦越多，体卦势众，其卦愈吉；相反克制体卦越多则愈凶。例如：体卦乾金，用卦土生金，已有吉象，互卦、变卦中有坤艮土又来相助，则吉上加吉；相反若体卦已经不吉，互卦、变卦离火又都来相克，则凶上加凶。

用党多体必衰，体党多用必衰

与"生体多者愈吉，克体多则愈凶"的分别在于生体、克体是体卦得生或体卦受克。党是指体卦同类或用卦同类的意思，体党多体势盛，用党多用势盛。用党人多势众，体必寡不敌众；体党声势浩大，用必甘拜下风。

卦象生克

生体卦

乾卦生体：主公门中有喜益，或功名上有喜，或得西北之任，或因官有财，或问讼得理，或有金宝之利，或因老人进财，或尊长惠送，或有官贵之喜。

坤卦生体：主有田土之喜，或因田土进财，或得西南之财，或得乡人之利，或行阴人之利，或有果谷之进，或有布帛之喜。

震卦生体：主有山林之益，或因山林得财，或进东方之财，或因动中有喜，或木货交易之利，或因草木姓氏人称心。

巽卦生体：亦主山林之益，或因山林得财，或于东南得财，或因草木人而进财，或以茶果得利，或茶果蔬菜馈送之喜。

坎卦生体：有北方之喜，或受北方之财，或水边人进财，或因点水人称心，或因鱼盐酒货文书交易之财，或有馈送鱼盐酒之喜。

离卦生体：主有南方之财，或因中女进财，或有文书之喜，或得文官之任，或有炉冶亢场之利，或因火姓人而得利。

艮卦生体：有东北方之财，或山田之喜，或得山城土官之职，或因山林田土获财，或带土人之财，财物安稳，事有始终。

兑卦生体：有西方之财，或喜悦事，或食物货利金玉之源，或金音之人，或带口之人欣逢，或主宾之乐，或朋友讲习之喜。

克体卦

乾卦克体： 主有公事之忧，或门户之忧，或有财宝之失，或于金、谷有损，或怒于尊长，或得罪于贵人。

坤卦克体： 主有田土之忧，或于田土有损，或有小人害，或有朋友之侵，或失布帛之财，或丧谷粟之利。

震卦克体： 主有震惊、常多恐惧，或身心不能安静，或家宅见灾，或草木姓人相侵，或于山林有所失。

巽卦克体： 主有草木姓氏人相害，或于山林生忧，谋事为东南方之人所阻，忌妇人之害、小口之厄。

坎卦克体： 主有阴陷之事，或盗匪之忧，或失意于水边人，或生灾于酒店，或点水人相害，或北方人见殃。

离卦克体： 主文书之忧，或失火之惊，或有南方之忧，或中女相侵，或火人相害。

艮卦克体： 诸事多逆，百谋中阻，或有山林田土之失，或土人相侵，防东北人之祸害，或忧坟墓不甚安稳。

兑卦克体： 不利西方，主口舌之事纠纷，或带口人相侵，或被金属利器所伤，或有毁折之患，或因饮食而生忧。

卦象生克所代表的事情，重点参照前面的"八卦物象与八卦类象"，这里归纳的生体和克体两方面所代表的事情，断卦时可结合使用。

预测心法十八诀

一、天时

凡测天时，不分体用。全观诸卦，详推五行：离多主晴，坎多主雨，坤乃阴晦，乾主晴明。震多则春夏雷轰，巽多则四时风烈。艮多久雨必晴，兑多不雨则阴。夏占离多而无坎，则亢旱炎炎。冬占坎多而无离，则雨雪飘飘。

全观诸卦，包括互变卦。五行离属火，主晴；坎为水，主雨；坤为地气，主阴；乾为天，主晴明；震为雷，巽为风，秋冬震多无制，也有非常之雷，有巽相佐，则有风撼雷动之应；艮为山云之气，若雨久，得艮则雨止。艮止，也有土克水之义。兑为泽，所以不雨则阴。

乾象乎天，四时晴明。坤体乎地，一气惨然。乾坤两同，晴雨时变。坤艮两并，阴晦不常。卜数有阴有阳，卦象有奇有偶，阴雨阳晴，奇偶暗重。坤为老阴之极，而久晴必雨；乾为老阳之极，久雨必晴。若逢重坎重离，也时晴时雨。坎为水，必雨；离为火，必晴。乾兑之金，秋明晴；坎之水，冬雪凛冽；坤兑之土，春雨泽，夏火炎蒸。《易》曰："云从龙，风从虎"。又曰："艮为云，巽为风"。艮巽重逢，风云际会，飞砂走石，蔽日藏山，不以四时，不必二用。坎在艮上，布雾与云，若在兑上，凝霜作雪。乾兑为霜雪雹霰，离为火为日电虹霓。震为雷，离为电，重会而雷电俱作。坎为雨，巽为风，相逢而风雨骤兴。震卦重逢雷惊百里，坎爻叠见，润泽九垓。因此卦体两逢，要爻象总断。

地天泰，水天需，昏蒙之象。天地否，水地比，黑暗之形。卦纯离，夏必旱，四季皆晴。卦纯坎，冬必寒，四季多雨。久雨不晴，逢艮必止。久晴不雨，得此亦然。又若水火既济，火水未济，四时有不测风云。风泽中孚，泽风大过，三冬必然雨雪，水山蹇，山水蒙，即刻必然有雨。地风升，风地观，四时不可行船。离在艮上，暮雨朝晴。离互艮宫，暮晴朝雨。巽坎互离，虹霓乃见，巽离互坎，造化亦同。又须推测四时，不可执迷一理，震离为电为雷，应在夏天。乾兑为霜为雪，应在冬月。

测天气时，必看主卦、互卦、变卦。三卦中，离多主晴，坎多主雨，巽多主风．．．．天下国土之大，一天之中无处不雨，无处不晴，所以用一卦定全国各地之晴阴，显然不准。因此，用时间起卦测天气预报时，必在年、月、日中加上地名笔画数作为上卦，再加时数为下卦。地名必以繁体字为准，如：北京13数，昌邑15数。如此得出各地不同卦象，才能断准各地天气。

二、人事

凡测人事，详观体用。体卦为主，用卦为宾。用克体不宜，体克用则吉。用生体有进益之喜，体生用耗失之灾。体用比和，谋为吉利。更详观互卦、变卦，以断吉凶。再看卦气旺衰，最终确定吉凶。

预测人事。以前面"卦象生克"同断吉凶，若有生体之卦，看"卦象生克"中生体之卦有何吉；又看"克体之卦"有何凶；比和无生克，只断本卦。

三、家宅

凡测家宅，以体为主，用为家宅。体克用，则家宅多吉。用克体，则家宅多凶。体生用，多耗散，或防失盗之忧。用生体，多进益，或有馈送之喜。体用比和，家宅安稳。

四、屋舍（为预测建造的吉凶）

凡测屋舍，以体为主，用为屋舍。体克用，居之吉。用克体，居之凶。体生用，主资财冷退。用生体，则门户兴隆。体用比和，自然安稳。

五、婚姻

测婚以体为主，用为婚姻。用生体，婚易成，或因婚有得。体生用，婚难成，或因婚有失。体克用，可成，但成之迟。用克体，不可成，成亦有害。体用比和，婚姻吉利。

测婚，体为所占之家，用为所婚之家。体卦旺则此家门户胜。用卦旺，则彼家资盛。用生体，则得婚姻之财，或彼有相就之意；体生用，则无嫁妆之资，或此去求婚方谐。若体用比和则彼比相就，良配无疑。

对方性情：

乾主人刚正，端正而长，语言真实，规矩方圆，丰衣足食，一生享禄，眼黑唇红，气格清秀。

坎多狡诈，黑色邪淫，奢侈多妒，心乱不义，头大头长，有宿疾，多髭须，做事不定多改变。

艮谄曲见浅，色黄多巧，作事有头无尾，多成败，不诚实。

467

震貌面长好装扮，作事多怪异，心难测，志大心高，无定见。

巽多面白，发少稀疏，须长眼邪，心多嫉妒，丑陋心贪，性沉有语，少悦多思，易喜怒。

离性急躁不常，发长鼻高，身粗短多智，虽有见识，多有头无尾，善文书。

坤肥黑貌丑，面上多斑点，大腹，性温和，沉重少言，作事多困，逢人面奉语柔，有始无终。

兑主人莹白高长，有志善忍，文通古今，话语喜悦，事多机变，多口舌。

六、生产

测生产，以体为母，用为生。体用俱宜乘旺，不宜乘衰，宜相生，不宜相克。体克用不利于子，用克体不利于母，体克用而用卦衰，则子难以完好。用克体而体卦衰，则母难保。用生体，利于母。体生用，利于子。体用比和，生育顺快。若想要分辨男女性别，应当于前卦审查判断，阳卦阳爻多则生男，阴卦阴爻多则生女。阴阳卦爻相等，则观察所预测者左右的人是奇偶数进行判断。如果判断孩子生时，则以用卦的时序参考决断，用卦的时序，通过"八卦类象"中卦体时序确定。

七、饮食

凡测饮食，体为主，用为饮食。用生体，饮食必丰。体生用，饮食难就，饮食有阻。用克体、饮食必无。体用比和，饮食丰足。又卦中有坎则有酒。有兑则有食。无坎无兑，则都没有。坎兑生体，酒醉肉饱。想知道吃的什么东西，以饮食推断。想知道宴席上有什么人，以互卦人事推断。饮食人事类，参照前面"八卦类象"进行确定。

八、求谋

测求谋，以体为主，用为所谋之事。体克用，谋虽可成，但成迟。用克体，求谋不成，成亦有害。用生体，不谋而成。体生用，多谋少遂。体用比和，求谋称意。

九、求名

凡测求名，以体为主，用为名。体克用，名可成，但成迟。用克体，名不可成。体生用，名不可就，或因名有失。用生体，名易成，或因名有得。体用比和，功名称意。欲知名成时间，生体卦气详推。欲知职任何处，变卦方道判断。若没有克体的卦，名易成，只看卦体时序，确定日期。如果在任占卜，最忌见克体之卦，如卦有克体者，则居官见祸。轻则上司责罚，重则削官退职。应验日期，看克体卦气，在"八卦类象"所属时序类中判断。

十、求财

测求财，以体为主，以用为财。体克用有财，用克体无财。体生用，财有损耗忧患。用生体，则有进益喜庆。体用比和，财利称意。欲知得财日期，生体卦气确定。欲知破财日期，克体卦气确定。

如果卦中有体克用之卦，及生体之卦，则有财。此卦气就是见财日期。若卦中有克体之卦，及体生用之卦，则破财，此卦气就是破财日期。

十一、交易

测交易，以体为主，用为交易之应。体克用，交易成迟。用克体，不成。体生用，难成，或因交易有失。用生体，即成，成必有财。体用比和，易成交易。

十二、出行

测出行，以体为主，用为所行之应。体克用，可行，所至多得意。用克体，出则有祸。体生用，出行有破耗损失。用生体，有意外之财。体用比和，出行顺快。

又凡出行，体宜乘旺，诸卦宜生体。体卦乾震多主动，坤艮多主不动，巽宜船行，离宜陆行，坎防失脱，兑主纠纷。

十三、行人

测行人，以体为主，用为行人。体克用，行人归迟。用克体，行人不归。体生用，行人未归。用生体，行人即归。体用比和，不日即归。又以用卦确定行人在外状态。逢生旺，在外顺快；逢衰受克，在外灾殃。震多不宁，艮多有阻，坎有险难，兑主纠纷。

十四、谒见

测谒见，以体为主，用为所见之人。体克用，可见。用克体，不可见。体生用，难见，见也无益。用生体，可见，见有得。体用比和，欢然相见。

十五、失物

测失物，以体为主，用为失物。体克用，可寻，迟得；用克体，不可寻；体生用，失物难见；用生体，失物易寻；体用比和物不失。

又以变卦为失物所在。如变卦为乾，则是觅于西北，或公厕、楼阁之所，或金石之旁，或圆器之中，或高亢之地。变卦是坤，则觅于西南方，或田野之所，或仓库之处，或稼穑之处，或土窑穴藏之所，或瓦器方器之中。震则寻于东方，或山林之所，或丛棘之中，钟鼓之旁，或闹市之地，或大途之所。巽则寻于东南方，或山林之所，或寺观之地，或菜蔬之园，或舟居之间，或木器之内。坎则寻于北方，多藏水边，或溪井沟渠之所，或酒醋之边，或鱼盐之地。离则寻于南方，或庖厨之间，或炉冶之旁，或在明窗，或在文书之侧，或在烟火之地，或在遗虚室。艮则寻于东北方，或山林之内，或近路旁，或岩石旁，或藏在土穴。兑则寻于西方，或居泽畔，或败垣破壁之内，或废井池沼之中。

十六、疾病

凡测疾病，以体为病人，用为病症。体卦宜旺不宜衰。体宜逢生，不宜见克。用宜生体，不宜克体。因此用生体，病易安；体生用，病难愈；体克用者，勿药有喜；用克体，虽药无功。若体逢克而乘旺，特别有幸。体遇克而更衰，断无存日。欲知凶中有救，生体之卦可断。体生用，迁延难愈；用生体，即愈；体用比和，疾病易安。欲知好转日期，生体之卦判定；欲知见危厄日期，克体之卦判定。若论药的属性，应当审察生体之卦。如离卦生体，宜服热药。坎卦生体，宜服冷药。如艮温补，乾兑凉药。

十七、官讼

测官讼，以体为主，用为争讼之人与官讼之应。体卦宜旺，用卦宜衰。体宜用生，不宜生用，用宜生体，不宜克体。因此体克用，己胜人；用克体，人胜己。体生用，自身失理，或因官有所丧。用生体，不止得理，或因讼会有所得。体用比和，官讼最吉，不但有扶持之力，必有主和之义。

十八、坟墓

测坟墓以体为主，用为坟墓。体克用，葬后吉。用克体，葬后凶。体生用，葬后主运退。用生体，葬后主兴隆，有荫益后嗣。体用比和，为吉地，大宜安葬，葬后吉昌。

断 应 期

卦象定应期

体卦克用： 体卦五行当旺，用卦衰而受制之时应吉。

用卦生体： 用卦五行当旺，体卦得生时应吉。

体用比和： 体卦与用卦五行当旺时应吉。

体卦生用： 用卦五行当旺时多有损。

用卦克体： 用卦五行当旺，体卦衰而受制时应凶。

乾、兑卦都属金，则应于申、酉年、月、日、时。

震、巽卦都属木，则应于寅、卯年、月、日、时。

坤、艮卦都属土，则应于辰、戌、丑、未年、月、日、时。

坎卦属水，则应于亥、子年、月、日、时。

离卦属火，则应于巳、午年、月、日、时。

例如：用卦离火生体卦坤土，应期可定为巳、午年月日时应吉；用卦乾金克体卦巽木，应期可定为申、酉年月日时应凶。

卦数定应期

用主卦上下两卦的先天卦数总和定应期

例如：上卦离，下卦乾，离三数与乾一数相加共为四数，可定为四年、四个月、四天或四个小时。

以用卦的先天卦数定应期

例如：用卦坤土生体卦乾金，用生体应吉，坤八数，应期可以定为八年、八个月、八天或八个小时应吉；用卦离火克体卦乾金，用克体应凶，离三数，应期可以定为三年、三个月、三天或三个小时应凶。

用主卦、互卦、变卦三数总和定应期

例如：主卦《地天泰》五爻动，上卦坤八数与下卦乾一数相加共为九数，互卦《雷泽归妹》，上卦震四数加下卦兑二数为六数，变卦《水天需》，上卦坎六数加下卦乾一数为七数。将主卦，互卦，变卦三卦之数相加，九数加六数加七数等于二十二数。则应期可定为二十二年、月、日、时。

动静定应期

以求测者的动静，来判断应期的缓速。

行走中的人问卦，应期必然快，以求得的卦数，除二，取其半。如《地泽临》卦为十数。除二得五数，应期是五。因为快，可能是五周、五天，甚至五分钟。

人站着问卦，定应期为半迟半速，如《地泽临》为十数，十除二得五数，五的一半为二个半，半迟应十二天半，半速应七天半。

人坐着问卦，因为固定，所以数不变，得十数，可定应期为十。

人躺着问卦，应速最慢，可以取卦数加一倍。如得十数，可定应期为二十。

六爻预测法

铜币摇卦法

将三枚铜币（必须铜币，以乾隆币最佳）合扣于双掌之中或置于摇卦桶之中，心静约 1 分钟，意念集中，使铜币磁场与占测者气场相通，摇晃数次，认为可以的时候，轻掷于干净的地面或桌面等平面上，等铜币停稳之后查看正反面的组合情况，共摇六次组成一卦六爻。三枚铜币撒落后会出现四种结果：

（1）一个背，两个字 为少阳爻，记作"＿"或"、"

（2）两个背，一个字 为少阴爻。记作"＿ ＿"或"、、"

（3）三个背为老阳， 为重，记作"○"，代表过去发生的事情。

（4）三个字为老阴，为交，记作"X"，代表未来发生的事情。

这样的步骤需要重复六次，把每一次的结果都记录下来，次序是从下往上记录，第一次摇的结果记录在最下方为六爻中的初爻，依次往上为二爻、三爻、四爻、五爻、上爻。

老阳老阴为交重，阳极变阴，阴极变阳，老阴动变为"交"，老阳动变为"重"。如果逢动，所测的事情会有变化、变动。

铜币法起卦是大衍筮法的改进，是太极，两仪，四象，八卦，六十四卦的演变过程，阐述了地球在宇宙中的运行规律。物质铜为地球正负极磁场的传导体，双手摇动三枚铜币，人体磁场感应铜币，心动思事，太极已成，第一次撒币为初爻，分出阴阳，二仪已成，二次撒币，两仪两分，四象生成，第三次，八卦即成，此为四象变八卦。四次、五次、六次，六十四卦已成。求测者本人的信息，通过感应后能以卦象形式呈现出来。

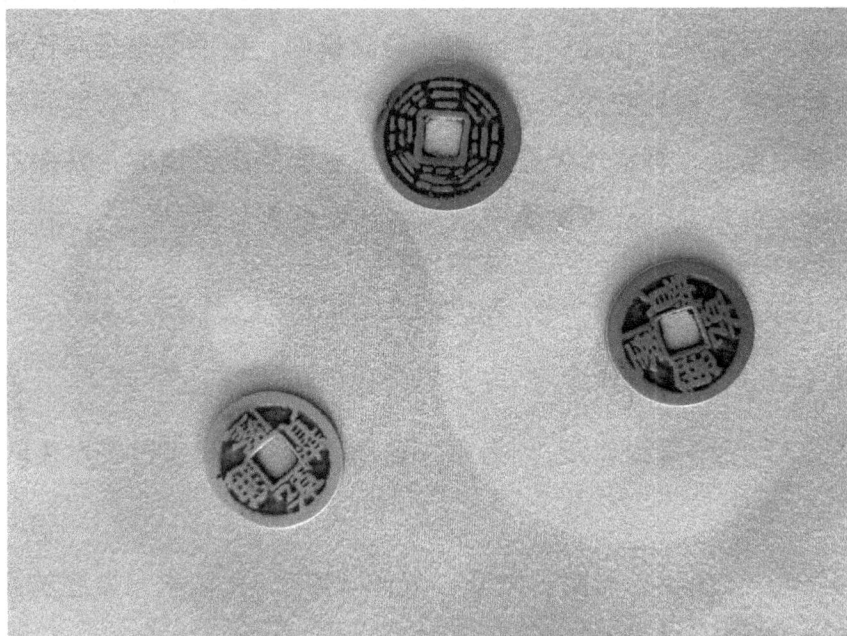

用神分类

世爻、应爻

卦中世应两爻，世爻代表自己，应爻代表他人。应爻利于世爻对自己有利，应爻不利于世爻对自己不利。凡是预测自己疾病，或测寿命，或测出行吉凶，凡是损益自身的，都以世爻为用神；凡是预测没有尊卑称呼、没有深交的朋友、间接的第三方、九流术士、对手、敌人，或某个地方，或某处屋宅，或山水等类，不能按六亲取用的，都以应爻为用神。

父母爻

生我者为父母，代表祖荫、父母、祖辈、与父母同辈、亲近的老人、伯姑等长辈，扶助我的德高望重者。

庇护我之物，城池、房子、学校、书店、酒店、公司、单位、土地、田地、山地、坟墓等建筑物；自行车、汽车、火车、船、地铁、飞机等所有交通工具；衣服、鞋、布、头巾、帽子、被子、雨具、钥匙、行李、腰带、领带等一切庇护我自身者。

父母爻又代表纸、笔、文具、各类书、讼状、图纸、考试成绩、科举、技艺、师父、老师、教育、文人、文化、文学、学术、学业、功课、学科、学历、学位、文教、文采、知识、证件、资料、字据、合约、手续、文章、文契、护照、文书、作品、报告、信函、传真、音信、电话、信息等等，都可以用父母爻为用神。

父母爻代表辛苦、辛勤、辛劳、劳累、劳心劳力、操心之事、费力等。

预测出征为主将、家宅为堂栋。

预测天气，父母爻主雨、霜、雪、冰、雹、日月掩藏之象。

官鬼爻

制约约束我者为官鬼，代表学业、官职、工作事业、名声、法律、规章制度、行政法规、公检法机关部门、机关事业部门、官方、官长、上司领导。

女性预测为丈夫、情人和丈夫的弟兄、朋友。

心机、伎俩、疾病、病因、疼痛、痛苦、邪祟、死人、尸体、盗贼、害我者，对我有害的忧虑、疑惑、恍惚、忧患、灾祸、风波、官非、惊吓、险阻等等都属于官鬼。总体来说，益我者（世爻、用爻）为"官"，利于学业、工作、事业、名气、地位等；不益于我者为"鬼"，官非、疾病、痛苦、匪盗、忧虑等灾祸。

预测家宅为厅堂，出征为敌人，买卖为中介。

预测天气，官鬼爻又主雷电、黑云、密布的阴云、雾气。

妻财爻

代表钱财、财物、货物、珠宝、理财、股票、基金、投资、金银、粮食、食物、物资、资金、盈利的物品、库存的物品、手机、黄金首饰等贵重物品，都以妻财爻为用神。

男性预测为妻子、情人、兄弟的妻子、朋友的妻子。

预测家宅为厨灶，出征为军需，行船为装载，盗贼为赃物。

预测天气，妻财爻又主晴、天气晴明。

子孙爻

我生者为子孙，凡是儿女、儿女的同学朋友、晚辈不论亲疏、徒弟、下属、部下、助理、禽虫、六畜、僧道、术士、巫师、医药、医生及为我排优解难者、捉捕盗贼者等等，都属子孙。

生意买卖中的客户顾客，购买者，行情，生财之源，生财之道都属于子孙。

代表福德、福气、解忧、消灾解难、乐天享受、无忧无虑、逍遥自在、享乐、休养、游乐、游玩、玩耍、娱乐、赌博嬉戏等。

预测家宅为廊舍，出征为兵卒。

预测天气，子孙爻代表日月星斗，晴空万里，可以看到日月星辰。

兄弟爻

代表兄弟姐妹、朋友、同辈亲朋好友、同事、合伙人、同学、与我竞争者、竞选者、想取代我者，谋我财，或破费我财者。

又代表阻力、波折、阻隔阻滞、虚诈、讹诈、破耗消耗、口舌、是非争吵、斗气、竞争、争斗等现象；在生意行情当中，兄弟临动爻为行情不好，卖货时货落价，买货时涨价等等。

预测家宅代表门廊，出行为同伴。

预测天气，兄弟代表风云。

月 卦 身

月卦身的使用，自古至今一直存在分歧，有的特别强调月卦身的重要性，认为月卦身是一卦之体，为卦的灵魂，象征着所占测事情的主体，当所预测的事情在卦中无法确定用神的时候，可以看月卦身；当预测来意而卦象信息显现不明显时，可以看月卦身；当难以判断应期时，可以参看月卦身在何年何月何日出现……。有的则是直接忽略月卦身不用。笔者日常预测的实践经验是，月卦身决定不了所测事情的吉凶成败，不能用来为所预测的事情定性，只能根据所预测事情的不同作为参考使用，大部分预测的事情甚至可以忽略不用。下面整理出来，供大家了解研究。

起月卦身法

歌诀：

阴世则从午月起，阳世还从子月生，

欲得识其卦中意，从初数至世方真。

释义：

阴爻持世初爻起午，依次上排，二爻起未，三爻起申，四爻起酉，五爻起戌，上爻起亥。

阳爻持世初爻起子，依次上排，二爻起丑，三爻起寅，四爻起卯，五爻起辰，上爻起巳。

以乾卦为例：乾世爻在上九，是阳爻，因此初爻起子，依次上排，二爻起丑，三爻起寅，四爻起卯，五爻起辰，上爻起巳，所以巳就是乾卦的月卦身，乾卦没有巳火，为卦中没有月卦身。

以坤卦为例：坤世爻在上六，是阴爻，因此初爻起午，依次上排，二爻起未，三爻起申，四爻起酉，五爻起戌，上爻起亥，所以坤卦六五妻财亥水就为月卦身。其他依此类推。

月卦身用法

月卦身为世爻，象征事情由自己掌握。

月卦身为应爻，象征事情由对方控制。

月卦身为用神有利于世爻，吉利。

月卦身为用神不利于世爻，凶险。

卦中没有月卦身，伏神也不见卦身，象征事情只有意向，暂时还没有头绪。

卦中有月卦身，表示此事已在运作，或者心目中已经有了明确的方向。

月卦身出现两处，象征事关两处，事有二心，摇摆不定，难以定夺。

月卦身旬空则无用，表示此事不存在，或此事尚未成形。

月卦身吉凶与世爻同断，又需要考虑进退关系，假如在午月占问，月卦身属于未、申、酉月，则为进度，象征诸事都会有所进益；如果月卦身属于巳、辰、卯月，则为退度，象征诸事都会衰退阻滞。

飞神 伏神

卦有用神，为用神不缺，没有用神爻，为用神不上卦，或者用神不现，如果所需用神临月日，则以月日为用神，如果月日不临用神的，可以在八纯卦中找到用神爻去借，借来的用神爻，写在原卦对应爻旁，这个借来的用神称为伏神，原卦爻称为飞神。

进神 退神

宇宙间万事万物都在不停地运动、变化、有动就有变，有变则有进退的分别。六爻的动变就是论述的这种变化、进退的自然规律，所谓的进神退神，就是事物、事情经过动变后所表现出来的前进和后退的具体信息标志。

进神，卦爻动变而化进。化进即是：寅化卯、巳化午、申化酉、亥化子、丑化辰、未化戌。

退神，卦爻动变而化退。化退即是：卯化寅、午化巳、酉化申、子化亥、辰化丑、戌化未。

进神为事物变化长远前进的表现，表示事物不断向前发展，如春天来临，草木萌发，一派生机。

退神者是事物变化而倒退的表现，表示事物发展后退不进，如秋天花残叶败之象。

化进化退有喜忌祸福之分，利于世爻宜遇化进，不利于世爻宜化退，具体须视卦象而定。

482

反　吟

反吟是指卦变冲克与爻变冲克，分为卦反吟和爻反吟。

卦反吟是卦变相冲，八卦方位，对冲即是。如乾变巽，巽变乾；坎变离，离变坎；震变兑，兑变震；坤变艮，艮变坤。

爻反吟是爻变相冲，爻在卦中发动，变出的爻与动爻相冲。如子变午，午变子，丑变未，未变丑，巳变亥，亥变巳，辰变戌，戌变辰。

内卦反吟，内部不安，外卦反吟，外部不安，内外卦都反吟，内外都不安。反吟多主事情反复，举事艰难，不能一步到位。最终吉凶以用神与世爻作用关系推断，用神利于世爻，用神逢反吟化冲克破损，事有反复，凶多吉少；用神不利于世爻，用神逢反吟化冲克破损，事有曲折，最终能成。

伏　吟

卦伏吟是指爻在卦中发动，变出的爻与动爻相同。如子变子，寅变寅，戌变戌……。

伏吟卦主忧虑，呻吟之象，内卦伏吟主内呻吟，外卦伏吟主外呻吟，内外伏吟则内外呻吟，凡遇到事情都不能称心如意。测与对方彼此情况，内卦伏吟，我心不愉快；外卦伏吟，对方心不安。要知道具体吉凶，还要结合用神与世爻生克关系共同判断。

暗　动

静爻旺相有气遇日辰相冲称为暗动，在卦中与动爻有相同的作用，作用规则与动爻相同，详见后面"卦爻作用法则"篇章。

静爻休囚无气，逢日辰相冲为日破，日破为无力，不能发生作用。

旬　空

甲子旬中戌亥空，甲戌旬中申酉空，甲申旬中午未空，

甲午旬中辰巳空，甲辰旬中寅卯空，甲寅旬中子丑空。

月有上旬、中旬、下旬共三旬。干支历，从甲至癸共十天为一旬，日建逢甲子，即为甲子旬，遇甲戌即为甲戌旬……。也就是说，从日建甲子这一天起，乙丑、丙寅、丁卯、戊辰、巳巳、庚午、辛未、壬申、癸酉共十天都属于甲子旬，旬内没有地支戌、亥两天，称为旬空。在这十天的任何一天起卦，卦中有戌、亥两爻就为卦爻逢旬空。其他仿此。

世爻旬空，自己不实；应爻旬空，对方不实；世应皆空，彼此都无准实。用神不利于世爻，旬空吉利；利于世爻，旬空凶险。

静空为真空，得年太岁填实。

用神临太岁，旬空不为空。

动空为空而待用，出空填实。

墓　库

辰戌丑未墓库一说，从古至今，各家各派争辩已久，其观点在实践中运用过程中都不够准确。

本人通过多年实践经验总结发现：

墓：五行气势衰败死绝被埋入墓中称为墓，能够克制五行力量，彻底死绝，不会再有生机。

火墓在戌，木墓在未，此两组为墓。

库：五行气势旺收藏蓄势于仓库中称为库，能够增加五行气势，生旺力量最大，延绵不断。

水库在辰，金库在丑，此两组为库。

大家在实际预测运用的过程中，通过实践检验后，就会知道笔者提出这个观点的准确性。

预测来意

若知来人测何事，世爻代表占问事。

何知此人问父母，父母持世官星来。

何知此人来问官，官星持世有财权。

何知此人来问财，财爻持世福神来。

何知此人来问婚，男财女官持世真。

何知此人来问子，子孙持世兄弟来。

若知此人有何灾，年月日时害用神。

何知此人身难安，官鬼持世事牵连。

何知此人失了业，官星作用不利身。

何知此人耗了财，财爻不利兄又来。

何知此人问官讼，财官相生害世身。

世间纵有诸般事，易卦皆能分辨真。

神机妙算安天下，应验如神定乾坤。

诸爻持世

用旺利世最为强，作事亨通大吉昌。

旬空克破逢非良，克害刑冲遇不祥。

父母持世多劳碌，官鬼利世功业旺，

考试应聘能如愿，若为忌神逢非良。

子孙持世事无忧，兄弟利世得朋友，

日月生旺为福神，忌神逢此忧子孙。

官鬼持世身不安，妻财利世官禄全，

女占必定有良缘，如为忌神多祸端。

妻财持世益妻财，子孙利世财禄来，

男占必得贤内助，忌神逢此妻财散。

兄弟持世多阻滞，父母利世文书来，

兄弟朋友多助力，忌神口舌伤妻财。

卦爻作用法则

卦爻作用法则是确定六爻作用关系的重要依据，是六爻预测断卦的基础。

卦中爻与爻之间的作用法则

世爻和应爻能直接生克冲合刑害作用。

静爻与邻爻能生克冲合刑害作用，隔爻不能生克冲合刑害作用。

动爻与主卦中的任何爻都能生克冲合刑害作用。

动爻与动爻相互之间能生克冲合刑害作用。

动爻的变爻与动爻能生克冲合刑害作用，变爻与主卦其它爻不能生克冲合刑害作用。

动爻变出的旬空爻与动爻不能生克冲合刑害作用。

动爻受月、日合绊，对其它爻不能生克冲合刑害作用。

静爻旬空与邻爻不能生克冲合刑害作用。

静爻旬空临月建与邻爻不能生克冲合刑害作用。

静爻旬空临太岁，出空生旺时与邻爻能生克冲合刑害作用。

动爻旬空，为空而待用，出空后与卦中的任何爻才能生克冲合刑害作用。

卦爻临年、月、日，对其它爻产生的作用力大。

卦爻受年、月、日冲克刑害，对其它爻产生的作用力小。

世爻阴阳

世爻位于阳爻，主智慧光明，求谋行事显达。

世爻位于阴爻，主愚昧笨拙，求谋行事卑微。

世居九五阳爻，或居六二阴爻，居中得正，主尊贵。

世居六三阴爻，或居上九阳爻，凶危之地，失位不正，主衰败。

世爻阴阳五行吉凶

世爻阳金，象征正直刚强；世爻阴金，象征残暴刑伤。

世爻阳水，象征机智多谋；世爻阴水，象征阴险狡诈。

世爻阳木，象征优美文辞；世爻阴木，象征权诈多变。

世爻阳火，象征志高文明；世爻阴火，象征浅薄固执。

世爻阳土，象征忠厚诚信；世爻阴土，象征冥顽不灵。

世爻阴阳断，在预测中不起到决定吉凶的作用，只为预测事物的发展状态提供参考。

卦逢冲合

一卦六爻，其中初爻与四爻、二爻与五爻、三爻与上爻分别对应相冲，称为六冲卦。冲为冲散的意思。

六冲卦有：乾、兑、离、震、巽、坎、艮、坤、大壮、无妄。

一卦六爻，其中初爻与四爻、二爻与五爻、三爻与上爻分别对应相合，称为六合卦。合为聚合的意思。

六合卦有：否、困、旅、豫、节、贲、复、泰。

六爻预测中，不利的事情宜逢六冲，凶事逢冲则散，但是预测疾病分久病与近病的区别，近病逢冲则愈，久病逢冲则死。

有利的事情宜逢六合，合则顺遂，但是六合又有合化与合绊之分，寅亥、辰酉、午未为合化，力量增强；子丑、卯戌、巳申为合绊，力量受到牵制。有利的事情宜合化增力，不宜合绊牵制。

六冲卦变六合卦，有先散后聚，谋事先艰难后顺遂，先遭遇挫折，后得成功之象。但是预测官讼祸患则不利，为暂时安静，后有是非缠绕，难以脱身之象。

六合卦变六冲卦，有先聚后散，谋事先顺遂后艰难，先得成功后又遭遇失败之象。但是预测官讼祸患则有利，为先有是非缠绕，忧愁困扰，而最终消散之象。

六冲卦与六合卦的象意在六爻预测中，只能作为断卦参考，不能确定吉凶应验的最终结果，必须要以成卦格局中用神与世爻作用关系的吉凶为主，而进行综合判断。

成卦格局

　　成卦格局是通过世爻与应爻的作用关系来确定的，起卦的年月日时不能决定成卦格局，只能用来决定用神的旺衰，而为断卦确定吉凶成败与应验日期。

　　在六爻预测中，成卦后依据世爻与应爻的作用关系可以分为：世旺卦、世弱卦、从旺卦、从弱卦共四种格局。

世旺卦

世应比和

世爻克制应爻

卦逢六合

应爻不克制世爻

世爻不空，应爻旬空

卦逢六冲，应爻旬空

世弱卦

世爻生应爻

应爻克制世爻

卦逢六冲

世爻旬空，世爻克应爻

世爻与应爻都旬空，世应比和

世爻与应爻都旬空，应爻生世爻

世爻与应爻都旬空，世爻克应爻

卦逢六合，世爻旬空

从旺卦

应爻生世爻

世爻旬空，应爻生世爻

从弱卦

世爻受制重

世爻旬空，应爻克世爻

世爻旬空，世爻生应爻

世爻与应爻都旬空，应爻克世爻

世爻与应爻都旬空，世爻生应爻

世爻申酉金，应爻未戌燥土脆金

世爻巳午火，应爻辰湿土晦火

断卦方法

世旺卦与世弱卦以中和为贵，不能太过，不能不足，要抑其过而补不足；从旺卦与从弱卦，则要顺应其性，从其趋势。

世旺卦，抑制为利；世弱卦，生扶为利；归于中道。

从旺卦，生扶为利；从弱卦，抑制为利；顺应其性。

世旺卦：用神生扶世爻以凶断，用神克制世爻以吉断。

世弱卦：用神生扶世爻以吉断，用神克制世爻以凶断。

从旺卦：用神生扶世爻以吉断，用神克制世爻以凶断。

从弱卦：用神生扶世爻以凶断，用神克制世爻以吉断。

用神利于世爻，用神旺而逢生应验吉祥，用神弱而受制或不上卦应验凶灾。

用神不利于世爻，用神旺而逢生应验凶灾，用神弱而受制或不上卦应验吉祥。

用神利于世爻，用神旬空应验凶灾；用神不利于世爻，用神旬空应验吉祥。

用神若在卦中不现，为用神不上卦，断吉凶不用看伏神，只看用神对世爻是有利还是不利而判定吉凶祸福。

断 应 期

　　确定应验日期的准确性，与日常实践经验密切相关。远应年月，近应日时，在预测时首先要仔细分析所预测的事情，然后按照确定应验日期的方法，准确定出应验的日期。

　　确定应验日期，首先要对所测的事情有时间长短的概念，也就是说所测问的事情本身已经决定了是长期性还是短期性。

　　如果测长远的事情，例如运势、事业、流年财运、婚姻、旧病、孕产等长期的事情，都以年月确定应验日期。

　　如果测短期内的事情，例如求职、求医、失物、出行、交易、考试、相亲、签约、行情、最近财运等月内可以决定的事情，都以日时确定应验日期。

　　卦应吉：卦中用神爻利于世爻，用神逢生旺时为应验日期；卦中用神爻不利于世爻，用神逢衰受制时为应验日期。

　　卦应凶：卦中用神爻利于世爻，用神逢衰受制时为应验日期；卦中用神爻不利于世爻，用神逢生旺时为应验日期。

　　旬空应期：用神旬空利于世爻，用神填空时应凶；用神旬空不利于世爻，用神填空时应吉。

　　用神动空：为用神出空时定吉凶应验日期。

　　用神静空：为用神逢太岁填实时定吉凶应验日期。

　　用神静空临太岁：为用神出空逢生旺时定吉凶应验日期。

淏元预测实例

淏元预测实例是笔者近期亲自为咨询者预测的真实例子，从中选出三十例，供朋友们参考学习。

【例1】 戊戌年 己未月 丙午日 乙未时 一女士车钥匙丢了，通过微信咨询能否找回？

依据咨询时间起得： （寅卯空）

《兑为泽》 《泽雷随》

断卦解析：

《兑》：亨，利贞。九二爻辞：孚兑，吉，悔亡。失物可得。体用皆兑，五行为金，钥匙五行为金，体用比和，大象吉利，说明钥匙没有丢。九二爻动，兑代表西方，在自己的西方；变卦《随》，随，有贴身的意思，说明在自己身边不远处；随卦用卦为震，五行属木，代表柜子、椅子、服装等相关物象。断19点酉时前能找到，因为对方问卦时间为中国时间未时14：36，申时与酉时，兑卦旺。

对方反馈：

咨询完笔者以后，她马上开始找相关的东西，在椅子后背上一件冬装衣服口袋里找到了。她在办公室坐西朝东，背后为西方。找到后马上微信告知我，反馈时间为15：17申时。

【例2】 辛丑年 辛卯月 辛未日 戊戌时 一女士测婚姻。

依据微信咨询时间起得：　　　　　　　（戌亥空）

《地火明夷》	《地雷复》
父母酉金	父母酉金
兄弟亥水	兄弟亥水
官鬼丑土、世	官鬼丑土、应
兄弟亥水 ○	官鬼辰土
官鬼丑土	子孙寅木
子孙卯木、应	妻财子水、世

断卦解析：

应爻卯木克世爻丑土，为世弱卦。

女测婚，以官鬼丑土为用神，逢月克日冲，应爻卯木临月令旺来克身，可断这个月婚上不吉。六二官鬼暗动化子孙寅木回头克，暗动为偷偷摸摸，为情人，与情人感情从去年冬天开始也出现问题。

对方反馈：

最近与对象闹离婚，前几天差点离了。与情人合伙做着生意，想与他断绝关系，因为有资金往来断不了，他确实也是从去年冬天开始闹。因为感情问题不知到怎么办了。

【例3】 辛丑年 丙申月 戊戌日 己未时 一男士测事业单位竞聘考试。

依据咨询时间起得： （寅卯空）

《雷火丰》 《震为雷》

官鬼戌土 官鬼戌土、世

父母申金、世 父母申金

妻财午火 妻财午火

兄弟亥水 ○ 官鬼辰土 、应

官鬼丑土、应 子孙寅木

子孙卯木 兄弟子水

断卦解析：

应爻生世爻，为从旺卦。

预测竞聘考试以父母与官鬼为用神，卦中父母申金持世，应爻官鬼丑土来生，父母申金临月旺，日戌土脆申金，刑伤官鬼丑土不吉，不能获得这个工作岗位。九三兄弟亥水为竞争，月生日克，动泄世爻父母申金，生子孙卯木克官鬼丑土，亥为猪，可以判断，一个属猪的晚辈比自己成绩好，把名额抢走了。亥水克制妻财午火，午火不能制身，可断此竞争者对自己财运有利。

对方反馈：

这次竞聘笔试成绩不好，考高分的那个竞争者确实属"猪"，是自己业余所办培训班的学生，他也去参加竞聘了，他这次竞聘成绩确实比自己好。

【例4】 己亥年 丙寅月 戊子日 丙辰时 一女士狗丢了，微信咨询能否找回？

依据问卦时间起得：   （午未空）

《风泽中孚》   《天泽履》

   官鬼卯木   兄弟戌土

   父母巳火   子孙申金、世

   兄弟未土、世 ✖   父母午火

   兄弟丑土   兄弟丑土

   官鬼卯木   官鬼卯木、应

   父母巳火、应   父母巳火

断卦解析：

《风泽中孚》，四爻动，下卦兑为体，上卦巽为用，体克用，可以找回。兑卦先天数为 2，巽卦先天数为 5，可断 7 日内找回。

应爻巳火生世爻未土，为从旺卦。

测狗等宠物类事物，以应爻为用神，应爻生世爻吉。世爻旬空，待午日出空日可以找回。测卦那天为子日，至午日，刚好 7 日，最终确定，可断 7 日内能找回。

对方反馈：

26 日下午 14 点多发来反馈，爱狗已找回。起卦为 20 号，至 26 日刚好 7 天。

【例5】 辛卯年 庚寅月 庚戌日 一男士测前几天刚谈的
客户会不会要货打款？

摇卦得： （寅卯空）

《泽地萃》 《泽雷随》

父母未土 父母未土、应

兄弟酉金、应 兄弟酉金

子孙亥水 子孙亥水

妻财卯木 妻财辰土、世

官鬼巳火、世 妻财寅木

父母未土 ✖ 子孙子水

断卦解析：

世爻合绊应爻，为世旺卦。

应爻兄弟酉金合世爻，对方有意合作；初六父母未土代表合
约，利于世爻，能在公历3月5日己未日签订合约；测打款，以
妻财为用，妻财不利于世爻，卯木逢旬空应吉，可断惊蛰节气以
后公历3月13日丁卯日打款。因为卯月卯日妻财填实所以得财。

对方反馈：

对方确实是在3月5日上午来签订的采购订单合约。于3
月13日才打款过来。

【例6】 庚子年 甲申月 乙巳日 一女士测以前借出去的钱
何时可以要回？

摇卦得： （寅卯空）

《风火家人》 《风地观》

兄弟卯木 兄弟卯木

子孙巳火、应 子孙巳火

妻财未土 妻财未土 、世

父母亥水 ○ 兄弟卯木

妻财丑土、世 子孙巳火

兄弟卯木 ○ 妻财未土、应

断卦解析：

卦逢《家人》，可断借钱的人属于她比较亲近的人。

应爻生世爻，为从旺卦。

测财方面相关问题以妻财为用神，世爻代表自己，应爻代表
对方，应爻子孙巳火临日建生旺妻财世爻，说明财能要回。

卦中初九兄弟卯木与九三父母亥水为忌神，动成亥卯未三合
局，忌神被绊，不发挥作用吉利，但卯木旬空，今天可以催一下，
但是暂时要不回，等9月9日卯日出空之时必能要回。

对方反馈：

钱借给以前情人了，情人老婆管得严，一年多来拿不出钱还
她。她在笔者办公室咨询完后当场打电话给对方，对方承诺9月
9日发工资后凑足还给她。后来反馈，9月9日对方果然把钱打
到了她的银行账户。

【例7】 辛丑年 庚寅月 癸未日 一男士测运势。

摇卦得： （申酉空）

《天风姤》	《泽风大过》	六神
父母戌土 〇	父母未土	白虎
兄弟申金	兄弟酉金	腾蛇
官鬼午火、应	子孙亥水、世	勾陈
兄弟酉金	兄弟酉金	朱雀
子孙亥水	子孙亥水	青龙
父母丑土、世	父母丑土 、应	玄武

断卦解析：

《天风姤》䷫卦，卦象一阴五阳，一女五男或者说一女五夫之象，多注意感情，卦中妻财不现，所以不是妻子，为情人，应多注意与情人间感情问题。

应爻生世爻，为从旺卦。

上九父母戌土临白虎发动刑克父母丑土世爻，母亲身体健康不是很好，一般为脾胃方面，戌土动化未土退神，没有太大危险。

对方反馈：

母亲前几天因胃部问题刚动完手术。

最近因为之前交往的一个女人，跟另外一个人在一起，不理他了，交往了这么多年，心情有点低落。他目前知道的，这个女人之前离过两次婚，加上现任丈夫，加上他自己，再加最近交往这个，正是五个。

【例8】 辛丑年 壬辰月 戊申日 一女士测最近运势。

摇卦得： （寅卯空）

《火地晋》 《泽雷随》

官鬼巳火 ○ 父母未土、应

父母未土 ✖ 兄弟申金

兄弟酉金、世 子孙亥水

妻财卯木 父母辰土、世

官鬼巳火 妻财寅木

父母未土、应 ✖ 子孙子水

断卦解析：

《晋》卦，有进取的意思，代表事业拓展。

卦中应爻未土脆世爻酉金，为从弱卦。

六三妻财卯木旬空冲克世爻，财上不吉，农历2月应凶破财，官鬼巳火与父母未土，动泄妻财卯木，应官方耗财、因文件合约类耗财等等相关方面。农历3月辰土生世爻酉金，晦官鬼巳火。最近不利于事业，多口舌阻滞。上九官鬼巳火动生父母未土脆世爻酉金，立夏以后的农历4月利于事业拓展，利于父母、房子、合约等方面相关问题，但是财运不好，会耗财支出较大。

对方反馈：

今年农历2月份因冷藏库食品卫生不达标被罚款十多万，最近什么基本上什么都没干，计划过段时间跟妹妹合伙投资冷冻冷藏，再就是计划过段时间为父母装修老家的房子。

【例9】 甲午月　壬辰日　一房地产开发商测最近运势与拿地能不能成?

起得：　　　　　　　　　　　　　（午未空）

《天水讼》　　　　　　　　　　《风水涣》

子孙戌土　　　　　　　　　　父母卯木

妻财申金　　　　　　　　　　兄弟巳火、世

兄弟午火、世　○　　　　　　子孙未土

兄弟午火　　　　　　　　　　兄弟午火

子孙辰土　　　　　　　　　　子孙辰土、应

父母寅木、应　　　　　　　　父母寅木

断卦解析：

《天水讼》有争讼、诉讼的意思。

世爻旬空，应爻生世爻，为从旺卦。

兄弟代表是非口舌，兄弟午火持世逢空，动化子孙未土合泄，可断有口舌是非、争执诉讼等相关事情。兄弟午火临月旬空，发动有力，空而待用，官星卦中不现，没有官灾，会在 15 号甲午日得到好的解决方案。房地产开发拿地，以应爻父母寅木为用，寅木临月建与日建不旺，拿地恐难成。

对方反馈：

某财政局欠他 400 多万，他把财政局起诉了，15 号开庭。

后来再见到他反馈说，与财政局达成了和解，因为那块地与财政局有一些关联，没拿成。

【例 10】 戊戌月 丙辰日 一男士测最近财运？

起得： （子丑空）

《地天泰》 《雷天大壮》

子孙酉金、应 兄弟戌土

妻财亥水 子孙申金

兄弟丑土 ✖ 父母午火、世

兄弟辰土、世 兄弟辰土

官鬼寅木 官鬼寅木

妻财子水 妻财子水、应

断卦解析：

卦逢六合，为世旺卦。

测财运以妻财爻为用神，兄弟辰土持世，虽临月破，但日建当旺填实，初九妻财子水逢空不能用，六五妻财亥水被月建戌土克制，与世爻辰土又不能发生作用，可断财运不好，无财可求。六四兄弟丑土逢空发动，动化父母午火相生，不利于辰土世爻，可断乙丑日兄弟丑土填实，防止破财，财运方面恐有损耗。兄弟丑土虽临日建辰土当旺，但被月建戌土刑克，虽动化午火相生，但午火临月日不旺，可断耗损不大。

对方反馈：

最近确实财运不好，日常花销较大。

后来再见到他，反馈说在 13 号（乙丑日）因为开车去参加考试，开车闯了红灯，被扣分罚款。

504

【例11】 庚子年 丙戌月 甲申日 一女士测夫妻感情？

摇卦得：　　　　　　　　　　　（午未空）

　　《风水涣》　　　　　　　　　《山水蒙》

　　父母卯木　　　　　　　　　　父母寅木

　　兄弟巳火、世　○　　　　　　官鬼子水

　　子孙未土　　　　　　　　　　子孙戌土、世

　　兄弟午火　　　　　　　　　　兄弟午火

　　子孙辰土、应　　　　　　　　兄弟辰土

　　父母寅木　　　　　　　　　　父母寅木、应

断卦解析：

《风水涣》有涣散的意思，表示初期涣散离开，经过波折以后，如果用积极的方法克服，最终是吉利的。可以判断夫妻双方感情不和，遇到了问题，甚至之前已经分开住了，但是不至于离婚。

应爻辰土晦世爻巳火有力，为从弱卦。

女测感情，官鬼为用神，《风水涣》卦官鬼不上卦，也代表没在一起；兄弟巳火持世，动化官鬼子水回头克，从弱卦，用神克制世爻以吉断。

官鬼子水临太岁，得月克日生，断其立冬后进入亥月后开始感情会有好的进展，农历11月子水旺月能最终会消除矛盾，合好如初。

对方反馈：

夫妻因为家庭琐事闹矛盾，丈夫搬出去近一年了，就想看看会不会离婚，或者什么时间能回来。

笔者对她讲，如果不想离婚，立冬节气以后多些沟通联系，农历 11 月就能回家，就会合好。

后来对方于次年元旦反馈丈夫立冬以后隔几天回家一次，外面租的房子到期后，最终于农历 11 月底搬回家居住，夫妻两人合好。

【例 12】 辛丑年 辛卯月 戊寅日 戊午时 安徽省合肥一女士测房子什么时间卖比较合适？还有没有升值潜力？

依据微信咨询时间起得： （申酉空）

《山水蒙》 《地水师》

父母寅木 〇 妻财酉金、应

官鬼子水 官鬼亥水

子孙戌土、世 子孙丑土

兄弟午火 兄弟午火、世

子孙辰土 子孙辰土

父母寅木、应 父母寅木

断卦解析：

应爻寅木克世爻戌土，为世弱卦。

测房子相关信息，以父母寅木为用神。卦中应爻父母寅木临卯月寅日，旺克世爻，世爻弱，用神旺克应凶，代表房子卖不了。

地产行业大行情以上九父母寅木来看，上九父母寅木动化酉金回头克，酉金旬空，弱金不能克制旺木，父母寅木克世有力，代表行情不好，行情不利于自己，父母又代表信息，逢日月旺不利于世爻，化酉金回头克，可断出空之日会有房地产这方面信息，因为寅木旺，酉金克制无力，为不利于自己的信息。公历 4 月 6 日为甲申日，酉金旬空出空，笔者告诉她 4 月 6 日会有这方面信息。

对方反馈：

4 月 3 日她微信发来反馈说，4 月 2 日财联社电报发布了"合肥市委书记虞爱华调研房地产工作，合肥市房产相关新政将

507

于 4 月 6 日发布"消息。后来新政果于 4 月 6 日正式发布，限制了学区房的买卖等相关政策，她的房子也因为政策原因，不打算出售了。

【例 13】 癸巳月 癸未日 一女士测什么时间能怀孕？

起得：　　　　　　　　　　　（申酉空）

《水天需》　　　　　　　　《地天泰》

妻财子水　　　　　　　　　子孙酉金、应

兄弟戌土 ○　　　　　　　　妻财亥水

子孙申金、世　　　　　　　兄弟丑土

兄弟辰土　　　　　　　　　兄弟辰土、世

官鬼寅木　　　　　　　　　官鬼寅木

妻财子水、应　　　　　　　妻财子水

断卦解析：

世爻旬空，世爻生应爻，为从弱卦。

测孕产，以子孙为用神，世爻从弱，子孙申金持世旬空，利于孕产。月建巳火绊金，日建未土脆金，待明日申金出空，很快就能怀孕。

对方反馈：

刚预测完，说第二天很快就能怀孕还不太相信。一个多月以后对方反馈怀孕了，说应该就是在预测那段时间怀上的。

【例14】 甲午月 乙未日 一男士测单位入职考试？

起得：　　　　　　　　　　　　　　（辰巳空）

《山地剥》

妻财寅木

子孙子水、世

父母戌土

妻财卯木

官鬼巳火、应

父母未土

断卦解析：

《剥》卦，有剥落、罢免、革除的意思，不利于工作入职。

世爻不空，应爻旬空，为世旺卦。

测单位入职考试，取官鬼与父母为用神。官鬼代表面试成绩与工作职位，父母代表笔试成绩与工作环境。六四父母戌土临月建午火与日建未土，旺来克制世爻，说明工作单位环境很好，自己有真才实学，笔试成绩不错。但是应爻官鬼旬空，说明因用人单位虚空不实，面试成绩较差，会存在暗箱操作，潜规则较多，最终无法得到这份工作。

对方反馈：

后来这位朋友反馈说，事业单位编制考试一般年龄35周岁以下，这次考试年龄居然放宽到了39周岁，应该就是早就内定了，只不过走走形式，自己这次笔试成绩不错，后来面试没有通过。

【例 15】 甲午月 辛丑日 一女士测男友何时能回家？

起得：   （辰巳空）

《震为雷》   《地雷复》

妻财戌土、世   官鬼酉金

官鬼申金   父母亥水

子孙午火 ○   妻财丑土、应

妻财辰土、应   妻财辰土

兄弟寅木   兄弟寅木

父母子水   父母子水、世

断卦解析：

卦逢六冲，应爻旬空，不克制世爻，为世旺卦。

测男友，以官鬼申金为用神。世爻旺，官鬼申金来泄，利于世爻。但子孙午火临月克制官鬼申金，可断遭遇官灾没有回家，子孙代表娱乐休闲赌博之类，说明是因为娱乐而遭遇官非是非，子孙午火动化妻财丑土临日建晦泄，官鬼申金受月克日生有气，可断没有太大问题，耗财可以解决，当天 23 点前就能回家。

对方反馈：

后来接到派出所电话，男友因赌博被拘留了，交了罚款当晚就回家了。

【例 16】 辛丑年 壬辰月 辛亥日 丙申时 一男士测健康。

依据咨询时间起得：　　　　　　　（寅卯空）

《火雷噬嗑》　　　　　　　　《震为雷》

　　子孙巳火 〇　　　　　　妻财戌土、世

　　妻财未土、世　　　　　　官鬼申金

　　官鬼酉金　　　　　　　　子孙午火

　　妻财辰土　　　　　　　　妻财辰土、应

　　兄弟寅木、应　　　　　　兄弟寅木

　　父母子水　　　　　　　　父母子水

断卦解析：

《火雷噬嗑》☲☳下卦为震☳，上卦为离☲，以卦形来看，初九和上九像一个人的上下嘴唇，六二、六三、九四、六五像人的上下两排牙齿，其中九四为阳，为硬物，象牙齿咬住硬物，可判断为牙齿或者饮食遇阻等相关问题。

应爻寅木旬空，不克制世爻，为世旺卦。

测健康主要看世爻与子孙爻的关系，子孙巳火临六爻动，世爻旺用神生扶世爻以凶断，巳火代表牙齿与心脏，巳火在上九高位，代表人体肩膀以上部位，所以可以判断牙齿方面问题。世爻妻财未土，子孙巳火不利于世爻，可断因为牙齿相关问题会耗点小财。子孙巳火在上九临老阳动，为过去的事情，代表已经发生了，可以推断为前几天 4 月 27 日乙巳日出现的问题。因为巳火在丑年辰月亥日不旺，所以没有大问题，在 5 月 14 日壬戌日巳

511

火入墓就会好。

对方反馈：

因为牙齿疼，去医院检查，在 4 月 27 日拔了智齿，拔了以后接连几天比以前更疼了，医院说牙窝恢复的很好，没有感染，吃点止疼药，待几天就好了。因为疼的受不了，所以来预测看什么时间能好。

笔者告诉他最佳求医方位，让他去其他医院再重新处理一下，后来 5 月 12 日发来微信反馈好的差不多了。

【例 17】 丙申月 丁酉日 一孕妇测孩子健康情况?

起得: （辰巳空）

《火雷噬嗑》 《山雷颐》

子孙巳火 兄弟寅木

妻财未土、世 父母子水

官鬼酉金 〇 妻财戌土、世

妻财辰土 妻财辰土

兄弟寅木、应 兄弟寅木

父母子水 父母子水、应

断卦解析：

应爻克制世爻，为世弱卦。

测孩子以子孙爻为用神，子孙巳火生世爻本吉，但巳火临旬空不能生身，应凶。官鬼为忌，代表病灾，官鬼酉金动来泄世爻未土，合泄子孙巳火，可断自己身体不好，影响孩子健康。官鬼又代表配偶，不利于子孙与世爻，可断对象也不愿意要这个孩子。官鬼酉金忌神老阳发动，临申月酉日旺，可断在前面乙酉日这一天与今天丁酉日对腹中孩子的健康最不利。卦象整体来看，对于孩子健康不利，建议再次经过医学检查后，慎重决定。

对方反馈：

前面 8 月 5 日（乙酉日）当时不知道自己怀孕了，因为生病输过液；最近才确定自己怀孕。与老公都是二婚，都各有孩子，知道最近怀孕以后，加上前段时间生病打过针吃过药，担心影响肚子里的孩子，老公不想要，今天因为这个事情与老公发生争吵。

【例 18】 辛丑年 庚寅月 丁未日 戊申时 一男士测最近财
运。

依据咨询时间起得： （寅卯空）

《雷风恒》	《泽风大过》	六神
妻财戌土、应	妻财未土	青龙
官鬼申金 ✖	官鬼酉金	玄武
子孙午火	父母亥水、世	白虎
官鬼酉金、世	官鬼酉金	螣蛇
父母亥水	父母亥水	勾陈
妻财丑土	妻财丑土、应	朱雀

断卦解析：

应爻戌土脆世爻酉金，为从弱卦。

官鬼持世有坐立不安，心神不宁的感觉。

应爻妻财戌土临未日脆金，代表测卦当日财运不错，会进财，
数目为 9 数左右。《雷风恒》卦，内卦巽数 5，外卦 4，体用比
和，共 9 数。卦爻妻财戌土次序为 9，受月克，日建未土帮扶，
可断 9 千左右。

六五官鬼申金临玄武发动化酉金进神，不利之象，官鬼申金
为忌神，代表官非、欺诈、欺骗等暗昧的事情，玄武为忌代表匪
盗，要防止欺诈骗局偷盗等相关问题。因为申金动生父母亥水，
父母亥水可以泄化酉金，父母相关方面应吉。父母居巽卦，在代
表自己的世爻下面，所以不代表父母长辈，可断为文书、学习、

合约等等。综合来断，就是为了合约、文书或者学习方面的事情拿不定主意，担心上当受骗。

对方反馈：

今天确实入账 8900 元货款，前段时间朋友说起网上有一个"企业家的培训课程"，自己也一直犹豫要不要报名……

笔者建议他不要报名，因为官鬼申金临玄武动化酉金忌神，不利于世爻酉金，多数缴费学习后没有什么作用，洗脑骗钱之类。过了一段时间，他因为其他事情咨询，说起这个事情，说幸亏听了笔者的没去花这个钱，他朋友报名学习了几天回来讲，课程讲的是一些没用的洗脑神论。

【例 19】 辛卯年 辛卯月 庚午日 丙戌时 一女士测年运?

摇卦起得: （戌亥空）

《山泽损》 《山雷颐》

官鬼寅木、应 官鬼寅木

妻财子水 妻财子水

兄弟戌土 兄弟戌土、世

兄弟丑土、世 兄弟辰土

官鬼卯木 〇 官鬼寅木

父母巳火 妻财子水、应

断卦解析:

应爻克世爻,为世弱卦。

卦中应爻官鬼与九二官鬼为忌神,官鬼克世应验官非、灾祸、工作不顺、感情不顺等等相关问题。

今年正月、2 月（立春节气—清明节气前）运势较差,注意官非是非、交通安全、灾祸破财。应爻官鬼寅木为丈夫,九二官鬼卯木代表情人,可断注意与丈夫或情人之间的感情问题。官鬼卯木化退神,世爻丑土得日建午火生旺有救,虽然有灾难有波折,但不至于不可收拾,正确面对,最终会得到解决。

农历 3 月、4 月、5 月（清明节气—小暑节气前）各方面运势不错。

农历 3 月辰土合绊子水,五月午火冲克子水,可断财运不错。

农历 4 月巳火、5 月午火泄官鬼寅木，生身，可断工作不错，夫妻感情转好，利房产利合约等相关事情。

农历 6 月，未土冲克世爻丑土，可断外出多口舌耗财。

农历 7 月、8 月申酉泄世爻丑土，孩子方面问题操心较多。

农历 9 月，兄弟戌土填实，利于朋友合作，同辈闺蜜朋友间多助力，多人缘。

农历 10 月、11 月，亥、子水生旺官鬼寅木克世，财运支出较大，丈夫事业与财运不顺利，多注意因为房子方面耗财支出等相关问题。

农历 12 月丑土合绊子水帮身，财运方面运势不错。

对方反馈：

春节过后各方面都不顺，前段时间骑电动车被撞了，摔了一下不严重，但是玉镯子碎了……。最近自己与情人的事情，被老公知道了，老公带人去打了情人，还动手打了自己，正闹离婚，情人那边也散了。这次主要就是想看看这个事情，是不是必须要离婚了？

笔者告诉她，自己的过错，必须要正确面对，希望能得到对方原谅，如果没有问题的话，在农历四月会得到老公的原谅。最近暂时先搬回娘家住一段时间，运用分居的办法，规避感情不顺的问题，等接近立夏的时候再看下感情是否好转，再做打算。

年底她再来找笔者测算运势时反馈，与老公在家里人的说合下，看在孩子的份上，老公原谅了自己。农历 5 月新房交房，在农历 10 月开始装修的，老公今年冬天贩卖苗木赔了不少钱……

【例20】 辛丑年 癸巳月 庚申日 壬午时 身居日本一女士测签证与孕产？

依据问卦时间起得： （子丑空）

《山水蒙》 《山地剥》

父母寅木 父母寅木

官鬼子水 官鬼子水、世

子孙戌土、世 子孙戌土

兄弟午火 父母卯木

子孙辰土 ○ 兄弟巳火、应

父母寅木、应 子孙未土

断卦解析：

应爻寅木克世爻戌土，为世弱卦。

测签证，以应爻父母寅木为用神，寅木受月建巳火刑克，日建申金冲破，用神不利于世爻，受克应吉。今天申金冲破寅木，明日酉金克制寅木，后天戌日世爻临旺，我告诉她签证已经下来了，可以查询一下进度，最晚三天内在 5 月 14 日之前就会收到。

测孕产，以子孙戌土为用神。九二子孙辰土发动，冲克世爻戌土，老阳代表过去发生的事情，可断农历 3 月不利于子女方面。六三兄弟午火临月建贴身相生，断最近农历 5 月利于怀孕等相关方面。

对方反馈：

签证无法查询进度，下来一般会发邮箱，晚点看看邮箱。

农历 3 月一开始用验孕棒测出现一深一浅好像怀孕了，但是过了几天后再用验孕棒测试又不见了。一直怀不上，以为身体有问题。

5 月 14 日壬戌日发来微信反馈，签证下来了。

农历 5 月医院检查确定怀孕后，微信告诉我怀孕了。

【例 21】 辛丑年 丙申月 丁未日 丙午时 一女士与丈夫因为各种问题分居 5 年，没有办理离婚手续，联系对方一直不回信息，咨询该怎么办？

此女士姓"林"，按时间起卦加数法得：　　　　（寅卯空）

　　　　《风雷益》　　　　　　　　《风泽中孚》

　　　　兄弟卯木、应　　　　　　　兄弟卯木

　　　　子孙巳火　　　　　　　　　子孙巳火

　　　　妻财未土　　　　　　　　　妻财未土、世

官酉金　妻财辰土、世　　　　　　　妻财丑土

　　　　兄弟寅木 ✖　　　　　　　　兄弟卯木

　　　　父母子水　　　　　　　　　子孙巳火、应

断卦解析：

《风雷益》卦，上巽为长女，下震为长男，为男女正配。

世爻不空，应爻旬空，为世旺卦。

女测婚，取官鬼为用神，卦中官鬼不上卦，在纯卦中借来伏神官鬼酉金，隐藏在妻财辰土世爻后面，可以断婚姻有名无实。酉金临月建申金旺，合泄世爻应吉。最近后天 8 月 29 日酉日就可以联系见面，可以谈谈婚姻方面的相关问题，并且这次见面会对自己比较有利。

另外，从立秋开始财运不错。身体注意胃与肩膀部位相关问题。

对方反馈:

立秋以后财运是比上半年好一些,最近肩膀疼,前几天去推拿店拔罐了,后来买的火罐打算自己在家拔。

对象从 17 年走后,期间微信联系了几次,不肯见面谈。一直拖着不办理离婚手续。最近发信息一直不回复,就是想问问什么时候能见到对方,离婚还是怎样,赶紧解决这个事情。

笔者告诉她 28 日或 29 日这两天可以联系见面以后,她马上给对方发了几条信息,对方回复约定 8 月 28 日下午可以见面谈。后来微信反馈,说与对方见面了,并且在一起吃了个饭,对方还跟她讲了很多有关他们制造行业的技术配方……。

【例22】 癸巳月 己巳日 一男士的女友将他联系方式拉黑，联系不上，测能否复合，什么时间能联系上？

起得：　　　　　　　　　　　　（戌亥空）

《地火明夷》　　　　　《地雷复》

　　　　父母酉金　　　　　　　父母酉金

　　　　兄弟亥水　　　　　　　兄弟亥水

　　　　官鬼丑土、世　　　　　官鬼丑土、应

妻午火　兄弟亥水 ○　　　　　官鬼辰土

　　　　官鬼丑土　　　　　　　子孙寅木

　　　　子孙卯木、应　　　　　兄弟子水、世

断卦解析：

应爻克世爻，为世弱卦。

男测感情，取妻财为用神，卦中妻财不上卦，在纯卦中借来伏神妻财午火，隐藏不现，为见不得光，可断秘密恋情或者情人关系，隐藏在兄弟亥水后面，可以断此女已婚或者已有男友，巳月巳日，冲破兄弟亥水，用神妻财午火不受克，可断此女与前男友已经离婚或者分手。

巳月巳日，生旺世爻官鬼丑土，冲破兄弟亥水，妻财虽然得出，但是午火逢巳偏而不正，说明今天联系过，因为谈及有关前男友或者前夫的事情，或者自己现在恋情不能公开的问题而生气，感情出现波折。明日庚午日，妻财午火正值当旺，会主动联系，暂时能够和好。

对方反馈：

自己已经结婚了，这个女友是自己的大学同学，以前在一起谈过，后来因为出国分开了，后来都各自结婚，这个女后来离婚了，双方又联系上，一直这样保持着这种关系，今天因为谈到以前的一些琐事，与这段感情以后该如何下去等一些问题，女友生气把自己拉黑了。庚午日反馈笔者说对方主动与他通话 30 多分钟，又和好了。

【例 23】　丙申月　庚子日　一女士测最近运势？

起得：　　　　　　　　　　　　（辰巳空）

《水地比》　　　　　　　　　《坎为水》

妻财子水、应　　　　　　　　妻财子水、世

兄弟戌土　　　　　　　　　　兄弟戌土

子孙申金　　　　　　　　　　子孙申金

官鬼卯木、世　　　　　　　　父母午火、应

父母巳火 ✖　　　　　　　　 兄弟辰土

兄弟未土　　　　　　　　　　官鬼寅木

断卦解析：

应爻生世爻，为从旺卦。

官鬼卯木持世，应爻妻财子水临日建，得月建申金生旺，可断这个月财运不错，特别是昨天与今天。

六四子孙申金，临月建克世，可断这个月因感情方面问题会招致官非是非，使自己心神不宁，但是不影响自己财运。父母巳火发动，合绊子孙申金，可断乙巳日会得到解决。

父母巳火旬空发动，不利于世爻，内卦坤卦，为老母，巳火为心，可断家中最年长的母辈最近心脏不是很好。

九五兄弟戌土克妻财子水，可断农历 9 月财运支出较大。九月戌土泄合官鬼卯木，可断因事业或者感情支出。

对方反馈：

这个月确实财运可以，昨天进了 1 万多，今天进了接近 3 万。但是最近因为与前夫离婚前贷款欠款的问题，被银行一次次的电话弄得心神不宁。婚内贷款，离婚时，前夫立有字据，债务归他所有，前夫一直没还，银行因为最近联系不上前夫，所以多次联系自己……。奶奶最近心脏问题住院了，可能要手术。农历 9 月公司租期到期，打算搬到另外一个地方，需要重新装修，肯定会出钱。

【例 24】 丁酉月 戊辰日 一男士测事业?

起得:　　　　　　　　　　（戌亥空）

《泽天夬》　　　　　　　　《地风升》

兄弟未土　　　　　　　　子孙酉金

子孙酉金、世 ○　　　　妻财亥水

妻财亥水 ○　　　　　　兄弟丑土、世

兄弟辰土　　　　　　　　子孙酉金

官鬼寅木、应　　　　　　妻财亥水

妻财子水 ○　　　　　　兄弟丑土、应

断卦解析:

世爻克制应爻,为世旺卦。

测事业以应爻官鬼寅木为用神,子孙酉金动克官鬼寅木,初九妻财子水动化丑土合绊,不能生官鬼寅木,可断事业遭遇波折,子孙酉金临月建,得日建辰土生合,临老阳发动克官鬼寅木,可断在过去的辛酉日那天不利于事业。九四妻财亥水旬空发动,为空而待用,虽然暂时波折不顺,得不到解决,但是待乙亥日出空填实能够生合官鬼寅木,事业有好的进展,此事会得到好的解决,并且利于财运。

对方反馈:

自己一直给某集团供货,9 月 10 日(辛酉日)那天因为供货存在违规问题被董事长知道了,一直没有出处理结果,担心会不会被取消供货合作资格。后来再见到他反馈说,果然在 9 月 24 日(乙亥日)接到内部相关人员电话,说董事长没有追究这件事,并且那一天给结算了前期一部分供货的款项。

【例 25】 戊戌月 丁酉日 一女士测丈夫运势？

起得：　　　　　　　　　　　（辰巳空）

　　　《天火同人》　　　　　　　《风山渐》

　　　子孙戌土、应　　　　　　父母卯木、应

　　　妻财申金　　　　　　　　兄弟巳火

　　　兄弟午火 〇　　　　　　　子孙未土

　　　官鬼亥水、世　　　　　　妻财申金、世

　　　子孙丑土　　　　　　　　兄弟午火

　　　父母卯木 〇　　　　　　　子孙辰土

断卦解析：

《天火同人》上乾为老男，下离为中女，不是正配，已婚者测对象多不利于夫妻感情。

应爻克世爻，为世弱卦。

女测丈夫，以官鬼为用神。官鬼亥水持世，可断女以夫为重，因为丈夫的事情影响到自己，使自己心神不宁，坐立不安。应爻子孙戌土临月建克世爻官鬼亥水，也是不利于自己与丈夫之象，整个农历 9 月各方面都不顺利。

兄弟午火为阻滞争夺，测婚代表第三者，得卯木生旺克财耗损官鬼亥水，可断第三者为了钱接近丈夫，导致自己与丈夫的感情出现问题。兄弟午火动化子孙未土合绊，官鬼得日建酉金生旺有气，可断最终没有大的问题，立冬以后进入农历 10 月就能得到好的解决。兄弟午火逢老阳发动，代表过去发生的事情，可断前面己丑日冲开未土，夫妻双方因为这个事情发生过争执。

对方反馈：

丈夫同学聚会，以前的一个同学看丈夫有钱，缠上了丈夫，喝醉了让丈夫开车送她，后来经常给丈夫发信息，被她发现了，10月8日（己丑日）那天与丈夫大吵了一架。后来带上闺蜜去找了那个女的。那女的说与她丈夫没什么，并承诺以后不会联系她丈夫了。

【例 26】 戊戌月 壬子日 一女士测投资合作是否能成？

起得：　　　　　　　　　　（寅卯空）

《风地观》　　　　　　　　《水地比》

妻财卯木 〇　　　　　　　子孙子水、应

官鬼巳火　　　　　　　　父母戌土

父母未土、世　　　　　　兄弟申金

官鬼巳火　　　　　　　　官鬼巳火

妻财卯木　　　　　　　　妻财卯木、世

父母未土、应　　　　　　父母未土

断卦解析：

《风地观》变《水地比》，有先观察后亲比的意思，利于合作。

世应比和，为世旺卦。

测投资，以妻财爻为用神，上九妻财卯木临旬空动化子孙子水回头生，半合世爻，说明投资能成，卯为兔，投资方极有可能属兔。子孙子水原神临日建当旺，可断今天就利于谈关于投资合作方面的事情；乙卯日妻财卯木填实资金可以到位，卯数为 2，可断 2 数左右，逢日建子水与子孙子水回头生旺，数目不会太小，约 20 万，或者 200 万。

对方反馈：

今天下午谈的投资的事情，对方确实属兔，但是感觉不可能 11 月 3 日（乙卯日）对方就能打款过来，没那么快。11 月 4 日再次反馈，投资方果然于 11 月 3 日（乙卯日）打款账户 200 万。

【例27】 辛丑年 己亥月 壬戌日 庚子时 一女士测店铺经营财运？

依据咨询时间起得： （子丑空）

《泽火革》		《泽山咸》	六神
	官鬼未土	官鬼未土、应	白虎
	父母酉金	父母酉金	腾蛇
	兄弟亥水、世	兄弟亥水	勾陈
妻午火	兄弟亥水	父母申金、世	朱雀
	官鬼丑土	妻财午火	青龙
	子孙卯木、应 〇	官鬼辰土	玄武

断卦解析：

《泽火革》卦，革有革新，变革，更新的意思，预测店铺商业经营，有装修或者调整经营模式的含义。

世爻生应爻，为世弱卦。

测财运以妻财爻为用，兄弟亥水持世，临月建得九三兄弟亥水帮扶有力，但妻财午火不上卦，隐藏于九三兄弟亥水后面，得应爻子孙卯木动来生旺，不利于财运，店铺经营，子孙代表客流，子孙卯木得月建亥水生旺，可断今天之前有一段时间客流较少。但是子孙卯木动被日建戌土合绊，妻财午火临月日不旺，可断今天开始财运会陆续好转。虽然会有所支出，但是农历 10 月与 11 月、12 月整体来讲财运都会不错。

子孙代表下属员工，玄武为忌神代表匪盗，子孙卯木临玄武发动不利于世爻，老阳代表过去发生的事情，可断如果店铺雇有店员，建议盘点货物，以前恐怕有店员内盗等相关问题。今天戌土合绊卯木，可断预测得知后会有效防范杜绝。

对方反馈：

当时反馈，店面上个月装修升级后，前面连续几天客流不多，直接没有开张；店员是自己好朋友，比较相信对方，一直没有盘点过，应该没有问题。

笔者依据她提供的店面户型资料，让其调整财位以及相关布局；店员相关问题，建议盘点确定一下。

对方后面再次反馈，按照笔者说的重新布局以后，店铺果然开张了，财运逐渐好起来了。盘点了一下货物，确实少了好几件衣服，前段时间装修完以后还货架上还看见过，没有出售的记录，店面不大，平时又不是很忙，那么大件不可能被顾客拿走，平时只有自己朋友在店里看店，问她说不知道，查看监控，发现经常在上班时间有一些异性去店里找她，搞得像她自己家一样……

【例 28】 己亥月 丁卯日 一女士测婚姻感情？

起得：　　　　　　　　　　　　（戌亥空）

　　《山泽损》　　　　　　　　《火泽睽》　　　六神

　　官鬼寅木、应　　　　　　　父母巳火　　　青龙

　　妻财子水　　　　　　　　　兄弟未土　　　玄武

　　兄弟戌土 ✖　　　　　　　　子孙酉金、世　白虎

　　兄弟丑土、世　　　　　　　兄弟丑土　　　腾蛇

　　官鬼卯木　　　　　　　　　官鬼卯木　　　勾陈

　　父母巳火　　　　　　　　　父母巳火、应　朱雀

断卦解析：

应爻克世爻，为世弱卦。

女测婚姻感情以官鬼为用神。兄弟丑土持世，应爻官鬼寅木代表丈夫，临亥月卯日旺相有力，不利于世爻，可断婚姻不吉。九二官鬼代表情人，邻近世爻，可断与情人关系密切，生活在一起；官鬼卯木临月日旺相有力，不利于世爻，可断最近与情人感情也不是很好；六四兄弟戌土旬空临白虎发动，刑克世爻，合泄官鬼卯木，可断有一名与情人关系密切的女性，恐怕在甲戌日会对自己不利，小心腹部与腿足部位；不利于自己的九二官鬼卯木，被不利于自己的六四兄弟戌土合泄，可断虽然双方表面都不利于自己，但是因为双方的结合，反而对自己有利。

对方反馈：

与前夫刚刚离婚，最近因为情人与他女同学混在一起，今天凌晨发生争执分开了。

后来反馈，在 22 号（甲戌日）那天，与情人女同学发生了口角，并且动了手，把对方的脸弄花了，自己的腹部与小腿前胫部位被对方打的有点痛，但是无大碍。情人虽然长相可以，但是欠了三百多万外债，平时也非常自私，什么也帮不上自己，以前在一起都是花自己的钱，一直就有分开的想法，但是总感觉在一起这么多年了舍不得，这次通过这个事情以后，与他彻底决裂了。

【例29】 辛丑年 己亥月 庚辰日 辛巳时 一男士测母亲身体健康？

依据咨询时间起得：   （申酉空）

《雷泽归妹》   《火泽睽》

父母戌土、应 ✖   官鬼巳火

兄弟申金   父母未土

官鬼午火   兄弟酉金、世

父母丑土、世   父母丑土

妻财卯木   妻财卯木

官鬼巳火   官鬼巳火、应

断卦解析：

应爻刑克世爻，为世弱卦。

丑土为阴，居兑宫，测母亲取父母丑土世爻为用，九二妻财卯木忌神不利于世爻，九四官鬼午火利于世爻，但逢年月日无气；应爻父母戌土明暗动化官鬼巳火回头相生，合泄忌神妻财卯木，利于父母丑土；父母戌土刑克世爻父母丑土，合绊泄损官鬼午火，不利于父母丑土，父母丑土在内卦，可断母亲多内脏方面问题，午火为小肠，丑为脾，戌为胃，可断脾胃不和与小肠方面相关问题。父母戌土刑克父母丑土，戌丑虽然不和，但生旺有气，不会太严重；午火无气，淤损过重，可能丙戌日小肠部位要进行手术。父母丑土持世临太岁与日建辰土旺相有力，整体可断母亲小肠部位需要小的手术，但是身体没有太大危险，不用过于担心。

对方反馈：

母亲结肠处长了一个瘤，医院医生说必须手术割除。明天还有一个检查，做完检查才能确定手术时间。

后来反馈，12 月 4 日（丙戌日）进行的手术，手术非常成功。

按：中医学认为结肠瘤癌的发病多因久居潮湿的环境，或者寒温失调而损伤脾胃，使脾胃功能受损，导致脾胃不和，运化失司，气机不畅，痰浊内聚，血行受阻，气滞血瘀日久，痰浊与气血相搏，凝结于肠道，则生癌瘤。多数是因为日常不注意饮食、情志失调、正气亏虚不足，导致人体内阴阳失衡，湿热邪毒瘀滞肠道，局部气血运行不畅，湿热淤滞，凝结成聚，成为本病。

我让他平时在饮食方面或者运用中药，多为母亲调理脾胃，人体只要阴阳平衡，五行调和，就会百病不生。

【例30】 辛丑年 己亥月 辛巳日 乙未时 一女士测儿子辅导班学费能否退回？

依据咨询时间起得： 　　　　　　　　（申酉空）

《巽为风》 　　　　　　　　《风水涣》

兄弟卯木、世 　　　　　　　兄弟卯木

子孙巳火 　　　　　　　　　子孙巳火、世

妻财未土 　　　　　　　　　妻财未土

官鬼酉金、应 〇 　　　　　　子孙午火

父母亥水 　　　　　　　　　妻财辰土、应

妻财丑土 　　　　　　　　　兄弟寅木

断卦解析：

卦逢六冲，应爻旬空，不克制世爻，为世旺卦。

测辅导班退费，取妻财与应爻官鬼为用神。兄弟卯木持世，不利于财运，应爻官鬼酉金代表辅导培训机构，临旬空不实，说明出现问题，或者不想退。酉金发动，空而待用，可断乙酉日能完全解决这件事情。官鬼酉金动化子孙午火回头克，也含有代表孩子不能在此辅导班继续培训的信息。退费主要取妻财为用，卦中妻财未土与妻财丑土虽然有利于世爻，但是都不发动，无法与世爻发生作用，幸得应爻酉金发动能冲动世爻卯木，卯木动合妻财未土，妻财未土得子孙巳火临日建生旺，我建议她当天（辛巳日）、明天（壬午日）后天（癸未日）主动联系辅导机构，紧紧盯着，强烈要求对方退费，或许可以退回一部分。

对方反馈：

她为孩子报的辅导班，提前缴纳了两期的费用，一共接近四万。第一期还有课没有上完，第二期直接还没有开始上，最近听其他家长说，辅导班因为经营不善，停课要关门了，许多家长都去要求退费，联系不到人。

她听了我说的以后，当天立刻去了辅导班，反馈说好多家长都聚集在那里，只有代课老师，见不到培训班领导。她等到最后，与代课老师单独沟通，老师承诺与领导沟通，明天（壬午日）退一部分费用到她的银行账户，第一学期没有上完的课给安排到其他辅导班去上。后来她反馈，第二天（壬午日）晚上退费打到银行卡账户，退了一期的费用，12月3日（乙酉日）辅导机构老师打电话给安排了其他辅导班，去上第一期没有上完的课。

淏元一卦断终身

　　淏元一卦断终身，属于周易八卦预测的高级技法，自古至今一直没有准确的断终身卦的方法，甚至有的朋友认为周易六十四卦只能预测短期内具体的事情，无法预测终生运势。笔者通过多年实践经验自创出一套准确的"一卦断终身"的测算方法，在实际测算终生运势的应用过程中，准确度极高，朋友们可以通过实践进行检验。

基本断法

　　任意方法起出一卦。

　　正确分析卦名、卦辞、爻辞、卦象、爻象、卦位、爻位、卦气相关信息。

　　卦气旺，世爻临六二或九五居中得正，命理格局高，尊贵之象。

　　卦的本身与起卦的年月日时，决定了一生命理格局高低；流年流月流日流时决定应验吉凶的时间。

　　正确判断世应关系。

　　正确判断成卦格局。

　　正确判断用神与世爻关系。

　　正确判断邻爻之间关系。

　　正确判断动爻与静爻关系。

正确判断飞神与伏神关系。

预测终身运势时，起出终身卦，用神利于世爻，用神旺而逢生，用神方面代表的事物应吉大；用神弱而受制或不上卦，用神方面代表的事物应吉小或应凶，凶中有吉。用神不利于世爻，用神旺而逢生，用神方面代表的事物应凶大；用神弱而受制或不上卦，用神方面代表的事物应凶小或应吉，吉中有凶。应验吉凶大小的程度取决于年月日时对于用神的作用力。

用神利于世爻，用神为伏神，伏神出现的日期，用神方面代表的事物应吉；伏神逢克制的日期，用神方面代表的事物应凶。

用神不利于世爻，用神为伏神，伏神出现的日期，用神方面代表的事物应凶；伏神逢克制日期，用神方面代表的事物应吉。

静爻旬空，逢年月日时填空应验吉凶小。

动爻旬空，逢年月日时填空应验吉凶大。

一生命理富贵贫贱，吉凶祸福，终身卦中已定，应验结果会通过大运与流年、流月、流日、流时逐一显现出来。

起大运的方法

按阳九阴六，逢阳爻九年运，逢阴爻六年运。

从主卦初爻往上依次顺排至上爻，然后由变卦初爻往上依次顺排至上爻，再由主卦初爻依次上排，以此类推……

如果只有主卦，没有变卦，从主卦初爻往上依次顺排至上爻后，再返回主卦初爻往上依次顺排至上爻，以此类推……

大运掌管九年或六年内阶段性的整体运势，决定周期内大环境的发展趋势。

"淏元一卦断终身"是笔者多年实践经验的总结，属于淏元周易预测体系的独门预测技法，本篇只传授基本断法，下面仅用一预测实例进行解析，高级的预测技法将在高级弟子班的教学过程中进行传授，请朋友们理解！

辛丑年 戊戌月 己丑日 己巳时 一女士测终生运势？

依据微信咨询时间起得：　　　　　　　　　（午未空）

《水雷屯》	大运	《水泽节》	大运
兄弟子水	（37-42 岁）	兄弟子水	（82-87 岁）
官鬼戌土、应	（28-36 岁）	官鬼戌土	（73-81 岁）
父母申金	（22-27 岁）	父母申金	（67-72 岁）
妻午火　官鬼辰土	（16-21 岁）	官鬼丑土	（61-66 岁）
子孙寅木、世 ✖	（10-15 岁）	子孙卯木	（52-60 岁）
兄弟子水	（01-09 岁）	妻财巳火	（43-51 岁）

断卦解析：

《屯》卦六二爻辞："屯如邅如，乘马班如。匪寇婚媾，女子贞不字，十年乃字"。

《屯》卦，旺于农历六月，农历九月卦气不旺。

世爻克制应爻，为世旺卦。

体貌性格：

子孙寅木持世居震卦，可断面型长，身材不错，喜好装扮；"屯"有难意，止意；"屯如邅如，乘马班如"，有进退两难，原地回旋的意思，可断平时处事多逆境，犹豫不决，徘徊不前，有必先经历困难而后成功的特征。世居六二，居中得正，尊贵之象，有贵气；子孙代表福德、福气，子孙持世，福德好，一生福禄厚重；子孙临世动克官鬼，伤官有力，气傲王侯，性格耿直，有较强的的弹劾能力，对于社会上不公平的事情会打抱不平，发表自己的观点，喜欢为别人排忧解难……。

身体健康：

"屯"有艰难险阻的意思，大运 1-9 岁为幼年至童年时期，临兄弟子水，不利于世爻；子孙也代表幼小，子孙福星持世，可断幼年多灾病，但都能逢凶化吉。世爻寅木为手、胆，应爻戌土为胃、命门、腿足，可断平时多注意脾胃、手脚、小腿至膝盖部位等相关问题。六三辰土为胃、胸、肩，可断多注意肩膀颈椎、乳腺增生等相关问题。初九子水为子宫、为耳，可断多注意中耳炎症与子宫等妇科方面相关问题。卦中子孙寅木持世于年月日时不旺，可断身体健康方面一生会带有以上特征，但没有大碍。以上身体健康方面特征，会随大运与流年的变化，应验轻重。逢运势好，平时会稍感不适，无需治疗；逢运势不好，需要吃药或入院进行治疗。

事业方面：

卦气不当旺，成就平常。子孙寅木持世，动化卯木进神。卦辞有"乘马"动象，可断适合离开出生地外出发展。子孙寅木持世动克应爻官鬼戌土，临动爻，可断事业多变动，常常半途而废，以从事不需要重大投资行业为宜；子孙代表休闲、娱乐、享受，可断适合工作环境带有美观享受性质；临动爻可断职业性质适合带有广告传播等相关性质；子孙动克官鬼，具有弹劾能力，可断适合从事带有监督、监察、审核等相关性质的管理岗位；子孙代表解忧、消灾解难等相关性质，可断适合从事排忧解难的相关性质的工作。

财运方面：

妻财午火旬空不上卦，隐藏于官鬼辰土后面，可断利于专业得财，临年月日不旺，可断整体财运一般，存不住钱，不利于直接储蓄；子孙寅木动合妻财午火，又同在震卦，震为动，可断流动生财，每次来财数量不小，但是财来财去，存不住钱，有周转生财而从中获利的财运性质。

感情方面：

爻辞"匪寇婚媾，女子贞不字，十年乃字"，官鬼戌土受太岁与日建丑土刑克，又得子孙寅木动克，可断婚姻不顺利，多感情纷扰，精神不愉快，恐会离婚再嫁；子孙寅木持世，不利于官鬼戌土，可断有了孩子后会不利于感情，在自己心目中孩子重于感情，孩子与自己同命相连，在心目中为第一位，感情其次；寅至戌为九数，可断多认识比自己小九岁以上的男友。

大运运势：

对方为 1982 年出生。

1-9 周岁临兄弟子水，不利于世爻，可断幼年与童年时期，多灾病耗财。初九爻辞："磐桓，利居贞，利建侯"。子水临年月日时不旺，可断只要安于调养，没有大的问题......

10-15周岁临子孙寅木持世动化卯木进神，可断在这个周期内自身所处环境有好的变动。六二爻辞："屯如邅如，乘马班如。匪寇婚媾，女子贞不字，十年乃字"。有车马动象，可断居住环境或者学习环境会有所变动；大运至15周岁，有十年以后怀孕的信息，可断会在十年以后的26周岁那年怀孕生孩子......

16-21周岁临官鬼辰土，可断这个周期学业不错，桃花较旺，会谈恋爱。六三爻辞："即鹿无虞，惟入于林中。君子几，不如舍，往吝"。可断对于自己的前途与未来会有所迷茫......

22-27周岁临父母申金，临太岁与日建生旺有力，利于世爻，可断这个周期会购买房产。六四爻辞："乘马班如，求婚媾，往吉，无不利"。爻辞有婚象，父母又代表证书等相关信息，可断在这个周期会领证结婚；子孙寅木持世旺，父母申金利于世爻，子孙受制中和应吉，可断这个周期会有孩子......

28-36周岁临应爻官鬼戌土，虽然利于世爻，但被太岁与日建丑土刑克，又被世爻子孙寅木动克，可断这个周期感情或事业不顺，世爻为自己，可断多为自己要求放弃。九五爻辞："屯其膏，小贞吉，大贞凶"。"屯其膏，小贞吉"，可断这个周期内财运不错，会发点小财；"大贞凶"，九五威权被初九所夺，小吉大凶，可断这个周期内会有事业与感情波折等方面相关问题......

37-42周岁临兄弟子水，不利于子孙世爻，冲克妻财午火，可断这个周期内身体不是很好，财运方面多损耗，孩子方面的事情操心多一些。上六爻辞："乘马班如，泣血涟如"。有原地回旋，不能进展之象，可断这个周期内事业、财运、感情等各方面运势都会停止不前……

43-51 周岁临妻财巳火，可断这个周期内财运不错；财生官旺，这个周期内婚姻感情方面的运势也会非常不错……

流年运势：

2006 丙戌年，官鬼戌土当旺，可断利于婚姻感情。

2009 己丑年，丑刑戌，可断感情日常多摩擦，但是不至于离婚；工作也多有不顺。流年丑土，大运父母申金，土生金，利于子孙，可断利于子女。

2010 庚寅年，寅木临子孙持世克官鬼戌土，可断自己携孩子与配偶划清界线，婚姻不吉。

2012 壬辰年，辰冲戌土，可断解除婚姻关系，失业不顺等相关问题。

2013 癸巳年与 2014 甲午年，妻财透出，可断财运与工作方面运势不错。

2015 乙未年，官鬼戌土有力，可断工作与桃花运势不错。

2016 丙申年与 2017 丁酉年，父母得力，利于父母运势，利于房产方面运势。兄弟子水忌神得力，可断不利于财运，财运支出大。

2018 戊戌年，官鬼戌土当令，可断感情方面运势不错，多有异性追求。

2019 己亥年与 2020 庚子年，忌神兄弟当旺，可断不利于财运，财运损耗破财。子孙寅木旺极必反，可断不利于身体健康，孩子方面状态也不是很好，多操心孩子方面相关问题。

2021 辛丑年，可断除了不利于财运与工作，其他方面还算平顺。

2022 壬寅年、2023 癸卯年可断财运会稍微好转，但多注意身体健康，或在孩子方面相关问题操心会多一些。

2024 甲辰年，可断不利于感情，防止工作变动，注意官非。

2025 乙巳年与 2026 甲午年，利于财运与工作方面运势，会大发大旺；桃花方面运势也不错。

......

为了便于朋友们的学习与理解，以上将大运运势与流年运势分别进行解析，在实际预测过程中，要大运结合流年共同推算，才能最终确定预测结果的准确性。

对方反馈：

小时候身体不好，胃部生过一次大病，所以现在脾胃一直不好，有中耳炎和乳腺增生的相关问题，妇科方面也不是很好，颈椎不好，平时小腿部位经常不小心就会有小的磕磕碰碰......

1992 年 10 岁（壬申年）那一年随父母从出生地搬到了省会城市，从小学到大学毕业，学习成绩还算可以；十八九岁那几年男同学追求较多，早恋过；2004 年 22 岁（甲申年）那年自己买的房子；2006 年 24 岁（丙戌年）那年与前夫结婚，2008 年 26 周岁（戊子年）那年怀孕，2009 年正月生了孩子以后就开始逐渐的感情不合，2010 年 28 岁（庚寅年）那年自己带着孩子与他分开了，2012 年 30 岁（壬辰年）领了证正式解除婚姻，那几年因为感情问题，各方面都不顺利......

大学是学的企业管理，以前做行政，工作是有一些监察管理的性质；孩子不爱学习，近几年就没有正式上班，在家伺候孩子，财运也不好。以前业余有时会投资一些项目。有时确实来财挺大，但是存不住钱，平时也没有缺钱用。在 2013 年（癸巳年）与 2014 年（甲午年）那两年确实财运不错，赚了点钱，后来 2017 年（丁酉年）那年 80 多万投资了一间商铺，2019 年 37 岁（己亥年）那年建成后与开发商宣传严重不符，没有客流，卖不了也租不出去，钱回不来了......

2018 年 36 岁（戊戌年）那年确实有一个比自己小 9 岁的 90 后，但是谈了半年多，后来感觉对方太小不合适，就分开不联系了；自己现在单身带着孩子过，孩子是自己的全部......

自己是平时特别喜欢美食，喜欢吃那种，遇到事情也能想得开，能给自己排解。平时看到社会上不公平的事情，就想发表自己的一些看法，控制不住，喜欢打抱不平。闺蜜平时有事情都会找自己倾诉，发现自己有时确实能为别人排忧解难，最近打算去学心理咨询师......

淏元趋吉避凶法

淏元趋吉避凶法，是笔者 1998 年开始从易至今，依据日常无数实践经验，自创出的一套行之有效的趋吉避凶的方法，在实际趋吉避凶的应用过程中百灵百验，屡试不爽。为了更多的朋友在学习周易预测后，能够正确的进行趋吉避凶，现予以公开。

淏元趋吉避凶法的基本原理：只要阴阳五行调和，定能无往不利。

淏元趋吉避凶的基本方法分为：天时法、地利法、人和法。

天时法

把握有利的时机。通过预测，在有利的时间去做有利的事情；不利的时间，不要妄动。预知不适合前进，则蓄势待机，潜龙勿用；预知适合前进，则风云际会，飞龙在天。有利则进，不利则止，进止有道，趋吉避凶。例如：测得财运有利，就把握时机，进行投资；测得财运不利，就静待时机，暂不投资。

地利法

把握有利的方位环境。通过预测，前往有利的方位去做有利的事情；不利的方位，不要前往。例如：预测疾病，卦中官鬼午火不利于世爻，午火代表南方，求医问病不利于南方；子水能冲制午火，子水代表北方，宜前往北方求医问药，则有利于疾病尽快康复。

人和法

把握促进人事和谐。通过预测，接近有利的人事；避开不利的人事。例如：预测合作，应爻午火利于世爻，午火为马，利于同生肖属马的人进行合作；应爻午火不利于世爻，则不利于同生肖属马的人进行合作。

总体来讲，通过预测，依据卦象，在有利的时间，去有利的方位环境，通过有利的人事，去做成有利的事情，称为"趋吉"；通过预测，依据卦象，在不利的时间，不要前往不利的方位环境，避开不利的人事，不去做不利的事情，称为"避凶"。

趋吉避凶的化解调理方法还有很多，诸如风水、饮食、姓名、颜色、数理、物象等方法，碍于篇幅，笔者在这里不一一例举，后期都将会在中高级班进行讲解传授。

后 记

　　历时四年，这部《淏元周易预测学》终于出版了。本书的成稿来之不易，因为笔者是专职的周易命理风水师，1998年开始研易至今，近些年大部分时间都是用于命理风水勘测与周易培训等工作，没有太多的空闲时间从事写作。易学界自古至今鱼龙混杂，各种伪学伪书层出不穷，令众多初学爱好者无所适从，困惑其中。应广大学生们一致要求，希望能有一本系统的关于周易预测的专业教材，能在学易时少走弯路，因此笔者利用晚上与业余时间，历时四年编著完成本书。在从事本书写作时常常废寝忘食，所付出的精力与心血无法言状，但是终于草草完稿，我也如释重负。此次选择海外出版，也是为了能将中国最古老的周易预测文化在世界范围内得到更广泛的传承发展。

　　本书重点以中国周易最原始的卜筮预测功用为主，由基础理论知识，到起卦断卦，预测实例，系统完整的介绍了周易预测的正确方法。书中淏元一卦断终身和淏元趋吉避凶法，是笔者依据多年测算与趋避实践经验而首创的预测与趋吉避凶的方法；淏元预测实例是笔者近期亲自测算的真实卦例，全部都是首次公开，供读者朋友们研究学习，以找到正确的预测思路。

　　实践是检验真理的唯一标准，大家通过本书学习淏元周易预测学体系以后，预测水平将会得到很大提升，预测结果的准确程度往往令自己都会感到出乎意料！静下心来，读懂此书，便知我所言不虚！

由于时间紧迫，校对不够详细，书中错误难免，敬请读者发现后，立即与我们联系，以便再版时予以更正，笔者将不胜感激！

淏元周易文化创始人：淏元（马鲁伟）

辛丑年庚子月癸丑日于淏元周易文化

地址：中国·山东省潍坊市昌邑市围子街道 山东省淏元周易文化咨询有限公司

邮编：261300

微信：haoyuanzhouyiwenhua　　s15963411099

电话：0536-7872813　　15963411099

Email：haoyuanzhouyi@163.com

官网：http://www.yygzyfs.com

淏元周易文化创始人：淏元（马鲁伟）先生

【淏】，清之意；【元】，始、天、元气、善吉、根源根本、事物起源。元气，为宇宙自然之气，是构成自然万物最基本的物质。世间万物起源本清、本真、本正、本吉、本善，故名【淏元】。"不以规矩，不能成方圆"。【淏元周易文化】宗旨，以"摒除封建迷信，拨乱反正，还原易学本质"为规，以"重理性，重实践，重科学，重真理"为矩，科学指导人生运势轨迹，合法合规开展周易预测研究，传承中华传统周易堪舆文化，广结天下有识之士，竭力成为易学界一股清流！

淏 元®

www.ingramcontent.com/pod-product-compliance
Lightning Source LLC
Chambersburg PA
CBHW070807300326
41914CB00083B/2059/J